·北京师范大学史学探索丛书·

因革之辨

——关于历史本体、史学、史家的探讨

周文玖 著

北京师范大学出版集团
BEIJING NORMAL UNIVERSITY PUBLISHING GROUP
北京师范大学出版社

图书在版编目(CIP)数据

因革之辨：关于历史本体、史学、史家的探讨 / 周文玖著.
—北京：北京师范大学出版社，2010.9
（北京师范大学史学探索丛书）
ISBN 978-7-303-10991-3

Ⅰ. ①因… Ⅱ. ①周… Ⅲ. ①史学—文集 Ⅳ. ①K0-53

中国版本图书馆CIP数据核字（2010）第083945号

营销中心电话 010-58802181 58808006
北师大出版社高等教育分社网 http://gaojiao.bnup.com.cn
电子信箱 beishida168@126.com

出版发行：北京师范大学出版社 www.bnup.com.cn
北京新街口外大街19号
邮政编码：100875
印　　刷：北京中印联印务有限公司
经　　销：全国新华书店
开　　本：170 mm × 230 mm
印　　张：19.5
字　　数：268千字
版　　次：2010年9月第1版
印　　次：2010年9月第1次印刷
定　　价：40.00元

策划编辑：李雪洁　　责任编辑：郭　瑜　李洪波
美术编辑：毛　佳　　装帧设计：毛　佳
责任校对：李　菡　　责任印制：李　啸

出版说明

在北京师范大学的百余年发展历程中，历史学科始终占有重要地位。经过几代人的不懈努力，今天的北师大历史学院业已成为史学研究的重要基地，是国家“211”和“985”工程重点建设单位，首批博士学位一级学科授予权单位。拥有国家重点学科、博士后流动站、教育部人文社会科学重点研究基地等一系列学术平台。科研实力颇为雄厚，在学术界声誉卓著。

近年来，北师大历史学院的教师们潜心学术，以探索精神攻关，陆续完成了众多具有原创性的成果，在历史学各分支学科的研究上连创佳绩，始终处于学科前沿。特别是崭露头角的部分中青年学者的作品，已在学术界引起较大反响。为了集中展示北师大历史学院的这些探索性成果，也为了给中青年学者的后续发展创造更好条件，我们组编了这套“北京师范大学史学探索丛书”，希冀在促进北师大历史学科更好发展的同时，为学术界和全社会贡献一批真正立得住的学术力作。这些作品或为专题著作，或为论文结集，但内在的探索精神始终如一。

当然，作为探索丛书，特别是以中青年学者作品为主的学术丛书，不成熟乃至疏漏之处在所难免，还望学界同仁不吝赐教。

北京师范大学历史学院

北京师范大学史学理论与史学史研究中心

北京师范大学史学探索丛书编辑委员会

2010 年 3 月

题　记

本书选录文章28篇(包括附录2篇)，分作三部分：上篇是关于历史理论和史学理论的，中篇是关于中国古代史学的，下篇则是关于20世纪中国史学的。一定意义上说，这本小书是我学术成长的记录，同时也希望通过这本书，把自己关于历史、史学、史家的基本想法作一次整理，以期得到同行和读者朋友的批评指正。

我大学毕业后，在一个师范专科学校教了几年“史学概论”，对历史的理论问题矻矻以求，经常钻研马克思恩格斯的几本书，反复阅读他们的传记；平日看的也大都是纯理论的书籍。当时我不自量力地试图建立一个关于社会历史的理论体系，这样一来也就形成了几篇现在看起来有些幼稚的历史理论文章。然而当初的观点至今仍然影响着我，后来由于很少在这方面下工夫，所以对那几年的理论探讨，我还是珍视的。

1990年暑假，我参加了在陕西师范大学举办的史学理论讲习班，聆听瞿林东先生讲课。瞿先生所在的北京师范大学史学研究所的学术研究令我向往，次年我成为了这里的硕士研究生，与河南师范大学教师王记录同志一起师从吴怀祺先生。吴先生对我们寄予厚望，精心指导，督学亦严。吴先生治学重“器识”，求创新。研究生期间，我关于中国古代史学史研究的习作，都凝聚了他的心血。1994年研究生毕业后，我回原单位服务两年，为学生开“中国古代史”。1996年再次来到北京师范大学史学研究所，师从瞿林东先生攻读博士学位。瞿先生指导我研究20世纪中国史学。此后我关于20世纪中国史学的文章就写得更多一些。瞿先生的史学史通识、典雅的文字风格以及对白寿彝先生治学精神的不断阐释，使我深受教益。要之，本书中篇和下篇收的关于中国史学史的文章，都是两位先生引领的结果。在此，我向两位先生表示深深的谢意。至于文章中的疏漏，当然要由我负责。

史学史研究的是历史学的历史。它是一门反思性的学科，反思历史学如何更好地反映历史，如何有效地发挥历史学的学科功能和知识功能。因此，它不仅研究史学著作、史学家，还必将涉及历史的本体。历史学的历史也是历史。一切的历史，其运动形式和表现形态无不是“因”与“革”的辩证统一。刘家和先生对此精彩地论述道：“历史是在矛盾的过程中发展的。具体矛盾很多，可以用各种形式表现于各个方面、各个层次。如果总起来说，历史的矛盾则不外沿(旧)与革(新)两个方面。这种矛盾不是任何外在力量可以强加给历史的，而是历史本身所固有的不可或缺的基本属性。因为，历史从总体来说就是包含了不变和变这样矛盾着的两个方面的一条长河。如果没有不变或者‘沿’，那么历史的长河就断裂了，就不再成其为历史；如果没有变或者‘革’，那么历史的长河就应该是静止不动的，这样也就不复有历史的存在了。甚至于即使我们从历史的长流中截取任何一点(并令这一点的时间接近于零)，那么这一点本身也必然具有沿和革的两个方面。”①既然历史是这样形成的，其本来面目又是这个样子的，那么，怀着对历史的敬意，用因革的观点探讨历史的本体及史学、史家的历史的因革之变，就是顺理成章的事了。本书冠以“因革之辨”，区区之意即在于此。虽未必名实相符，然确乎尽力而为之。

最后我想提及的是，责任编辑郭瑜同志为本书付出了许多辛劳；博士研究生赵少峰同学及硕士研究生王光同学、庄倩倩同学协助我仔细地核对引文，花费了不少时间。在此我一并向他们表示感谢。

周文玖

2010年5月10日

① 吴怀祺：《中国史学思想史·跋》，459页，北京，商务印书馆，2005。

目 录

上 篇 历史理论和史学理论研究

中 篇 中国古代史学研究

下 篇 20世纪史学研究

上　篇

历史理论和史学理论研究

试论历史的本质

人们每天都在从事创造历史的活动，那么历史到底是什么？这就涉及历史的本质问题。历史的本质问题，应该是史学理论的基本问题，是历史观必须说明的问题。

明确这个问题，对于树立正确的人生观，提高人们社会活动的自觉性和全面认识历史、认识社会很有帮助。可是，长期以来，由于主客观原因，我们对这个问题的认识还不太清楚或不够全面，还有继续讨论的必要。

一、人是自由自觉的社会动物

历史是人的历史，对历史的本体进行说明，首先要对人有一个本质的认识。在类人猿转化成人之前，它与一般动物在本质上没有什么差别，不同的是，类人猿的种类规定了这种动物有高度进化的可能性，这种可能性是类人猿向人转化的内因。那么，这种可能性是如何变成现实性的呢？马克思主义创始人已经为我们解答了这个问题，类人猿是在劳动中，即在同自然界的矛盾运动中转化成人的。没有劳动，这种可能性永远只是一种可能性，从这个意义上说，劳动在促使类人猿转化成人的过程中，起了决定性的作用。在这个漫长的过程中，作为解决同自然矛盾的劳动，其意义也在发生变化，由原来利用现成的自然，到利用自然生产自己的生活用品；由消极的被动的活动，转变为自觉自由的生产活动，这样，“一当人们自己开始生产他们所必需的生活资料的时候(这一步是由他们的肉体组织所决定的)，他们就开始把自己和动物区别开来”。[①]“动物只生产自身，而人在生产整个自然界；动物的产品直接同它的肉体相联系，而人则自由地对待自己的产品。……因此，正是在改造对象世界中，人才真正地证明自己

---

① 《马克思恩格斯全集》第3卷，24页，北京，人民出版社，1960。

是类存在物”。[1] 人根本区别于动物的“类本质”，不在于人的纯粹的动物性，也不在于人的本性、意志和情感等意识上的共同性，而在于人的生命活动——自由自觉的活动，即马克思说的劳动。

劳动创造了人本身，同样，人的类特征也是劳动，人们在劳动中把自己同动物区别开来，在劳动中创造人的类生活。劳动是人的本质内容和表现形式的统一体。人的这种一般类特征说明，人自身的本质是自觉自由的活动，这也是人生命活动的真谛之所在。

需要说明的是，马克思把劳动作为人的类本质，同他后来在《关于费尔巴哈的提纲》中概括的“人的本质并不是单个人所固有的抽象物。在其现实性上，它是一切社会关系的总和”，并不矛盾。前者说的是人的自身本质，后者是它的社会本质即自身本质的现实表现。后者补充前者，使前者建立在彻底的唯物史观的基础之上。

人的本质是自由自觉的劳动，而人类的一切劳动都是社会性的，所以，人的自由自觉也是社会的自由自觉，社会性和生物性在人身上融为一体，无法分离。人是社会动物，人的本质是一种社会生物本质。研究历史的本质，就是说明人本质的社会运动，就是把人的本质提到更高的层次上去认识，从而为进一步认识历史奠定基础。

二、从生产力看人类历史

马克思主义创始人从纷繁复杂的社会现象中，抽象出了生产力、生产关系等基本范畴，才使得人类历史得到了科学的解释，分析历史的本质，我们也必须以此作为方法论。

生产力是指人们利用自然、征服自然、改造自然、创造自然的能力，表现在人和自然的矛盾的解决上。它包含劳动者、劳动资料和劳动对象三个要素。人和自然的矛盾运动，人和劳动资料、劳动对象的矛盾运动都推动着生产力的发展。离开人，就无从谈及生产力，因为人在解决同自然的矛盾时，总是从人的目的出发，人制订计划，人指挥物，利用物，去解决人与物（主要指生产工具）的矛盾，去解决人与自然的矛盾。然而，人又不

---

① 《马克思恩格斯全集》第 42 卷，97 页，北京，人民出版社，1979。

等于生产力，生产力也不是人和生产工具的简单相加。生产力是抽象的，但又是具体的，它可以概括一切改造世界的生产活动，也能反映一次具体的社会实践。它是作用于自然之后的能力的反映，是现实的。人的技能、科学技术知识、先进的工具设备，都是生产力的潜在形式和既成状态，在这些东西作用于自然之前，我们还不能称之为现实的生产力，而仅仅是潜在的生产力。所以现实的生产力有三个不可缺少的要素：人、工具、自然。人类改造自然的客观历史进程，也就是历史上现实生产力的反映过程。这样，当我们说到社会发展史首先是生产发展的历史，是生产力的发展史的时候，就不会感到难以理解了。根据生产力的概念解剖，这句话就等于：社会发展史就是人与自然的关系史，人是历史活动的主体；说生产力是最积极最革命的因素，实质是说人创造历史的活动，即人的生产实践活动总是自觉的，总是在不断向前，而不是停止和倒退(总趋势)。下面，我们看一下生产力与人类历史的关系：

类人猿为了获得能使其生存的生活必需品，才同自然发生关系。最初的"生产力"表现在利用自然和逃避自然对人的危害上，也就是说，生产力是从人类的生存起步的。生存需求是生产力萌芽的直接原因和根本原因。随着生产力水平的提高，出现了分工，出现了剩余产品和阶级的分化，这时，生产力的提高就有多方面的因素，当然，人依然是生产力的决定因素，但这时人的社会化程度增高了，即人的社会性增强了，而不再像马克思所说的在人类历史发展的"早期阶段，单个人显得比较全面，那正是因为他还没有造成自己丰富的关系，并且还没有使这种关系作为独立于他自身之外的社会权力和社会关系同他自己相对立"①的时候了，即此时同他相对立的独立于他自身之外的社会权力和社会关系产生了，这样，决定人们从事生产活动和科技文化活动的原因就不是单一的。生存需求虽然从整个社会来讲仍是生产力提高的根本原因，但已不再是直接原因了，人的社会化使得人们在创造自己历史的时候，再不会那样自由自在了。马克思说："人们自己创造自己的历史，但是他们并不是随心所欲地创造，并不是在他们自己选定的条件下创造，而是在直接碰到的、既定的、从过去承继下

① 《马克思恩格斯全集》第46卷上册，109页，北京，人民出版社，1979。

来的条件下创造。”[1]这些从过去承继下来的条件包括既成的生产力状况和社会条件(政治、经济、文化、意识等)。人类的一切实践活动不可能脱离这些条件，超越这些条件。不承认这一点，就像不承认人活着需要吃饭一样不可思议。当然，我们决不否认人的行为是由人的大脑支配的，是根据人的需要能动地进行的，如恩格斯说的“使人们行动起来的一切，都必然要经过他们的头脑”。[2] 但我们再深问一下，是什么支配人的头脑呢？这可能由很多情况决定的，但人的观念则起主导作用，而人的观念又是社会规定性所决定的。所以，无论将人提到社会的高度来认识，还是从人认识的根源去分析，人的行动都受社会的制约。这种制约是客观的，不管你承认不承认。人就处在这样的情景：一方面，人的一切行动都是经过头脑思考，能动地进行；另一方面，人的一切行动又受其社会规定性的制约。人就是这样一个矛盾物：他既自主，又不自由，犹如鸟儿生活在笼子里一样。然而，人类社会的规定性并不像笼子一样是一成不变的，它随着人类对自然规律、社会规律认识的不断深化，随着人类文明的发展而不断松散，人类最终会更加自主自由地主宰自己，由必然王国向自由王国迈进。但这一切，只有在生产力的高度发展的条件下才成为可能。这样，我们就可以看到生产力在人类历史中的地位了：人要创造自己的历史，就必须同自然发生联系，于是产生了生产力。由于人类的历史运动一刻也不能停止，生产力的发展也不会停滞。在人类创造历史的活动中，人类创造了丰富的社会关系，这些社会关系制约着人类的行动，这样，一方面，人的类特征是自觉自由的活动；另一方面，人的活动又受其社会的制约，是不自由的。人类的社会关系和人的类特征总是存在着矛盾，要解决这个矛盾，根本的途径是发展社会生产力。人的自觉自由是相对的，是没有止境的，因而，作为解决它的手段——生产力的发展也是没有止境的。

通过上面分析可知，生产力作为一个政治经济学概念，在社会历史学上，是说明人们创造历史的实践活动的。社会中没有抽象的生产力，生产力的运动其实就是人们改造世界的运动。人的生存需求是发展生产力的根本动因，发展生产力是人类生存和发展的必然前提，同时，也是实现人的类生活的必然的表现形式。

---

① 《马克思恩格斯选集》第 1 卷，603 页，北京，人民出版社，1972。

② 《马克思恩格斯选集》第 4 卷，245 页，北京，人民出版社，1972。

三、从生产关系看人类历史

我们透过人类社会纷繁复杂的现象发现，生产关系概括了人类生活的内容。

所谓生产关系，就是人们在从事历史活动时的本质社会关系。它分为生产、分配、交换、消费四个环节。生产关系同生产力所反映的内容侧重点有所不同，但它们在历史学上都表明了这样的观点：人要生活，需要有生活资料；要有生活资料，就必须从事生产活动。马克思说，生产、分配、交换、消费“构成一个总体的各个环节、一个统一体内部的差别。生产既支配着生产的对立规定上的自身，也支配着其他要素。过程总是从生产重新开始。交换和消费不能是起支配作用的东西，那是自明之理。”①很明白，在社会统一体内部，生产是核心，没有生产，就没有其他的环节，就没有人类的生活。马克思说：“任何一个民族，如果停止劳动，不用说一年，就是几个星期，也要灭亡，这是每一个小孩都知道的。”②因此，“一定的生产决定一定的消费、分配、交换和这些不同要素相互间的一定关系。”③但一般说来，生产不是目的，即是说，生产的目的不是为了生产，而是为了消费。生产和消费就其作用和结果来讲是统一的，“生产是消费；消费是生产。消费的生产。生产的消费。”④而引起生产动机的是消费，是为了满足人类生命体的需要，“没有需要，就没有生产。而消费则把需要再生产出来。”⑤这样，在社会总体生活的各个环节中，生产“也支配着其他要素”⑥，然而，创造出生产的动力是消费，它是生产的前提，如马克思说的“消费的需要决定着生产”。⑦

通过生产、分配、交换、消费的关系，我们看出，当我们在一个社会

---

① 《马克思恩格斯选集》第 2 卷，102 页，北京，人民出版社，1972。

② 《马克思恩格斯选集》第 4 卷，368 页。

③ 《马克思恩格斯选集》第 2 卷，102 页。

④ 同上书，95 页。

⑤ 同上书，94 页。

⑥ 同上书，102 页。

⑦ 同上。

统一体内部看人类生活的时候，我们一下就清楚地认识到，生产是整个人类生活的动力。可是当我们再去寻找这个动力的动力时，又很容易地看到，决定生产的是消费的需要。消费的需要引起生产的运动，生产的运动又引起消费及其他社会现象的运动(这些社会环节的运动规律就是经济规律)。因此，从经济学角度看，整个人类社会生活的内容无非是这样：消费—生产……消费—生产……

四、生产力、人的完美和人的历史

根据以上论述，我们认为：人是历史活动的主体，生产力是伴随人的产生而产生的。发展生产力并不是人们创造历史的目的，而是手段。这种手段和目的是互相矛盾的，这个矛盾运动贯穿着人类历史的全过程，直到人类历史的终结(如果有一天的话)。我们常说，人类历史首先是生产发展的历史，是生产力的发展史，意思是说，生产力的发展史与人类社会史在时间上吻合，人类的活动首先是生产活动而且一刻也离不开。但这个概念是不完整的，它没有反映出人类历史的全部内容，仅仅概括了人类社会活动的一个方面，而没有揭示出人类活动的另一个方面，即人的完美。从人是历史活动的主体这个角度，我们应该说，人类历史就是人类自我完美的历史。

当然，在人类社会最初的很长一段历史中，人们并没有意识到这一点，仅仅知道生产自己机体需要的消费品(却是动物不能做到的)。但就在这种非自觉的消费—生产—消费的历史过程中，人们也在完美着自身。人们在从事物质生产活动的同时，也在进行精神生产活动。这样，人们的大脑所想的不单是如何能够活着，而且还有怎样才能更好地活着，怎样活着才有意义，以致出现了丰富的文化。于是人们产生了一种超越生物本能的崇高的东西，即崇尚完美及追求他们心目中的完美。人类文化一旦产生，就增强了人们创造历史的自觉性和主动性。科技知识、医学知识、各门艺术如文学、雕塑、说唱……历史学、伦理学、美学、哲学等文化的出现，是人类完美的一次巨大飞跃，是人性的一次质变性发展，也是人类历史发展的一次质变。一个社会，一个民族，如果有了一定的伦理道德，一定的审美观念，一定的人生观，那么，这个社会的人(并不是指每一个人)就产生了创造历史的自我完美意识，就成为具有历史感的人。因为这些思想是社会历史的积淀，它影响着生活在这个社会的每一个人，制约着他们的行动。至于这些观念性的东西是否能促进他们的完美，提高他们的人性，那则是另一回事。不过，人们最终会淘汰那些不符合人类自身发展的文化糟粕。因为人毕竟有高度的自觉性，而且他的历史将造就得他不断地更加自觉。他们在自己的社会实践中会逐渐明白，什么样的文化对发展生产力有利，促进他们的身心健康，什么样的有害，这样，在历史实践中，他们自然会作出抉择。这是人类从事历史活动自觉的一个标志。不管自觉也好，不自觉也好，在整个人类历史进程中，人性在不断完美则是客观的，诚如马克思说的"人们的社会历史始终只是他们的个体发展的历史，而不管他们是否意识到这一点"。[1] 至于人类完美的内容，不是本文的要旨，这里就不作论述了。

人类社会史既是生产力发展的历史，又是人类自我完美的历史。生产力是手段，是表现形式；自我完美是目的，是人类生命活动的真谛所在。生产力的发展和人的完美在历史的客观过程中是一致的。当然，人是社会的人，在其从事历史活动，追求自我完美的时候，要受到社会关系诸如经济、政治、社会意识形态等方面的影响，这些社会关系有一定的相对性和懒惰性，并非和生产力的发展一一对应。但是我们应该看到这样的事实：生产力发达的社会为人们提供的使人类完美的物质条件和文化条件比生产力落后的社会优越得多。之所以如此，完全是由于生产力的内在作用。所以，尽管人的完美化程度与生产力的发展水平不是一一对应的关系，但生产力的发展与人的完美从宏观历史过程来看是基本一致的。

五、人类历史的本质内容

通过以上论述，我们可以作出这样的概括：人类历史就是建立在人类生产活动基础之上的人类自我完美的自然发展过程。这就是我们要说的历史的本质。它包括以下内容。

1. 构成历史的要素是人和历史环境。人创造环境，同样，环境也创造

① 《马克思恩格斯选集》第4卷，321页。

人。环境和人的相互作用、相互创造贯穿着人类历史的全过程。人类的社会生活一刻也离不开这种相互作用。这种相互作用一方面是人类从事生产、发展生产力的活动，即从表面看，人类社会生活只不过是：消费—生产……消费—生产……人类社会史也就是人类生产消费史；但另一方面，人类社会生活真正的含义远非如此，人类社会生活的本质是对美的追求(包括个人美和社会美)，如马克思说的，当人们为着保持自己的生存而作用于在他之外的自然时，他改变了自己本身的天性。发展生产力是追求美的必要条件和表现形式，虽然它很重要，但我们不能因为这一点，就回避历史的另一个方面。

2. 在人类社会史中，人始终是历史活动的主体，是历史运动的执行者，如恩格斯说的"人们通过每一个人追求他自己的、自觉期望的目的而创造自己的历史"。① 但这种创造总是在一定的社会条件下进行，为社会条件所制约。人们的活动创造出社会条件，社会条件又制约着人们的活动。这是人类历史始终存在的矛盾，这种矛盾的每一次解决，都促进了人类历史的发展。但这种矛盾的解决总是靠人的实践活动和精神活动来实现。所以，人不但是历史活动的主体还是人类历史的主体。

3. 历史是一个自然发展过程。就其内容来讲是主观(人)、客观(自然条件)的辩证统一。人能理智地控制自己的感情，改变自己的行动，却无法改变历史的发展进程。人是历史的主体，却不是作为自然历史进程的历史的主宰。推动历史前进的动力是在社会内部的矛盾，特别是基本矛盾中产生的。这些基本矛盾不是由哪一个人的力量所形成，也不是靠哪一个人的力量所能解决，它们是社会中很多人共同活动的结果。这样，社会的前进及前进趋向就不可能以人的个体意志为转移，而是具有一定的客观必然性。

① 《马克思恩格斯选集》第 4 卷，243～244 页。

“历史”的概念

——一个历史本体论的基本问题

历史是什么？关于这个问题，历史学家有多种答案。克罗齐说：“一切历史都是当代史。”那意思是说，一切历史都必须从当前出发，脱离了这个唯一的坐标就无所谓历史。柯林伍德说：“一切历史都是思想史。”那意思是说，历史之成其为历史就在于有其中的思想，抽掉了思想，历史就只不过剩下一具躯壳。① 卡尔说：“历史学家与历史事实之间彼此互为依存。没有事实的历史学家是无本之木，没有前途；没有历史学家的事实是死水一潭，毫无意义。因此，我对于‘历史是什么’这一问题的第一个答案就是，历史是历史学家与历史事实之间连续不断的、互为作用的过程，就是现在与过去之间永无休止的对话。”②历史是“过去的事件跟前进中出现的将来的目标之间的谈话”。这些都是外国人给“历史”下的定义。在中国人中，梁启超的定义很有影响。他说：“史者何？记述人类社会赓续活动之体相，校其总成绩，求得其因果关系，以为现代一般人活动之资鉴者也。”③上述的“历史”定义，是从认识论的角度来讲的，指的都是主观上的“历史”，并没有从本体论上说明历史的本质内涵。把主观的历史视作客观的历史，将不可避免地为唯心史观解释历史提供场所。

语言学中的“历史”有几种含义。中国社会科学院语言研究所词典编辑室编的《现代汉语词典》，“历史”条目下有四项意义：(1)自然界和人类社会的发展过程，也指某种事物的发展过程和个人的经历；(2)过去的事实；(3)过去事实的记载；(4)指历史学。④ 这四项含义又可归结为两项：一是

---

① 何兆武：《评波普尔〈历史主义贫困论〉》，见《历史与历史学》，193页，武汉，湖北人民出版社，2007。

② ［英］卡尔著：《历史是什么》，陈恒译，115页，北京，商务印书馆，2007。

③ 梁启超：《中国历史研究法》，见《饮冰室合集》专集之七十三，1页，北京，中华书局，1989。

④ 中国社会科学院语言研究所词典室编：《现代汉语词典》(修订本)，776页，北京，商务印书馆，1998。

主观的历史，一是客观的历史。英语中的“历史”(history)也包含这两项意思。由于“历史”一词有这样的模糊性以及认识论方面的原因，致使许多史学家主客不分，把写的历史和客观的历史混为一谈。在中国史学史上，李大钊是第一位明确区分这两种历史的学者。他在《史学要论》中，提出“什么是历史”“什么是历史学”的问题，指出：“历史是在不断的变革中的人生及为其产物的文化”；[①]“历史学就是研究社会的变革的学问，即是研究在不断的变革中的人生及为其产物的文化的学问”。[②] 新中国成立前，周谷城的《历史完形论》《中国史学之进化》，方壮猷的《中国史学概要》等，都吸收、继承了李大钊的这一思想。但在20世纪30年代出版的众多史学理论著作中，主客观历史不分的问题仍然相当普遍。改革开放以后，有的学者提出了“历史理论”“史学理论”的区别，[③] 反映了史学理论界对此二含义区别得愈加自觉，标志着史学理论研究的深化。

历史是什么？它应该是一个历史本体论的问题，而不应该总是在历史认识论中打圈圈。也就是说，“历史”的本质内容是什么？客观的“历史”而不是主观的“历史”，上升到理论的高度，应该如何概括和规定？

历史，自然指的是人类历史。本人认为，人类历史是建立在人类生产活动基础之上的人类自我完美的自然发展过程。这是因为：

1. 历史的本质就是人类不断完美的过程。人类社会生活的本质是对美的追求(包括个人美和社会美)，如马克思说的，当人们为着保持自己的生存而作用于在他之外的自然时，他改变了自己本身的天性。“人们的社会历史始终只是他们的个体发展的历史，而不管他们是否意识到这一点”。[④]

2. 生产活动是人们创造历史的前提。马克思说：“人们为了能够‘创造历史’，必须能够生活。但是为了生活，首先就需要衣、食、住以及其他东西。因此第一个历史活动就是生产满足这些需要的资料，即生产物质生活本身。同时这也是人们仅仅为了能够生活就必须每时每日都进行的(现

① 李守常：《史学要论》，10页，石家庄，河北教育出版社，2000。

② 同上书，13页。

③ 陈启能：《历史理论与史学理论》，载《光明日报》，1986-12-03；瞿林东：《史学理论与历史理论》，载《史学理论》，1987(1)。

④ 《马克思恩格斯选集》第4卷，321页。

在也和几千年前一样）一种历史活动，即一切历史的基本条件”。[1] 发展生产力和人类的自我完美是同一历史过程的两个方面，二者统一于历史进程之中。一方面，发展生产力是人类自我完美的前提条件，又是人类自我完美的一种表现形式（因为人类只有通过劳动才能完美自身）；另一方面，人类的自我完美是人类“创造历史”的根本目的，同时，也为生产力的进一步发展奠定了基础。

3. 在人类社会中，人始终是历史活动的主体，是历史运动的执行者，如恩格斯说的“人们通过每一个人追求他自己的、自觉期望的目的而创造自己的历史”。[2]。但这种创造总是在一定的社会条件下进行，为社会条件所制约。人们的活动创造出社会条件，社会条件又制约着人们的活动。这是人类历史始终存在的矛盾，这种矛盾的每一次解决，都促进了人类历史的发展。但这种矛盾的解决总是靠人的实践活动来实现的。所以，人，不但是历史活动的主体，还是人类历史的主体。

4. 历史是一个自然发展过程。历史就其内容来讲是主体（人）、客观环境（自然条件、社会条件）的辩证统一。人能理智地控制自己的感情，改变自己的行动，却无法改变历史的发展进程。历史规律和自然规律一样“可怕”（它们归根到底有必然的联系，是一致的）。马克思说：“一个社会即使探索到了本身运动的自然规律……它还是既不能跳过也不能用法令取消自然的发展阶段。但是它能缩短和减轻分娩的痛苦。”[3]所以，人只能尊重它，不可抗拒它；只能利用它，不能违背它。人是历史的主体，却不是作为自然历史进程的历史的主宰，推动历史前进的根本动力是在社会内部的矛盾，特别是在基本矛盾中产生的。这些基本矛盾不是由哪一个人的力量所形成，也不是靠哪一个人的力量所能解决，它们是社会中很多人共同活动的结果。这样，社会的前进及前进趋向就不可能以人的个体意志为转移，而是具有一定的客观必然性。

自从有了人，就有了人类历史。人同动物的区别在于人是通过自己的劳动来创造自己的生活，而动物则不是。所以，马克思说人的本质是自由

---

① 《马克思恩格斯选集》第 1 卷，32 页。

② 《马克思恩格斯选集》第 4 卷，243～244 页。

③ 《马克思恩格斯全集》第 23 卷，11 页，北京，人民出版社，1972。

自觉的生产劳动。人们为了生活，需要结成一定的社会关系同自然相对立以生产出自己的生活用品和生产资料等。这样，在一个相对独立的社会有机体内部，就出现四类矛盾，即人与自然的矛盾，人与社会的矛盾，人与人的矛盾以及人自身的矛盾。这四类基本矛盾存在于任何社会中，它们的运动及其相互作用推动着历史的发展。其中，人的个体发展是这些矛盾的主线，其他矛盾特别是人与自然的矛盾都是由此产生并始终为之服务的。为了解决好这些矛盾，出现了或即将出现各种各样的社会形态，马克思归结为五种，即"亚细亚的、古代的、封建的和现代资产阶级的"及共产主义的社会形态，并发现了这些社会形态变化发展的规律以及这些社会形态内部的运动变化规律。但无论哪一个社会形态，也不论这个社会形态内部的矛盾如何激烈复杂，它们都不过是历史的一个阶段，它们都在它们的存在中表现历史的本质，完成它们的使命——造就日益完美的人。因此，马克思认为："整个所谓世界历史不外是人通过人的劳动而诞生的过程，是自然界对人说来的生成过程"。[①] 普列汉诺夫在阐述马克思的历史理论时，说："'在作用于外界自然时，人改变了自己本身的天性'。在这几句话中包括着马克思的历史理论的全部本质"。[②] 由此可见，上面说的社会中的四类基本矛盾还可以进一步归纳：历史是由相辅相成不可分割的两个方面——"人"和"环境"所构成。一方面，人创造环境（包括自然环境和社会环境，其实，自然环境也是社会环境的一部分），另一方面，环境也创造人。人和环境的相互创造构成历史的基本内容。但归根到底是人创造环境并通过环境再创造人。因此，对历史是什么这一问题，我的认识是：人类历史是建立在人类生产活动基础之上的人类自我完美的自然发展过程。

对"历史"进行这样的概括，能够完整地表述唯物史观对历史本质的揭示。它既反映了人们创造历史的根本目的，又说明了人们创造历史的依据，使综合抽象的历史概念寓于具体的历史活动中，同时，还避免了将历史描述成为一个没有主体的自然过程论。

其次，对历史进行这样的概括，具有重要的实践意义：一是它能够使

① 《马克思恩格斯全集》第 42 卷，131 页。

② 《普列汉诺夫哲学著作选集》第 1 卷，676 页，北京，生活·读书·新知三联书店，1959。

人们清楚地认识到人在社会历史中的地位，以增强其创造历史的能动性、自觉性；认识到人的不断完美才是人的生命意义之所在，从而提高人们的个人完美意识。二是它揭示了社会组织者的责任，那就是为所有社会成员的个体之完美提供不断优化的社会环境是社会组织者特别是社会的核心组织者——政府的职责。

历史发展动力问题再认识

——兼谈认识这一问题的方法论

新中国成立以来，特别是近几年来，关于社会历史发展的动力问题一直是历史理论界的热门话题，有关历史发展动力及其相关的探讨文章层出不穷，提出了多种不同的观点。但是，由于各方面的因素，特别是认识方法上的原因，对这个问题至今还存有很大争议。本文试在过去探讨这个问题的基础上，再谈一点粗浅之见，以求教于理论界同仁。

一、探讨“历史动力”的意义

讨论历史发展动力有什么意义？这是我们首先应该搞清楚的问题，认识不清楚，讨论起来就无的放矢，也难以找到正确的方法。

我们认为，历史发展动力，既是一个理论问题，同时又是一个实践问题。因为首先，它是历史哲学的基础问题之一。唯物史观和唯心史观对它有截然不同的回答。马克思主义以前的唯心主义者们大都认为人的思想动机是历史事件发生的终极原因，而没有研究隐藏在这些思想动机背后的物质方面的原因。正像恩格斯所指出的，唯心主义者不彻底的地方并不在于承认精神的动力，而在于不从这些动力进一步追溯到它的动因。①

近代唯心主义哲学的最高峰黑格尔哲学，虽然已经看出历史人物的表面动机和真正动机都不是历史事变的最终原因，认为这些动机后面还有应当探究的别的动力。但是，他不是在历史本身中寻找这种动力，反而从外面，从哲学的意识形态把这种动力输入历史，把“绝对精神”“绝对观念”作为历史发展的决定力量。这样，他转了一圈又陷入唯心主义。可见，马克思恩格斯当年——尤其是在他们创立和发展唯物史观时，一再强调生产力、生产力和生产关系的矛盾对社会历史的决定作用，不能不说是针对唯心史观而进行的清算。

---

① 《马克思恩格斯选集》第4卷，244页，北京，人民出版社，1972。

其次，它是与现实联系非常紧密的一个问题。怎样才能更快地发展生产力，更好地促进整个社会的进步？这是人们经常思考的问题，尤其是我们正在进行社会改革的今天，讨论“历史动力”的现实意义就更加重大。改革需要理论，正确的理论，能够为我们制定正确的方针、政策提供科学的理论依据，使改革沿着正确的轨道前进；反之，错误的理论，则可能导致改革的失误，给国家和人民造成巨大的损失。对于这一点，我们有诸多的教训。林彪、“四人帮”横行的年代，马克思主义经典作家关于历史发展动力的论述，被他们任意剪裁和歪曲。他们一方面任意篡改马克思主义的阶级斗争学说，炮制“阶级斗争就是一切”；另一方面，又竭力贬低生产力以及生产斗争和科学技术的历史作用，提出“批判‘唯生产力论’”“知识越多越反动”等谬论，把马克思主义的阶级斗争学说同生产力、生产斗争的关系对立起来。马克思主义关于阶级斗争是推动历史前进的巨大力量被他们歪曲成阶级斗争越激烈越好。于是，导致了阶级斗争的扩大化，给社会生产造成了巨大破坏，使国民经济几乎到了崩溃的边缘。粉碎“四人帮”以后，理论界开始拨乱反正，关于“真理标准问题”的大讨论，关于社会发展动力问题的大讨论就是在这样的背景下开展的。通过讨论，把“四人帮”颠倒的理论纠正过来，恢复了生产力在历史发展中的地位，为国家把工作重心转移到经济建设上来，提供了科学的理论依据。改革开放以来的巨大成就，可以说，与这场热烈的理论大讨论是分不开的。

像这样基本的同时又是实践性的理论问题，解决起来当然不是那么简单。但它应该随着社会实践的发展，不断地深化，不断地进行再认识。这样做，并不意味着理论探讨无真理可言，而是说理论应该随着实践的发展而发展。理论脱离了实践，就无所谓真理。所以，对“历史动力”不断地进行再认识，不但是正常的，而且是必要的。

二、物质生产活动是历史发展的根本动力

在对“历史发展动力”的讨论中，虽然研究者都努力运用唯物史观，但还是出现了许多分歧。大致看来，有以下几种观点。

(1)人们的物质利益是社会历史发展的根本动力。①

(2)生产力和生产斗争是社会历史发展的根本动力。②

(3)生产力和生产关系的矛盾是社会历史发展的根本动力。③

(4)适合生产力发展的生产关系是历史发展的根本动力。④

(5)阶级斗争是历史发展的真正动力。⑤

(6)劳动人民是历史发展的根本动力。⑥

(7)社会实践是社会发展的根本动力。⑦

(8)社会发展中各种因素的合力是历史发展的动力。⑧

这些观点都有一定的理论根据和史实根据，似乎都有道理，以致长期以来，诸说并立，谁都难以说服谁。如第一种观点认为，人类要生存，首先需要衣、食、住、行。正是由于这种物质上的需求，才促使人们去从事生产，发展生产力。在阶级社会里，阶级斗争也是为了本阶级的物质利益而进行的，所以，人们的物质利益是社会历史发展的根本动力。第二种观点则认为，生产活动是首要的基本的活动，生产力的发展变化决定经济基础、上层建筑乃至整个社会的发展变化，而生产力又是最积极最革命的因素，所以生产力是推动历史发展的根本动力。第三种观点认为，任何事物的发展变化都是由事物内部的矛盾引起的，社会的发展也不例外。社会中最基本的矛盾是生产力和生产关系的矛盾，所以，生产力和生产关系的矛盾是社会历史发展的根本动力。第四种观点也认为，生产力和生产关系是社会基本矛盾，但对基本矛盾的认识又具体化了。当生产关系不适合生产力发展时，就成为生产力发展的障碍，束缚生产力的发展，只有适合生产力发展的生产关系，才有利于生产力的发展，促进社会的进步，所以，适

① 严钟奎：《人类的物质经济利益是历史发展的根本动力》，载《光明日报》，1980-01-25。

② 刘泽华，王连升：《关于历史发展的动力问题》，载《教学与研究》，1979(2)。

③ 戎笙：《只有农民战争才是封建社会发展的真正动力吗》，载《历史研究》，1979(4)。

④ 赵吉惠：《适合生产力发展的生产关系是历史发展的根本动力》，载《甘肃师大学报》，1980(2)。

⑤ 刘大年：《关于历史前进的动力问题》，载《近代史研究》，1979(1)。

⑥ 俞兆鹏：《人民群众是历史发展的原动力》，载《江西日报》，1980-03-06。

⑦ 蒋大椿：《历史的内容及其前进的动力》，载《近代史研究》，1981(4)。

⑧ 李德茂：《历史发展的动力是社会各种矛盾的合力》，载《光明日报》，1980-01-15。

合生产力发展的生产关系才是历史发展的根本动力。第五种观点同样承认生产力和生产关系的矛盾运动推动着社会的前进，但这一矛盾是如何运动的，尤其是旧的生产关系严重阻碍生产力的发展，与生产力的矛盾极端尖锐时，那么这时必然导致阶级矛盾的尖锐。阶级斗争是社会基本矛盾的反映，要解决基本矛盾，只有通过阶级斗争的办法来解决，所以，阶级斗争才是历史发展的真正动力。第六种观点则强调了生产力的主体——劳动人民的作用，此种观点认为，生产力并不是在社会中独立存在的实体，它不会自行发展，生产力是靠从事物质生产和精神生产的主体——广大劳动人民来发展的。所以，劳动人民是历史发展的根本动力。第七种观点则强调创造历史的人的实践活动，认为生产斗争、阶级斗争、科学实验都属于社会实践的范畴，生产力的发展、科学技术的进步，都是劳动人民社会实践的结果，这样，与其说劳动人民是历史发展的根本动力，不如说劳动人民的社会实践是社会发展的真正动力。第八种观点则认为，推动历史发展的有多种因素，因此，也有多种力量。这多种力量的合力就是历史发展的动力。

上述观点都引用了大量的马列主义经典作家关于社会发展动力方面的论述，同时还引用了一些史实加以佐证，似乎都能自圆其说。既然如此，那么为什么会出现这么多的分歧？这是很值得深思的。针对这种情况，陕西师范大学赵吉惠教授曾做过这样的分析："我认为，学术界关于'历史动力'问题的意见分歧，与对于'历史动力'这一概念的不同理解和使用有关。'历史动力'有两层含义，一是一般意义，一是具体意义。所谓历史动力的一般意义，是指包括推动历史发展的各种有关因素或力量。恩格斯所讲的'总的合力'，'总的平均数'等即是这个意义；所谓历史动力的具体意义，是指'历史过程中的决定性因素'、'决定性力量'。我们考察历史动力，主要应该就它的具体意义而言，寻找历史发展的决定性力量。"①笔者认为，赵吉惠教授对"历史动力"具体意义和一般意义的区分，是有助于这个问题的澄清的。对一个问题的探讨和争论，概念不清，最容易造成误解。有的观点看起来差别很大，其实一经推敲，又是一致的。所以，对"历史动力"这样一个在马克思恩格斯等经典作家著作里不断出现的概念，必须对它的

① 赵吉惠：《史学理论研究正在成为热点》，载《史学理论》，1988(2)。

意义进行准确的理解，真正弄清它的确切意义，否则必将导致一些没有意义的争议。赵吉惠教授的这一区分，就解决了合力(所有动力)和根本动力的概念混乱，所以，具有方法论意义。当然，这一区分并没有解决“根本动力”的内部分歧，也就是说，撇开合力不谈，在到底什么是推动历史发展的根本动力这一问题上，分歧依然存在。因此，进一步解决这个问题，就应该在认识方法上进行反省，应该从唯物史观的整个体系中来探讨，并具体分析马克思、恩格斯对唯物史观表述的角度、方法及理论意义，不要机械地去理解。总之，要用辩证法的观点来看问题。

在马克思主义产生之前，唯心史观一直在社会历史领域占据统治地位，虽然说唯物史观是社会生产发展到一定阶段的产物，但它的产生发展并不是一帆风顺的，而是在与唯心史观的斗争中不断完善的。这样，马克思恩格斯在对唯物史观论证和阐述时，特别是在与他们的论敌进行论战时，就从纷繁复杂的社会现象中，抽象出生产力、生产关系、经济基础、上层建筑、社会存在、社会意识、社会经济形态等范畴，而撇开了人的具体活动，从宏观上，从层次上对社会结构进行了静态的和动态的描述，清楚地揭示了生产力的发展对推动历史前进的决定作用，彻底否定了唯心史观所谓历史是上帝意志、绝对精神或英雄人物的意志的展现等观点，从而使社会历史观建立在了彻底唯物的基础之上，为历史学走向科学开辟了道路。这一方法既是有效的，同时也是科学研究的需要。正如列宁所说：“只有把社会关系归结于生产关系，把生产关系归结于生产力的高度，才能有可靠的根据把社会形态的发展看做自然历史过程。”①

这样做并不是像某些西方学者所攻击的那样，唯物史观只讲物，不讲人。事实上，唯物史观从来也没有抛弃“现实的人”的观点，他们在创立唯物史观的初始阶段就明确宣布，唯物史观是从“现实的前提”出发的，这就是“一些现实的个人，是他们的活动和他们的物质生活条件，包括他们得到的现成的和由他们自己的活动所创造出来的物质生活条件。”②恩格斯在《路德维希·费尔巴哈和德国古典哲学的终结》一文中更明确地提出：唯物

① 《列宁选集》第1卷，8页，北京，人民出版社，1972。

② 《马克思恩格斯选集》第1卷，24页。

史观是“关于现实的人及其历史发展的科学。”①我们一直把马克思在1859年《〈政治经济学批判〉序言》中对唯物史观的简要表述作为对唯物史观的经典表述，这里面在描述社会结构时，马克思确实没有把人作为一个独立的要素，但将它抽象到生产力、生产关系里面去了。所以，这并不意味着马克思离开了前提，而是出于表述上的需求。这种表述的方法论意义就在于，我们能够从中最容易看出，正是人们的物质生产活动即客观存在着的生产力，才是推动社会历史发展的决定性力量，有力地揭示了唯心史观的根本缺陷。这一表述，阐发了唯物史观的基本观点，是唯物史观的骨架，但还不是唯物史观的全部，因为这个骨架里没有充实上血肉。因此，决不能因为这里面没有突出人，就说唯物史观不讲人。列宁在论述唯物史观的基本观点时指出：“第一，以往的历史理论，至多是考察了人们历史活动的思想动机，而没有考究产生这些动机的原因，没有摸到社会关系体系发展的客观规律性，没有看出物质生产发展程度是这种关系的根源；第二，过去的历史理论恰恰没有说明人民群众的活动，只有历史唯物主义才第一次使我们能以自然史的精确性去考察群众生活的社会条件以及这些条件的变更。”②从这段话中也可以看出，马克思从物质生产，从生产力出发来阐发唯物史观，与从历史的主体——人的活动尤其是人民群众的活动为出发点在逻辑上并不矛盾，而是一致的。

既然这样，从整个唯物史观体系来理解，说生产力是社会历史发展的根本动力与说劳动人民的社会实践是历史发展的根本动力有什么分歧呢？“因为任何生产力都是一种既得的力量，以往的活动的产物，所以生产力是人们的实践能力的结果。”③说生产力是历史发展的根本动力与说生产力与生产关系的矛盾运动是历史发展的根本动力又有什么分歧？人们创造历史，从事生产活动时，不得不形成社会，形成一定的社会关系。“社会——不管其形式如何——究竟是什么呢？是人们交互作用的产物。人们能否自由选择某一社会形式呢？决不能。在人们的生产力发展的一定状况

① 《马克思恩格斯选集》第4卷，237页。

② 《列宁选集》第2卷，586页，北京，人民出版社，1972。

③ 《马克思恩格斯选集》第4卷，321页。

下，就会有一定的交换〔commerce〕和消费形式。”①即生产力在发展时，离不开一定的生产关系。生产力推动着历史的发展，实际上是在与生产关系的矛盾运动中进行的。因此，也可以说，生产力和生产关系的矛盾运动是历史运动的决定力量。强调生产力，只不过是强调了这对矛盾的主导方面。说人的实践活动或劳动人民是历史发展的根本动力，与上述观点没有什么分歧，只不过表述的角度不同罢了。而说适合生产力的生产关系是社会历史发展的根本动力则不妥，因为适合生产力的生产关系仅仅为生产力的发展提供了有利的社会条件。不是主动者，不是生产活动本身。说人们的物质利益是社会发展的根本动力也不妥，因为人们的物质利益不能脱离生产的发展。类人猿是通过劳动变成人的，并不是因为它有物质需求才成为人。到了阶级社会，因为物质利益的冲突产生了阶级、阶级斗争，但阶级是生产发展到一定阶段的产物。所以，生产活动，无论从人类的起源、社会的存在、社会的发展来看，都是历史发展的根本动力。

总之，只要我们从马克思主义整个体系出发，从马克思等经典作家观察和解决问题的目的、方法出发，进行具体问题具体分析，就不会因个别词句的不同而固执一端了，就能够把唯物史观关于历史发展根本动力的不同表述统一起来。

三、探讨历史发展动力的辩证法问题

唯物辩证法是马克思主义分析一切问题的根本方法。在探讨历史动力问题时，我们既要坚持唯物论，又要坚持辩证法。为此，必须注意以下两点：

第一，处理好理论和社会实践的辩证关系。

理论往往是社会实践生活的反映，与实践生活有一种间接和直接的关系。历史动力问题尤其如此。如为什么马克思在早期创建唯物史观时，着重从宏观上、从层次上构筑历史唯物主义大厦？这是因为马克思在当时面临的主要任务是清除唯心史观，为唯物史观的建立奠定基石。那么为什么恩格斯在他晚年又强调了社会因素的交互作用呢？这是由于当时有些人其

① 《马克思恩格斯选集》第4卷，320页，北京，人民出版社，1972。

中包括一些社会主义者片面理解马克思主义，认为经济因素是历史发展的唯一决定性的因素，而看不到唯物史观所揭示的历史辩证法。恩格斯在致约·布洛赫的信中有针对性地说："……根据唯物史观，历史过程中的决定性因素归根到底是现实生活的生产和再生产。无论马克思或我都从来没有肯定过比这更多的东西。如果有人在这里加以歪曲，说经济因素是唯一决定性的因素，那么他就是把这个命题变成毫无内容的、抽象的、荒诞无稽的空话。经济状况是基础，但是对历史斗争的进程发生影响并且在许多情况下主要是决定着这一斗争的形式的，还有上层建筑的各种因素：阶级斗争的政治形式和这个斗争的成果——由胜利了的阶级在获胜以后建立的宪法等等。"[①]为了纠正这种偏颇，恩格斯在这封信及 1893 年 7 月 14 日致弗·梅林的信中，两次谈到自己应负的责任，他说："青年们有时过分看重经济方面，这有一部分是马克思和我应当负责的。我们在反驳我们的论敌时，常常不得不强调被他们否认的主要原则，并且不是始终都有时间、地点和机会来给其他参与相互作用的因素以应有的重视。但是，只要问题一关系到描述某个历史时期，即关系到实际的应用，那情况就不同了，这里就不容许有任何错误了。"[②]为了更全面地说明唯物史观，恩格斯一方面依然强调经济因素的决定作用，另一方面又重点说明推动历史进步的多种因素的交互作用。

由此可见，我们说理论研究的内容和方法总是与社会的要求有着紧密的联系，也正是由于这个原因，马克思主义经典作家对唯物史观的表述便有了不同的角度和不同的方法。从在宏观层次结构中强调生产力到后来恩格斯对各种因素交互作用的重视以及马克思在《资本论》中把社会作为一个有机体来研究等都说明了这一点。

唯物史观的发展及在表述中的灵活性，一方面体现了唯物辩证法的精髓，是辩证思维的典范；另一方面也为我们分析历史动力提供了多种理论范式。

第二，处理好根本动力与合力的辩证关系。

在唯物史观中，既有对历史发展的根本动力的论述，又有对推动社会

① 《马克思恩格斯选集》第 4 卷，477 页。

② 同上书，479 页。

进步的所有因素的分析。前者主要回答的是社会为什么存在和发展，后者则描绘了社会存在和发展的具体图景。前者是唯物史观的基础，后者是对唯物史观的丰富和深化，二者是辩证统一的。唯物史观在创立时期，主要回答了根本动力问题，而在发展和完善时期，则又重视了合力的论述，如在《资本论》的历史观中，社会就被看作一个有机体，不但说明了历史发展的根本动力，而且还描绘了推动整个社会前进的合力系统。

正确认识根本动力，能够从根本上坚持历史唯物论；同样，全面认识历史合力，才能更加正确理解历史发展的辩证法。坚持历史根本动力和合力的统一，是唯物史观完整体系的要求。过去在探讨这一问题时，对此没有给予重视，很少重视根本动力和合力的区别和联系，造成概念不清，这也是历史动力问题长期以来一直没有解决的重要原因之一。

四、深化研究，必须从社会有机体中探讨历史发展的合力系统

我们探讨历史发展动力问题，应该从实际出发，把问题的探讨与实现我们的战略目标紧密结合起来。如果说在刚刚粉碎“四人帮”以后，历史发展的根本动力是我们亟待解决的问题的话，那么，在我们基本解决了根本动力问题，早已把工作重心转移到了经济建设上来，进行改革和开放的今天，探讨历史发展的合力系统就应该是理论界面临的一大课题。

因为我们要建设，推动社会发展，就必须弄清社会是怎样发展的，推动社会进步的要素有哪些，它们是怎样作用于社会的。为此，我们就不能仅仅满足于对根本动力的认识，而必须具体全面地认识社会。马克思的社会有机体学说为我们在这方面提供了理论基石。

在《资本论》第一卷序言中，马克思把社会看成是活生生不断变化的有机体，他说：“现在的社会不是坚实的结晶体，而是一个能够变化并且经常处于变化过程中的机体。”①那么，这个机体是怎样存在和发展的呢？马克思在《政治经济学批判》中明确指出：“这种有机体制本身作为一个总体有自己的各种前提，而它向总体的发展过程就在于：使社会的一切要素从

① 《马克思恩格斯选集》第2卷，208页。

属于自己，或者把自己还缺乏的器官从社会中创造出来。有机体制在历史上就是这样向总体发展的。它变成这种总体是它的过程即它的发展的一个要素。”①这是对社会有机体运动的精辟论述，它说明：(1)社会有机体的存在，有各种前提，即社会的存在需要一些基本的条件。(2)社会必然是一个有机的整体，所有的因素都从属于社会，即使缺少某种因素，社会也要把它创造出来，来为社会的存在和发展服务。(3)社会不是静止不变的，而是不断再生的发展过程。社会有机体的再生，不过是再一次地向另一个整体转化。总之，任何社会的存在和发展，都是社会有机体的存在和发展，所以，研究社会必须把社会作为一个有机整体来看待；同样，研究社会历史发展的合力，也必须从社会有机体中探讨历史发展的合力系统。

研究社会运动的合力系统是一个十分复杂的社会科学工程，它不但涉及经济运动规律，还涉及政治、文化、教育、医疗卫生、人口数量及质量、社会心理等社会领域各角落的规律以及这些规律之间的相互联系等。只有揭示出这些规律并切实地按照客观规律办事，才能使社会运动的合力系统处于最佳状态。所以，探讨合力系统，离不开马克思的社会有机体学说，正像列宁所说：“马克思和恩格斯称之为辩证方法(它与形而上学方法相反)的，不是别的，正是社会学中的科学方法，这个方法把社会看做处在经常发展中的活的机体(而不是机械地结合起来因而可以把各种社会要素随便搭配起来的一种什么东西)”。②

总之，在历史发展动力问题上，我们要明确探讨这一问题的意义，在唯物辩证法这一根本方法指导下，注意从整个唯物史观体系中解决历史发展的根本动力问题以及根本动力与合力的辩证关系。而在目前，探讨历史发展的合力系统，则更具有现实意义，对此，我们要特别重视马克思的社会有机体理论，在这一理论指导下探讨历史发展的合力系统。

① 《马克思恩格斯全集》第46卷上册，235～236页。

② 《列宁选集》第1卷，32页。

势　理　时

——谈历史趋势与人的主观能动性

“势”“理”“时”三字，都是颇有哲学意义的字眼。中国古代常用它们来论述历史发展的趋势以及人如何面对历史发展趋势等。这三个字所表示的意义既有一定的区别，又有紧密的联系。直到现在，我们还运用它们来思考历史运动和人的主观能动性的关系问题。

“势”早在先秦时期就为人所用，如商鞅贵势，慎到重势，韩非处势。这几个人所说的“势”都有政权、权势的意思。慎到说：“贤不足以服不肖，而势位足以屈贤矣。”①就是说，贤人不能够让不肖者服从，但权势却能够使贤者服从。韩非说：“以义则仲尼不服于哀公，乘势则哀公臣仲尼。”②这是说，从“义”的方面看，孔子不下于鲁哀公，但利用权势，鲁哀公就能使孔子称臣。“势”还有形势、态势之意。《孙子》中云：“故善战者，求之于势，不责于人，故能择人而任势。”③赵武灵王推行胡服，也提到“势”：“故势与俗化，而礼与变俱，圣人之道也。”④先秦“势”的这两种含义在现代汉语中都有反映。如仗势欺人、以势压人，从词源上说就是慎到、韩非说的势。但“势”发展为一哲学范畴，主要是从形势、态势而来的。汉代的贾谊撰有《过秦论》，说秦朝灭亡的原因是“仁义不施”。司马迁对此很赞同，在《史记》中就引用贾谊的话，来评论秦朝得失和秦始皇的功过。司马迁对历史事件和历史人物的描述，很注重从“势”的方面来说明。司马迁之后，有不少思想家、政治家、史学家讲过势。唐朝的柳宗元写了一篇既是政论又是史论的《封建论》，他说：“彼封建者，更古圣王尧、舜、禹、汤、文、武而莫能去之，盖非不欲去之也，势不可也。势之来，其生人之初乎？不初，无以有封建；封建，非圣人意也。”⑤这里的封建，指的是历史上的分

① 《慎子·威德》。

② 《韩非子·五蠹》。

③ 《孙子·势篇》。

④ 《战国策·赵二》。

⑤ 《柳河东集》卷三，《封建论》。

封制，即封王建侯，与通常所说的社会形态之“封建”不是一回事。也就是说，殷周时代的“封建”，并不是“圣人”事先制订出来的，而是形势使然。他进而说明郡县制的产生也是“势”使之然也，并用历史事实反复论证这一点，从而明确地提出“非圣人意也，势也”。这样，“势”就具有与“圣人之意”相对的客观历史发展的必然趋势之意。

在中国历史上，围绕着封建制和郡县制哪个更好开展过很多次争论，一直到清朝，这个争论还在进行。在争论和探讨中，柳宗元所说的“势”的作用被史学家所接受和强调。明末清初的思想家黄宗羲、顾炎武、王夫之都谈到了“势”。黄宗羲认为南明小朝廷的灭亡也是势决定的，说：“故帝之亡，天也，势也。”这里的“天”，与“势”是一个意思，不是指天命，而是指历史大趋势。顾炎武对封建体制的变革作了深刻的思考，他说封建变为郡县，是历史发展的必然，虽有圣人，也不能改变这个趋势：“盖自汉以下之人，莫不谓秦以孤立而亡。不知秦之亡，不封建亡，封建亦亡；而封建之废，固自周衰之日而不自于秦也。封建之废，非一日之故也，虽圣人起，亦将变而为郡县。”①他在解释人的社会行为时，也从“势”角度进行思考，如《生员论》说明人之私情和私利是“其势然也”：“人之情孰不为其身家者？故日夜求之，或至行关节，触法抵罪而不止者，其势然也。”②《钱粮论》说明当时官吏多贪，也是由其社会历史条件造成的，不能仅从官吏个人品质上寻找原因：“愚尝久于山东，山东之民，无不疾首蹙额而诉火耗之为虐者。独德州则不然。问其故，则曰：州之赋二万九千，二为银八为钱也。钱则无火耗之加，故民力纾于他邑也。非德州之官皆贤，里胥皆善人也，势使之然也。”③这个解释继承了司马迁从经济上来揭示人的行为动机的认识方法，比单纯地从仁义道德的角度来说明要深刻得多。王夫之代表了中国传统哲学的最高水平，他对“势”的论述有了更抽象的理论概括。他说：“一动而不可止者，势也。”④“凡言势者，皆顺而不逆之谓也；从高趋卑，从大包小，不容违阻之谓也。”⑤可见，“势”作为一种客观的、不以

① 《亭林文集》卷一，《郡县论一》。

② 《亭林文集》卷一，《生员论上》。

③ 《亭林文集》卷一，《钱粮论下》。

④ 《读通鉴论》卷十五，《宋孝武帝五》。

⑤ 《读四书大全说》卷九，《孟子·离娄上篇七》。

人的意志为转移的力量，被我们的先辈思想家认识到了，且用以思考社会政治问题。

作为思想史的范畴，“理”的出现，比“势”晚。司马迁写《史记》，目的是“网罗天下放失旧闻，考之行事，稽其成败兴坏之理”，① 提出了考察“成败兴坏之理”的命题。他重视历史的盛衰变化，说“物盛而衰，固其变也”。② 司马迁使用“理”字并不多，但他的历史盛衰论和变通的史学思想，核心都是揭示“理”。司马迁还提出了“道”：“故物贱之征贵，贵之征贱，各劝其业，乐其事，若水之趋下，日夜无休时，不召而自来，不求而民出之。岂非道之所符，而自然之验邪？”③此处的“道”与“理”应是同义的。苏轼在说到秦朝废封建时有这样的话：“理固当然，如冬裘夏葛。”④这个“理”就有了定律的意义。宋朝的理学家把“理”抽象为一个哲学范畴。但他们的“理”带有唯心的色彩，认为对历史兴衰起作用的是理，它的内容就是儒家的“三纲五常”，理学家将之视作千古不变的教条，所以称为“天理”。所谓“存天理，灭人欲”，就是强化这个教条。相比较而言，宋朝的史学家在肯定天理对历史支配的同时，还强调了人事的作用。欧阳修说：“盛衰之理，虽曰天命，岂非人事哉？”⑤这说明，宋朝史学虽然受理学影响很大，但并没有沦为理学的婢女。明清之际的思想家冲破“天理”论，使“理”回到了唯物的思想路线上。王夫之说：“理者，物之固然，事之所以然也。”⑥“势既然而不得不然，则即此为理矣。”⑦也就是说，“理”是事物运动的内在“规律”，是客观的。王夫之认为理是看不见的，“理本非一成可执之物，不可得而见”，但事物是按照“理”来运动的，总是表现出“理”，“理”又是能够认识的，即“在势之必然处见理”。⑧

“时”与“势”意思相近，所以两字往往相连成词，如“时势”“审时度势”

① 《汉书·司马迁传》。

② 《史记·平准书》。

③ 《史记·货殖列传》。

④ 《东坡志林》卷五，“秦废封建”条。

⑤ 《新五代史·伶官传序》。

⑥ 《张子正蒙注》卷五，《至当篇》。

⑦ 《读四书大全说》卷九，《孟子·离娄上篇七》。

⑧ 《读四书大全说》卷九，《孟子·离娄上篇八》。

等。它们都是指一定的客观环境、客观形势。荀子说："农夫朴力而寡能，则上不失天时，下不失地利，中得人和而百事不废"。[①] 孟子也说："天时不如地利，地利不如人和。"[②]在《史记》中，司马迁很讲"时""势"。前者指时代条件，后者指社会形势，都是说的历史条件。"时"的含义一般比"势"更具体些。司马迁重视人谋，但是人谋是有条件的，这个条件就是"时""势"。他写列传，其传主都是"扶义俶傥，不令己失时，立功名于天下"的人物。宋人范祖禹引用《礼记》中"礼，时为大，顺次之"的话，进而阐发"三代封国，后世郡县，时也"。[③] 这个"时"，意颇近于上文柳宗元说的"势"。苏轼也认为："圣人不能为时，亦不失时。时非圣人之所能为也，能不失时而已。"[④]可见，"时"是客观的。我们常说与时俱进，这个"时"就有客观形势、历史发展潮流的意思。但"时"还有时机之意。孟子曰："不违农时，谷不可胜食也。""斧斤以时入山林，材木不可胜用也。""百亩之田，勿夺其时，数口之家可以无饥矣"。[⑤] "时"的这两个含义虽不能混淆，但有相通之处。也就是说，"时"虽是指客观形势，但通常还含有人们如何对待"时"的主观因素，即怎样把握客观形势。因此，"时"包含人对"势"的认识以及人怎样利用"势"的问题。

"势"与"理"的关系是密切的。势是外在的，理是内在的。王夫之说："势之难易，理之顺逆为之也。理顺斯势顺矣，理逆斯势逆矣。"[⑥]就是说，遵从历史固有的规律，历史的发展就顺利，反之，就要受到阻碍。

顾炎武的《日知录》有《巳日》条，是解释《周易》的，说："《易》之所贵者中，十干则戊己为中，至于己，则过中而将变之时矣，故受之以庚。庚者，更也。天下之事，过中而将变之时，然后革而人信之矣。"[⑦]这是说，事物是变化的，在事物的变化面前，顺应变化，适时变革，就能取得他人的信任。顾炎武对《周易》的这一解释，很能说明"势""理""时"的关系。

---

① 《荀子·王霸》。
② 《孟子·公孙丑下》。
③ 《唐鉴》卷二。
④ 《东坡志林》卷五，"秦废封建"条。
⑤ 《孟子·梁惠王上》。
⑥ 《尚书引义》卷四，《武成》。
⑦ 《日知录》卷一。

由上可知，“势”“理”“时”关系紧密。从先人对它们的论述中我们可以得出这样的认识：人应顺势而行，尊重事物运动的内在规律，在此前提下，把握机遇，充分发挥主观能动性和创造性。

人　社会　自然

——谈社会和谐与历史进步

宇宙是一个矛盾体，世界也是一个矛盾体，人类社会还是一个矛盾体。大的矛盾体中又包含无数小矛盾体。矛盾无处不在，无时不有，这就是矛盾的普遍性。但任何矛盾都是具体的，都有与其他矛盾不同的内涵，所以，矛盾又是特殊的。矛盾是由既对立又统一的两个方面组成的。当矛盾的两个方面的统一占主导地位时，这个矛盾体就能够正常存在，它所依存的事物仍会按照原来的方向继续发展；当矛盾的两个方面的对立占主导地位时，这个矛盾体就有破裂的趋向，它所依存的事物就可能向另外的方向发展。辩证唯物主义的矛盾论，揭示了一切事物发展变化的特点和基本规律。

作为高级智能的生命体，人类一开始就是以社会的形式存在的。人以一定的组织形式形成社会，与自然界构成一个矛盾统一体，从自然中获取人类生活所必需的生活资料和生产资料，以维持自己的存在和发展。唐朝柳宗元对早期人类社会的产生有这样的描述："彼其初与万物皆生，草木榛榛，鹿豕狉狉，人不能搏噬，而且无毛羽，莫克自奉自卫。荀卿有言：必将假物以为用者也。夫假物者必争，争而不已，必就其能断曲直者而听命焉。其智而明者，所伏必众；告之以直而不改，必痛之而后畏；由是君长刑政生焉。"①也就是说，君长的产生，礼、乐、刑、政的出现，都是人类生存发展的实际需要。事实上，人类社会一产生，就出现四类基本的矛盾：人与自然的矛盾，人与社会的矛盾，人与人的矛盾以及人自身的矛盾。这四类基本矛盾存在于人类历史的各个阶段，它们的运动及其相互作用推动着历史的发展。其中，人的个体发展是这些矛盾的主线，其他矛盾特别是人与自然的矛盾都是由此产生并始终为之服务的。为了解决好这些矛盾，出现了或即将出现不同的社会形态，马克思归结为五种，即"亚细亚的、古代的、封建的和现代资产阶级的"及共产主义的社会形态，并发

① 《柳河东集》卷三，《封建论》。

现了这些社会形态内部的运动规律以及这些社会形态发展的趋势。但无论哪一个社会形态，也不论这个社会形态内部的矛盾如何激烈复杂，它都不过是历史的一个阶段，它都在自己的存在中反映历史的本质，完成自己的使命——造就日益完美的人。可见，人类历史就是建立在人类生产活动基础之上的人类自我完美的自然发展过程。

人与自然的矛盾是靠生产力来解决的。生产力也是一个历史范畴，是指人类征服自然、改造自然、创造自然的能力。在人类社会的早期，生产能力低下，大自然一方面为人类提供了生活环境，另一方面，也给人类的生活带来种种危害，如旱涝灾害、严寒风沙、蝗虫瘟疫等。中国远古时代有不少神话和传说，像羿射九日、女娲补天、大禹治水等，讲了很多英雄人物的故事，这些英雄人物或有神奇的本领，或不辞劳苦带领民众战胜自然灾害，反映了先民生存的艰辛。这一时期，只有征服自然，使自然为人类所利用，人类才能生存，社会才能进步。随着人类征服自然、改造自然能力的增强，人与自然和谐的问题越来越突出。人类对矿山的过分开采，对森林的肆意砍伐，对土地的不当利用，以及污染物的大量排放，造成了生态平衡的破坏，致使环境恶化，同样威胁着人类的生存和社会的可持续发展。现在环境问题成为一个世界性问题，能不能保持人类社会与自然环境的和谐，关系到人类社会的未来。人类对于自然，再也不能像早期社会那样，强调战胜和征服了，而是要爱护与科学利用。人与自然应保持一种亲和关系、一种良性互动关系。关于这一点，战国时期的孟子就有很好的论述："不违农时，谷不可胜食也；数罟不入洿池，鱼鳖不可胜食也；斧斤以时入山林，材木不可胜用也。谷与鱼鳖不可胜食，材木不可胜用，是使民养生丧死无憾也。"①荀子的人定胜天思想，也具有可贵的思想价值。但从处理人与自然的关系来看，孟子的思想更具有借鉴意义。后来的一些思想家在利用自然发展经济方面继承了孟子的思想，也有精到的见解。如明清之际的顾炎武就讲过这样的话："大抵北方开山之利，过于垦荒，畜牧之获，饶于耕耨，使我有泽中千牛羊，则江南不足怀也。"②就是说，发展经济要因地制宜，利用自然而不破坏自然。

① 《孟子·梁惠王上》。

② 《亭林文集》卷六，《与潘次耕》。

环境问题虽然在近几十年才成为严重影响人类发展的突出问题，但在历史上，环境的变化对人类历史所产生的影响已经有明显地表现了。根据历史地理学研究，关于乌兰布和流沙起源的问题，从自然方面来说，与黄河改道有关，但更重要的是人为的因素。农垦的废置，造成表土破坏，覆沙飞扬，终于使这一地区变成了猖狂肆虐的沙漠。又如，西辽河下游平原，在辽代以前曾经是一片好牧场。到辽代，在临潢府(今内蒙古自治区赤峰市巴林左旗林东镇)建置上都，并掳掠人口到这里将草地开垦为农田，掀起下部浮沙，破坏了草原植被。金代以后，这里就变成一片瘠薄之地，很难进行生产活动。沙漠的变迁对这一地区社会经济的发展和历史的进程产生了不良的影响。

历史发展到21世纪，任何自然无不打上人的烙印。自然是人化的自然。所以，谈论社会的和谐，其中也应包括人与自然的和谐。

社会是一个有机体，在这个有机体中，人与社会的矛盾，人与人之间的矛盾，以及人自身的矛盾，构成社会运动的多重奏。社会是由人组成的，但它并不是人的个体的简单相加，它是与人的个体相对的客观实在。任何人都生活在一定的社会中，社会为他提供生存和发展的条件，他则为社会作出自己的贡献，于是，作为个体的人与社会就构成了矛盾体。人既然生活在社会中，就要发生与他人的关系，夫妻关系、师生关系、同事关系、长幼关系以及陌生人之间的相处等，都是人与人关系的具体表现，这些均可概括为人与人之间的矛盾。社会伦理，主要是处理人与人之间关系的行为准则。历史上，中国重视礼治教化。封建统治者，宣扬儒家的礼教，实际就是通过“礼”来规范人与人之间的关系。社会伦理是任何社会、任何时代都不可缺少的，没有它，人际关系的处理没有准绳，社会就会纷乱失绪。人是社会的细胞，人自身也是一个矛盾体，他既有人类的生物属性，又有社会性；生理需求、物质需求、精神需求与其个人的社会价值的追求和实现，是人自身的矛盾的两个方面。从人类历史长河来看，人的历史就是人类自我完美的发展过程。人类社会生活的本质是对美的追求(包括个人美和社会美)，如马克思说的，当人们为着保持自己的生存而作用于在他之外的自然时，他改变了自己本身的天性。“人们的社会历史始终只是他们的个体发展的历史，而不管他们是否意识到这一点。”①上述这些基本矛盾处理得好，社会就能呈现出和谐的状态，社会就会平稳快速地发展。否则，就有可能出现矛盾对立面的凸显，造成不安定因素乃至社会动荡。

一般说来，只有社会和谐、社会安定，社会经济才能得到快速的发展，才能出现国家富强、人民幸福的良好局面。过去在讨论中国封建社会发展缓慢的原因时，有的学者归结为中国历史上农民起义次数多、规模大，造成了对社会经济的破坏。这虽有一定的道理，但却是一种肤浅的认识。因为这种观点只看到了表象，而没有认识到深层的原因。农民起义是被迫的，造成农民起义的原因才是阻碍社会发展的真正根源。唯物史观认识到了这一点，肯定了历代农民起义对历史的推动作用，把历代正史对历史的颠倒重新颠倒过来。但这种肯定，绝不是主张社会动荡能够促进历史的发展和进步。

《周易·系辞》说：“通其变，使民不倦；神而化之，使民宜之。易穷则变，变则通，通则久。”司马迁也说：“承敝易变，使民不倦”，强调通变、“使民不倦”，反映了中国古代思想家认识到社会和谐对历史进步的重要意义。人与自然的矛盾、人与社会的矛盾、人与人的矛盾、人自身的矛盾，是从人的角度抽象出的基本的社会矛盾。处理好这些矛盾，保持社会的和谐，是人类社会历史以平衡、较快的速度取得进步的前提和基础。

① 《马克思恩格斯选集》第4卷，321页。

历史认识的真理性能够检验吗

——谈历史认识的特点

我们认识历史，所得的结果是否正确呢？怎样知道我们对历史的认识是正确还是错误？这些都是涉及历史认识的问题。历史认识的对象是“历史”。“历史”是过去的事情，过去的事，再也不复返了，无法印证。也就是说，历史认识的对象——“历史”有自己的特点，与其他学科研究的对象有所不同。这个特点可以概括为一度性和客观性。所谓一度性，就是历时性，随着时间的流逝而消失。所谓客观性，就是它是不以人的意志而转移的一个实在。不管你承认与否，你认识到与否，你现在感知到它与否，都不能改变它的客观实在性。正是“历史”有这样的特点，历史认识的理论问题才令人大伤脑筋，史学家对历史学的属性之认识也因而出现了众多的分歧。

强调历史的客观性的史学家认为，历史的存在是客观的，历史学就要以恢复历史的本来面目为天职。历史学是不偏不倚的纯客观的学问，历史学是科学。而强调历史的一度性的史学家则认为，历史一经发生，就再也不能复现，你怎么知道你写的历史就与历史实际相符呢？历史学家写出来的历史，包含着历史学家的主观因素在里面，写出来的历史不可能是纯粹客观的。相对主义史学思潮、历史不可知论以及 20 世纪 80 年代以来在西方有很大影响的后现代史学，大都强调历史的这一特征。

实际说来，这两种观点都有一定的合理性，又都有一定的片面性。它们是对同一问题的两极看法。第一种观点看到了历史的客观性，却忽视了它的一度性，没有看到历史认识的特殊性。第二种观点看到了历史的一度性，过分地强调历史学家的主观成分，不承认史料所包含的历史真实的成分，实际上也就否定了历史的客观性。这两种观点看似十分对立，但在一定情况下却可以转化。在中国近代史学史上，梁启超就是一个很典型的例子。1902 年，梁启超写了《新史学》，提出“历史者，叙述人群进化之现象而求得其公理公例者也。”[①]认为历史的最高目标是寻求“公理公例”，这里的公理公例相当于我们现在说的“历史规律”。20年后，他在南开大学讲《中国历史研究法》时，又给历史(其实指历史学)下了一个定义：“史者何?记述人类社会赓续活动之体相，校其总成绩，求得其因果关系，以为现代一般人活动之资鉴者也。”[②]这时候，他也看到了历史学研究的事项与自然科学研究事项的不同，指出了三点差异。但这并没有妨碍他承认历史的因果律。在历史认识上，他告诫治史者：“务持鉴空衡平之态度，极忠实以搜集史料，极忠实以叙论之，使恰如其本来。”[③]这说明他对历史学的科学性，还是充满信心的。可事过一年，在《研究文化史的几个重要问题》中，梁氏即不再坚持历史有因果律了，他说：“我去年著的《中国历史研究法》内中所下历史定义，便有‘求得其因果关系’一语。我近来细读立卡儿特著作，加以自己深入反复研究，已经发觉这句话完全错了。”[④]他检讨说：“当我著《历史研究法》时，为这个问题，着实恼乱我的头脑。我对于史的因果很怀疑，我又不敢拨弃他。”[⑤]他认为历史没有共相，历史不一定是进化的，归纳法只能适宜于史料整理。这样，他最终否定了历史的科学性，在历史认识论上陷入了困惑和矛盾之中。过去在评述梁启超史学思想的时候，往往用“浅尝多变”、越变越倒退批评他，甚至把原因归结到他的阶级属性上。现在看来，这样的批评有些简单化。不可否认，梁启超的每一次论断，都是他认真思考的结果。他之所以陷入困惑，一是他缺乏科学的理论做指导，二是历史认识问题确实是一个比较困难的问题。

历史认识涉及相互影响的三个方面：客观的历史实际、历史资料、历史研究者。这与自然科学研究不同。自然科学工作者可以对研究对象反复观察，重复实验。研究者能够直接观察研究对象。历史研究者研究的历史过程不能重演，大多数情况下，历史研究者并不能亲眼看到客观的历史实际，他要认识历史实际，必须通过历史实际遗留下来的遗迹——史料来进行。即是说，史料是历史研究者认识历史实际的中间介质。历史研究较之

① 《饮冰室合集》文集之九，10页，北京，中华书局，1989。

② 《饮冰室合集》专集之七十三，1页。

③ 同上书，32页。

④ 《饮冰室合集》文集之四十，2页，北京，中华书局，1989。

⑤ 同上书，3页。

其他学科的研究增加了一个要素。这就是历史研究比其他研究特殊的地方。

历史研究的第一步是搜集史料，其次是整理史料。史料可以分为很多种，有实物史料、文字史料、口碑史料等。史料不等于历史实际，史料只是历史实际的一部分遗存。历史实际是活的，是人的有意识的活动，而史料作为它的遗迹是死的。历史实际是客观的，而史料则包含了历史记述者的主观因素，如有的史料详于历史实际的一个方面，而略于另一方面；有的历史记述者还故意作伪，甚至篡改史料，这就要求历史研究者搜集史料尽可能的完备，在此基础上，进行辨伪、校勘和考据，使历史研究建立在可靠的史料基础上。历史研究包括几个层次：第一个层次是考证史实。第二个层次是根据考证出的史实，去寻找史实间的相互联系，以描绘或再现历史过程。第三个层次是通过大量的历史现象，归纳推论出历史变化的一般理法。第一个层次最能反映史学的实证特点，历史研究者要充分运用逻辑思维。第二个层次表明，史学含有艺术的因素，历史研究者要运用形象思维。陈寅恪说："吾人今日可依据之材料，仅为当时所遗存最小之一部，欲藉此残余断片，以窥测其全部结构，必须备艺术家欣赏古代绘画雕刻之眼光及精神，然后古人立说之用意与对象，始可以真了解。"①这话说明了形象思维对历史研究的重要性。但历史研究的形象思维和艺术创作的形象思维是有所不同的，它要在史料的基础上进行合理的想象。第三个层次则要求历史研究者既要具有相当的逻辑思维特别是抽象思维，又要具备辩证思维。在这个层次上，史学的性质，与其他科学全无异趣。

实践是检验真理的唯一标准，这是马克思主义认识论的一个基本原理。历史是过去的事项，无法再"实践"了，怎么通过实践对历史认识进行检验呢？这一原理是否不适合历史认识？答案是否定的，历史认识的检验仍然遵循这一原理，只不过有自己的特点罢了。历史认识的真理性需要经过历史研究的实践和社会实践来进行检验。这里面包括多个层面，如史料层面的检验即是其中之一。一些认识的失误或分歧是由于史料缺乏或史料不够造成的。如《孙子兵法》的作者是孙武还是孙膑？很长时间聚讼不休。

① 陈寅恪：《冯友兰〈中国哲学史〉上册审查报告》，见《金明馆丛稿二编》，279页，北京，生活·读书·新知三联书店，2001。

银雀山汉墓同时出土了《孙子兵法》和《孙膑兵法》，分歧一下子就被解决了。史料层面的检验属于历史研究实践的范畴。人类历史是连续不断的，依据正确的历史认识制定的改造社会现实的方案会促进社会的发展，否则，就会出现相反的结果。从这一点也可以证明历史认识的正确与否，这是在社会实践层面上的检验。

历史认识不是一次就可以完成的，它需要经过反复的认识过程。历史认识的真理性是相对的，但随着史料的丰富、史观的进步、人类认识能力的提高以及学术环境的优化，新的认识总会越来越接近历史真实，相对真理越来越向绝对真理接近。历史认识也是相对真理与绝对真理的辩证统一。人类对历史的认识是没有穷尽的，研究历史、向历史学习是人类社会的一个永恒命题。

史观与正确地认识历史

——谈历史研究为什么要重视唯物史观的指导

20世纪20年代，李大钊在北京大学为学生讲授《史学思想史》，其中第一讲就是《史观》。什么是"史观"？李大钊说，史观就是关于历史的法则性解释或概念。在人们对历史的认识过程中，史观具有重要的作用。史观主要表现在两个方面：一是以历史行程的价值的本位为准，如对"历史是退落的、循环的还是进步的？"这一类问题的回答；一是以历史演展的动因为准。历史演展的动因，有的人说，在个人，如英雄、王者是；有的人说，在社会，如经济、知识是；有的人说，在精神，如圣神、德化、理念是；有的人说，在物质，如地理、人种、经济是；有的人说，在神权，如天命、神意是；有的人说，在人生，如社会的生产方式，或社会的知识程度是。①

历史的观念还能被列举出很多，但是归纳起来，可划为四类相互对立的历史观：退落的或循环的历史观与进步的历史观；个人的历史观与社会的历史观；精神的历史观与物质的历史观；神教的历史观与人生的历史观。这四组历史观，今天看起来，前者很明显是错误的、荒谬的，但它们在历史上都有表现，有的甚至盛行几千年。即使在我们当今的现实社会中，它们在人们的思想深处，也没有被完全拔除，还以这样或那样的形式存在着。错误的史观对历史认识的影响是显而易见的。如西方中世纪，神学史观占据统治地位，所以，在中世纪的西方史学中，整个人类历史被写成是上帝意志在人世间的实现。每一个历史事件都是上帝安排的。中国古代史学，也受神意史观的影响，也有不少荒诞不经的记载，即使像《史记》这样的优秀之作，都不能避免，如司马迁写汉高祖刘邦，说他是他的母亲刘媪与蛟龙结合的产物，有龙颜、天子气；把他夜斩巨蛇虚构成赤帝子斩白帝子的神话。《汉书》以后的封建正史写皇帝本纪，神意的色彩就更浓了。

---

① 李守常：《史观》，见《史学要论》，294页。

从史学自身的历史看，历史观本身有它的发展趋势。大体上说，由神权的历史观进而为人生的历史观，由精神的历史观进而为物质的历史观，由个人的历史观进而为社会的历史观，由退落的或循环的历史观进而为进步的历史观。神权的、个人的、退落的或循环的历史观可称为是旧史观，而人生的、物质的、社会的、进步的历史观可称为是新史观。历史观越发展，人们对历史的认识就越真实，越接近于历史实际。“历史观的更新，恰如更上一层，以观环列的光景，所造愈高，所观愈广。”①

在中国史学近代化的过程中，有的史学家否定历史观的作用，认为如果抱定一种历史观，研究历史就会先入为主，写出来的历史就不客观了。20世纪前期，傅斯年领导历史语言研究所，提出“近代的历史学只是史料学”②，“一分材料出一分货，十分材料出十分货，没有材料便不出货”③。“本所同人之治史学，不以空论为学问，亦不以‘史观’为急图，乃纯就史料以探史实也”④。傅氏留学英国、德国7年，受到西方实证主义史学特别是兰克史学思想的影响。他的这些主张可以说是德国兰克史学在中国的翻版。实际上，兰克史学也并非像兰克本人所宣扬的那样，写“纯客观”的历史，他本人有浓重的宗教倾向，他是站在德国国家立场上写德国史的。而且，兰克所标榜的历史观念在第一次世界大战后受到了新黑格尔主义派的质疑和挑战。他们认为，史学的任务不仅仅是再现过去，更重要的是解释过去，并通过对过去的解释，更好地理解现在和未来。那时有一句很有名的话：对历史来说，“准确是义务，不是美德”。可见，傅斯年提出的治史主张，所采纳的并不是当时西方最新的史学思想。历史学很难与现实脱离关系，脱离现实的纯学术研究不可能存在。随着中国民族危机的日益深重，傅斯年的史学思想发生了明显的变化，他原先主张的那一套，他本人也没有完全坚持。胡适蔑视史观的指导作用，自称“秃头史观”。然而他在讽刺别人被马克思、列宁牵着鼻子走的同时，他自己却不自觉地被杜威牵

① 李守常：《史观》，见《史学要论》，296页。

② 傅斯年：《历史语言研究所工作之旨趣》，见《傅斯年选集》，174页，天津，天津人民出版社，1996。

③ 同上书，180页。

④ 傅斯年：《〈史料与史学〉发刊词》，见《傅斯年全集》(4)，358页，台北，联经出版事业公司，1980。

着鼻子走了。事实上，没有任何史学家在研究历史的时候不受一定历史观的指导。因为揭示历史真相只是历史认识的第一步，历史认识还包括更加重要的工作，即评价历史，求得历史运动的法则和规律。完成这一阶段的工作，史学家头脑里的历史观必然发挥作用。

马克思创立的唯物史观是科学的历史观，在世界范围内产生了极大的影响，即使现在，西方众多史学家仍然对唯物史观给予很高的评价。甚至那些攻击马克思主义的史学家，也受到唯物史观的影响，也在自觉不自觉地借鉴和运用唯物史观。唯物史观理论体系的完整性，它对人类社会运动规律的科学揭示，它关于人的本质的理论等，到目前为止，还没有任何其他理论能够超过、代替它。回顾20世纪中国史学的发展历程，尽管马克思主义史学也出现了很多的失误，但成绩依然是巨大的。失误主要是将马克思主义教条化造成的，与唯物史观本身没有必然联系。著名史学家周一良、何兹全，早年都在傅斯年主持的史语所工作过，他们经历了大半个世纪中国史学的风风雨雨，晚年总结治史经验，得出要更加坚定地坚持和发展唯物史观的论断。职业的历史研究是这样，通常的历史学习同样要求用唯物史观的理论、观点和方法来认识历史。毛泽东说："学习我们的历史遗产，用马克思主义的方法给以批判的总结，是我们学习的另一任务。"①这里就提出了运用马克思主义研究历史的方法问题，因为历史遗产中有精华和糟粕，没有马克思主义的理论，就难以将二者区分开来，就不能做到剔除糟粕，吸取精华，学习历史就失去应有的意义。

这里需要申明一下，本文论述要重视唯物史观对历史研究的指导，但不赞成把马克思主义史学称作"史观派"。有的研究者因为马克思主义史学强调史观的重要性，于是把马克思主义史学称为"史观"派或"唯物史观"派，而把重视历史考据的史家称作"史料派"等。这种划分史学派别的方法在20世纪30年代就出现了，如朱谦之1934年发表的《中国史学之阶段性的发展》，就有这种提法。90年代香港的许冠三著有《新史学九十年》，以史学派别来写20世纪的中国史学史，对大陆研究现当代史学产生不小的影响。时下一些大陆学者动辄在文章中径称马克思主义史学为"史观派"。其实，这是很片面的称呼。一是马克思主义史学家从来就没有因为自觉运用

① 《毛泽东选集》第2卷，533页，北京，人民出版社，1991。

唯物史观而自称“史观派”。二是马克思主义史学在强调史观的重要性的同时，也重视并强调史料和考据。李大钊说：“关于考证个个史实的研究，虽在今日，仍不可忽视”，“历史理论与记述历史，都是一样要紧”。[1] 郭沫若十分推崇王国维研究甲骨文、金文的成就，将之比作“崔巍的楼阁”，说“大抵在目前欲论中国的古学，欲清算中国的古代社会，我们是不能不以罗、王二家之业绩为其出发点了”。[2] 若以“史观派”称之，则很容易给人这样的印象：马克思主义史学只重理论，而轻视史料和考证，甚至主张以论代史。马克思主义史学重视史观的作用诚为事实，但若因此笼统地冠之以“史观派”，则很可能造成一种误解，所以是不可取的。

① 李守常：《史学要论》，19页。

② 郭沫若：《中国古代社会研究·自序》，8页，石家庄，河北教育出版社，2000。

史学是真、善、美的统一

——谈史学的魅力

史学是真、善、美的统一，这是它的魅力所在。

第一，史学是求真的学问。对于这一点，古今中外的历史学是没有异议的。中国史学的始祖孔子有许多无征不信、阙以存疑的话。如“多闻阙疑，慎言其余，则寡尤；多见阙殆，慎行其余，则寡悔”。[①]“君子于其所不知，盖阙如也”。[②] 司马迁著《史记》，“整齐百家杂语”，对史料进行考辨，“择其言尤雅者”而入史。近代史学家继承古代史学的优秀传统，同样非常强调这一点，如李大钊说：“凡学都所以求真，而历史为尤然。”[③]何炳松说：“学术上最可贵的美德就是‘忠实’两个字。章学诚所说的‘传人适如其人，述事适如其事’，就是这个意思。”[④]古罗马时期的希腊史学家波里比阿对真实与史学的关系说得非常形象：“‘真实’之于历史，犹如双目之于人身，如果挖去某人的双眼，这个人就终身残废了；同样，如果从历史中挖去了‘真实’，所剩下来的岂不是无稽之谈?”要之，“真实”是史学的追求。撰写信史，是中外史学家的共同信条。

人有探知历史之天性和欲望。小孩子有时问自己的父母，自己是怎么来到这个世界上的。老人们常常回忆自己的生活经历，向家人讲述自己的幸福和苦难，经验和教训，以及自己的家族史。一个有影响的扑朔迷离的事件即使过去了很多年，仍然有很多人想探讨它的究竟。20 世纪 60 年代美国有一部作品《根》，讲的是一个黑人根据大量的口碑资料、档案资料寻找祖先的真实故事，涉及黑人贩运史、黑人奴隶生活史，在美国乃至世界产生了轰动。这个故事之所以影响这么广，一个重要的因素是它与人追溯历史的天性产生了共鸣。个人对历史的需求是这样，社会又何尝不是如

① 《论语·为政》。

② 《论语·子路》。

③ 李守常：《史学要论》，55 页。

④ 《何炳松论文集》，164 页，北京，商务印书馆，1990。

此？中国的史官制度起源很早，周代就出现了史官的各种名称。之所以设立史官专门记述历史，就是因为统治者治理国家需要历史，社会得以维系和运行离不开历史。人对历史的求知，想知道的是"真实的过去"。编造出来的历史一旦被戳穿，它就黯然失色，没有吸引力了。

史学的求真属性，使它最能满足人了解过去、认识过去的需求。反映三国时期历史的书，影响最大的有两种：一是陈寿的《三国志》(包括裴松之注)，一是罗贯中的《三国演义》。前者是严整的历史著作，后者则是根据历史题材而创作的文学著作。要想知道三国时期的历史真相，《三国志》无疑比《三国演义》的价值要大得多。《三国演义》之所以有吸引力，除了它的生动之外，还因为它毕竟是根据历史资料写出来的，部分地符合历史实际，一定程度上能够满足普通人的历史知识需求。而对于想知道真实的三国史的人来说，在《三国志》和《三国演义》之间，《三国志》显然更具魅力。一个历史事件，出现两个不同的记载文本，姑且不管它们的文字优劣，如果其中一个被证明有虚构的成分，另一个则有充分的史料根据，对于想知道事件真相的人来说，哪一个更有魅力呢？这是不言自明的。

第二，史学是引领世人向善的学问。中国的史学传统与孔子有很大关系。孔子本人撰写《春秋》，意在维护《周礼》。所谓"孔子成《春秋》乱臣贼子惧"，就是说的他撰史的意图；他称赞晋太史董狐"书法不隐"，成为中国史学提倡直书、鞭笞"秽史"的滥觞，对以后中国传统史学批评标准的形成产生了深远的影响。唐太宗在《修〈晋书〉诏》中盛赞史学的功用，说历代史书，"莫不彰善瘅恶，陈一代之清芬；褒吉惩凶，备百王之令典"。[①] 也就是说，史学著作不仅要记载历史史实，还要体现出"史义"，发挥惩恶扬善的作用。唐代史学评论家刘知幾反复说："史之为务，申以劝诫，树之风声"[②]，"史之为用也，记功司过，彰善瘅恶，得失一朝，荣辱千载"。[③] 他认为"惩恶劝善，永肃将来，激浊扬清"是史学的一项重要职能。不仅如此，他还从理论上说明为什么史书有这样的作用。他说："夫人寓形天地，其生也若蜉蝣之在世，如白驹之过隙，犹且耻当年而功不立，疾没世而名

① 《唐大诏令集》卷八十一。

② 《史通·直书》。

③ 《史通·曲笔》。

不闻。上起帝王，下穷匹庶，近则朝廷之士，远则山林之客，谅其于功也名也，莫不汲汲焉孜孜焉。夫如是者何哉？皆以图不朽之事也。何者而称不朽乎？盖书名竹帛而已。”①就是说，人不同于动物，人是爱名的，传名于后世，是每一个人的心愿，所以人看重史书的记载和评价。当然，“善”“恶”的内涵在不同时代可能不尽相同，但其中却有超越时代的思想内容，是任何时代都不能丢掉的。古代人赞扬的很多品德，今天我们仍要发扬光大。古代史书中的英雄人物及其事迹，今天仍有教育意义。“佞幸传”“酷吏传”所写的坏官吏，今天依然会受到人们的憎恶。

历史是公正的，它主张正义和善良，一切恶言丑行，都要受到它的谴责；一切嘉言懿行，都会受到它的褒扬。至于那些怀有不端目的的所谓“历史研究”，只是历史学中的逆流，属于“秽史”之类。这种“历史研究”是不配享用“史学”的美名的。

第三，史学是求美的学问。也就是说，历史著作的写作也有美的追求。孔子说：“言之无文，行而不远。”②司马迁的《史记》，被鲁迅誉为“史家之绝唱，无韵之《离骚》”。中国的历史编纂学十分发达，创造了众多的史书体裁，如编年体、纪传体、纪事本末体、纲目体、典志体、学案体、图表等。历史学家可以根据记载的对象以及要达到的效果，选取不同的体裁。这些体裁均能体现撰著历史的秩序之美。在史学语言上，中国史学崇尚“简洁”。刘知幾说：“夫国史之美者，以叙事为工，而叙事之工者，以简要为主。简之时义大矣哉！”③“文约而事丰，此述作之尤美者也”。④ 尚“简”，并不是说越简越好。欧阳修编撰《新唐书》，因尚简而致文义改变或不通，同样受到后人批评，顾炎武说“辞主乎达，不论其繁与简也”。⑤ 即历史语言要明白、准确。刘知幾还提出“用晦”之道：“显也者，繁词缛说，理尽于篇中。晦也者，省字约文，事溢于句外”。⑥ 白寿彝先生认为，顾炎武总结的“于序事中寓论断”最能体现“用晦”的写作特点，即作者并不将对

① 《史通・史官建置》。

② 《左传》襄公二十五年。

③ 《史通・叙事》。

④ 《史通・叙事》。

⑤ 《日知录》卷十九，《文章繁简》。

⑥ 《史通・叙事》。

历史人物的评价直接表述出来，而是通过叙事的方式把观点传达给读者。这是极其高明的写作手法，司马迁的《史记》中有很多这样的例子。瞿林东先生说，历史写作的用晦之道，体现了历史著作的“含蓄之美”。① 西方史学在历史的美学表述方面也有很好的论述。公元2世纪，古希腊的文学评论家卢奇安写了一篇《论撰史》，专门讲历史撰述。在历史语言上，他有与中国史家相类似的认识，提出了历史的“真实的美”“秩序的美”等原则。可见，从表述形式上说，史学亦有它的独特之美。

史学既是真的，又是善的，还是美的——它是真、善、美的统一。孔子撰写《春秋》，包含事、文、义，初步涉及三者关系。刘知幾提出的“才、学、识”史才三长，是从史家的角度谈这三者的相互关系。宋代史家吴缜说得更加明白：“夫为史之要有三：一曰事实，二曰褒贬，三曰文采。有是事而如是书，斯谓事实。因事实而寓惩劝，斯谓褒贬。事实、褒贬既得矣，必资文采以行之，夫然后成史。”②

史学体现了真、善、美，而真、善、美又辩证地统一于史学中，这岂不正是史学所具有的独特魅力！

---

① 瞿林东：《中国古代史学批评纵横》，100页，北京，中华书局，1994。

② 吴缜：《新唐书纠谬》序。

“大矣哉，盖史籍之为用也”

——历史是一座巨大的智慧宝库

在中国的封建皇帝中，唐太宗是一个重视历史的人。本文的标题“大矣哉，盖史籍之为用也”①，就是这位明君发出的感叹。这一感叹，既是他治国经验的总结，也反映出他认识到了历史典籍对稳固唐朝统治的重要性。在《修〈晋书〉诏》中，他还盛赞读史书的好处：“不出岩廊，神交千祀之外；穆然旒纩，临睨九皇之表。”②不错，历史是一座巨大的智慧宝库。作为一个政治家，唐太宗自觉地挖掘和利用了这一智慧宝库，创造了空前繁荣的唐皇朝。没有对历史经验的重视和总结，就不可能出现“贞观之治”。“史籍之为用”，在唐太宗的政治实践中得到了证明。

唐朝是继魏晋南北朝三百余年的分裂割据以及隋朝的短暂的统一之后建立起来的一个封建王朝。特别是一度强盛的隋朝，在很短的时间内土崩瓦解，对唐初的统治者是深刻的教训。唐初统治者如唐高祖李渊、唐太宗李世民等能够直面历史，敢于用历史上的嘉言懿行、明君贤相来匡正自己的言行，用历史上的昏君暴君庸君的腐败残暴导致国破人亡时时提醒自己，表现出封建统治者对历史少有的自警勇气和自觉的借鉴意识。

武德五年(622年)，唐高祖下诏撰修魏、齐、周、隋、梁、陈诸代史，说：“司典存言，史官纪事，考论得失，究尽变通。所以裁成义类，惩恶劝善，多识前古，贻鉴将来”，并要求史官撰史“务加详核，博采旧闻，义在不刊，书法无隐”。③ 这次修史活动虽然无果而终，但为唐太宗时期的大规模修史奠定了基础。贞观三年(629年)，唐太宗正式设立史馆，再次下诏，修五代史。7年之后，《梁书》《陈书》《齐书》《周书》《隋书》等五代史同时修成，唐太宗十分高兴，对史臣们的业绩给予嘉勉。他首先肯定了史书的作用，说：“朕睹前代史书，彰善瘅恶，足为将来之戒。”接着历数了秦

① 《唐大诏令集》卷八十一，《修〈晋书〉诏》。

② 同上书。

③ 《唐大诏令集》卷八十一，《命萧瑀等修六代史诏》。

始皇、隋炀帝害怕历史、毁坏史籍的荒唐："秦始皇奢淫无度，志存隐恶，焚书坑儒，用缄谈者之口；隋炀帝虽好文儒，尤疾学者，前世史籍，竟无所成，数代之事，殆将泯绝。"并表明自己与他们对待史籍的不同态度："朕意则不然，将欲览前王之得失，为在身之龟镜。"①

唐太宗重视修史，更重视在政治实践中读史、用史。在他身边，有许多精通历史的名臣，与他经常"商榷古今"，成为讽谏的专家，如房玄龄、杜如晦、魏徵、虞世南、萧瑀、王珪、刘洎、马周等都是这样的人，他们对贞观时期的重大政治决策都起了很大作用，对唐太宗的为君之道产生了积极影响。唐太宗有一句名言，说："夫以铜为镜，可以正衣冠；以古为镜，可以知兴替；以人为镜，可以明得失。朕常保此三镜，以防己过。"②"以古为镜"，表明他注重借鉴历史。他常以自己的体会要求群臣多读"古籍"，提倡群臣"事之闲，宜观典籍"。有一次，他还送给以直谏著称的李大亮一部《汉纪》，说："此书叙致既明，论议深博，极为治之体，尽君臣之义，今以赐卿，宜加寻阅也。"③

唐太宗提倡"纳谏"，对直言己过和批评时政者，并不介意，甚至还表现了很大的尊重。如有一个叫皇甫德参的县丞，上书批评皇帝，唐太宗开始有点生气，认为是"讪谤"，魏徵对唐太宗说："自古上书，率多激切。若不激切，则不能起人主之心。激切即似讪谤，唯陛下详其可否。"唐太宗认为有道理，还下令赏赐这位县丞二十段布帛。④ 虞世南是一位老臣，历史知识特别渊博，著有《帝王略论》，唐太宗在政务暇隙时，常与他"共观经史"，探讨古先帝王为政得失，必存规讽，多所补益。虞世南死后，唐太宗极其悲痛，说："虞世南于我，犹一体也。""吾有小失，必犯颜而谏之。今其云亡，石渠、东观之中，无复人矣，痛惜岂可言耶！"⑤魏徵也是一位很有历史见识的史学家，主持修撰了《隋书》，其中的序、史论均出于魏徵之手。他重视比较隋文帝和隋炀帝的为政得失，对隋朝迅速走向败亡的原因进行了发人深省的反思，并将隋朝的历史与秦朝的历史作比较，得

① 《册府元龟·国史部·恩奖》。
② 《旧唐书》卷七十一，《魏徵传》。
③ 《旧唐书》卷六十二，《李大亮传》。
④ 《贞观政要》卷二，《纳谏》。
⑤ 《旧唐书》卷七十二，《虞世南传》。

出结论说："其隋之得失存亡，大较与秦相类。始皇并吞六国，高祖统一九州；二世虐用威刑，炀帝肆行猜毒，皆祸起于群盗，而身殒于匹夫。原始要终，若合符契矣。"①魏徵的总结当然存有阶级的偏见，但他对隋朝历史经验教训的认识，还是深刻的，受到唐太宗的重视。唐太宗谈论历史以及教导太子诸王时，经常提到的反面教员就是隋炀帝。魏徵的勇于规谏，也深受唐太宗的敬重。魏徵死后，唐太宗亲临恸哭，说："昔惟魏徵，每显予过。自其逝也，虽过莫彰。朕岂独有非于往时，而皆是于兹日？"②

唐玄宗时期，有一个名叫吴兢的史学家，将唐太宗与大臣论政的言论分类编辑，成《贞观政要》一书。从这部书中，我们可以看出，无论谈论什么问题，唐太宗和大臣们都娴熟地运用历史知识。在征伐、安边等问题上，大臣们用历史事实对唐太宗劝诫，避免了许多失误。

唐太宗的用人、任贤、纳谏等都表现了非凡的气度，他的优良品质与他的历史素养有着紧密的联系。因此，说没有对历史的重视，就没有"贞观之治"，决不是夸大其词。此后，唐朝的一位著名史学批评家刘知幾对史学的价值这样说道："史之为用，其利甚博，乃生人之急务，为国家之要道。有国有家者，其可缺之哉！"③千年以来，这句话经常为人们所引用。若用它来解释唐太宗所谓"大矣哉，盖史籍之为用也"，可以说也是十分贴切的。

我国是一个具有悠久史学传统的国家，丰富的史学遗产为世所罕匹。德国哲学家黑格尔说："中国'历史作家'的层出不穷、继续不断，实在是任何民族所比不上的。"④梁启超也说："中国于各种学问中，唯史学为最发达。史学在世界各国中，唯中国为最发达。"⑤也就是说，我们中华民族拥有巨大的历史知识宝库。那么怎样从历史中汲取智慧呢？在这方面，我们的先人也有很好的论述。司马迁说："居今之世，志古之道，所以自镜也，未必尽同。帝王者各殊礼而异务，要以成功为统纪，岂可绲乎？"⑥王夫之

---

① 《隋书》卷七十，"史臣曰"。

② 《贞观政要》卷二，《任贤》。

③ 《史通·史官建置》。

④ [德]黑格尔：《历史哲学》，123页，北京，生活·读书·新知三联书店，1999。

⑤ 梁启超：《中国历史研究法》，《饮冰室合集》专集之七十三，9页。

⑥ 《史记·高祖功臣侯者年表序》。

也说："得可资，失亦可资也；同可资，异亦可资也。故治之所资，唯在一心，而史特其鉴也。"①他们都强调历史的借鉴性，而反对照搬照抄历史，认为不可古今混同。

历史具有连续性，惟其如此，历史才可以借鉴；但历史又有一度性、不可重复性，唯知如此，现实生活中才不可套用历史。理解此二点，历史方能真正成为智慧之源。"大矣哉，盖史籍之为用也"，唐太宗的这句话，值得品味。

① 王夫之：《读通鉴论》卷末，《叙论四》。

中　篇

中国古代史学研究

《周易》的“中”与“变”

《周易》是我国古代的一部占筮之书，包括经和传；一般认为，《易经》成书于殷周之际，本来没有多少思想价值，但在从《易经》到《易传》漫长的历史发展过程中，它的思想不断丰富，成为我国最早的一部具有辩证思想的著作。由于它以占筮的面目出现，所以，许多优秀的思想多是以比较特殊的形式表现出来的。我们应该拨开其唯心主义的迷雾，探寻它的思想精华。

“中”与“变”在《周易》思想体系中占有极其重要的地位。关于《周易》“中”的思想，前人有许多评述，如惠栋在《易例上》曰：“《易》尚中和。”钱基博在《四书解题及其读法》也说：“《易》六十四卦，三百八十四爻，一言以蔽之，曰‘中’而已矣。”①关于“变”的思想，那就更明显了。孔颖达说：“夫‘易’者，变化之总名，改换之殊称。”②朱熹说：“六十四卦，三百八十四爻，皆所以顺性命之理，尽变化之道矣。”③“中”与“变”是《周易》从不同的角度对事物的存在和变化进行的揭示，它们之间既有明显的区别，又有紧密的联系。

一、关于《周易》的“中”的思想

在经文部分，共有14个“中”字，其中，八处指的是具体地点、时间或名称。其余六处谈的都是有关“中”的思想。

《讼》：“有孚窒，惕中吉，终凶。利见大人，不利涉大川。”

《泰·九二》：“包荒，用冯河，不遐遗，朋亡。得尚于中行。”

《复·六四》：“中行独复。”

《益·六三》：“益之用凶事，无咎。有孚中行，告公用圭。”

① 钱基博：《四书解题及其读法》，66页，上海，商务印书馆，1934。

② 孔颖达：《周易正义·论易之三名》。

③ 朱熹：《周易本义》，1页，上海，上海古籍出版社，1987。

《益·六四》："中行，告公从，利用为依迁国。"

《夬·九五》："苋陆夬夬。中行，无咎。"

这六处，有五处说的是"中行"。何谓"中行"？王弼注："处中而行。"在《易传》里，共出现133处"中"字，其中约100处谈的是"中"的思想，它们大都以"中""正中""中正""黄中""时中""得中""中行""大中""中道""中直""刚中"等出现。大传里关于"中"的思想与经文的"中行"思想是一脉相承的，并且丰富和发展了经文里的"中行"思想。

《周易》"中"的思想主要包含以下内容。

第一，爻位"得中"，该爻一般得吉。爻位得中，与《周易》的系统的思想、联系的思想是密切相关的。《易》中每卦由六爻组成，卦体的功能由六爻的排列所决定。在卦体内部，六爻之间相互作用，每一爻都不是孤立存在的，都要受相邻的爻、相对应的爻及整个卦体的影响和制约。但各爻又具有相对独立性，由于爻位的不同，它们在卦体中的作用也不同。一般的讲，二五爻在卦体中起主导作用。二五爻分别处在一卦的下上体的中位，谓之"得中"。在这两个位置上，一般情况下都有吉的结果，如《随·九五》："孚于嘉，吉。象曰：孚于嘉，吉，位正中也。"《大壮·九二》："贞吉。象曰：九二贞吉，以中也。"《夬·九二》："惕号，莫夜有戎，勿恤。象曰：有戎勿恤，得中道也。"《夬·九五》："苋陆夬夬，中行无咎。象曰：中行无咎，中未光也。"有的爻虽未在二五爻位上，但从整个卦体来看，依然居中位。如《益·六三》："益之用凶事，无咎。有孚中行，告公用圭。"《益·六四》："中行，告公从，利用为依迁国。"可见，依然有吉的占象。反之，如果不得中，爻辞往往会出现凶、悔、吝等，即使不出现坏的结果，也不顺利。如《乾·九三·文言》："重刚而不中，上不在天，下不在田，故乾乾因其时而惕。"《乾·九四·文言》："重刚而不中，上不在天，下不在田，中不在人，故或之，或之者，疑之也，故无咎。"《未济·六三》："未济，征凶，利涉大川。象曰：未济，征凶，位不当也。"

第二，"中"在卦体中占主导地位，此卦一般是吉卦。如需卦："有孚，光亨，贞吉，利涉大川。"属于吉卦。为什么是吉卦？彖辞对之有所解释，曰："……需，有孚，贞吉，位乎天位，以正中也。"在这一卦中，有险象，因为坎在上，但这一卦的主爻是九五，九五居尊位而阳刚中正，虽有险象，但整个卦体依然是吉的。再如师卦的卦辞是："贞，丈人，吉，无咎。”卦体是坎下坤上，主爻是九二，六五虽居尊位，却顺从九二，九二刚且中，所以结果是吉。彖辞解释说：“师，众也，贞正也，能以众正，可以王矣。刚中而应，行险而顺，以此毒天下而民从之，吉又何咎矣。”类似的卦还可以举好多。大凡卦的整个系统具有“中”的特点，即“中”在卦体中具有主导地位，此卦都是吉卦。如果在卦体中，“中”的特点不突出，此卦的结果就不太理想。如小过卦辞说：“小过，亨，利贞，可小事不可大事。”为什么不可大事呢？这是因为得中的是两个柔爻六二和六五，刚爻都不中。这样，在整个卦里，“中”的主导地位就不突出，所以，占象也就没有大的作为，故彖曰：“小过，小者过而亨也。过以利贞。与时行也，柔得中，是以小事吉也。刚失位而不中，是以不可大事也。”

第三，事物只有遵循“中”的原则，才能保证顺利不衰。这一点从卦爻位的变化可以看出来，突出地表现在乾卦上。如《乾·初九》：“潜龙勿用。”《九二》：“见龙在田，利见大人。”《九三》：“君子终日乾乾，夕惕若厉，无咎。”《九四》：“或跃在渊，无咎。”《九五》：“飞龙在天，利见大人。”《上九》：“亢龙有悔。”从初九往上，一爻比一爻好，到九五好到了极点。九五上面的上九就突然发生了变化，出现“悔”的结局。为什么会出现这种情况呢？《用九》解释道：“见群龙无首，吉。”《小象》：“天德不可为首也。”朱熹对之评论说：“君道刚而能柔，天下无不治也。”乾卦由六阳爻组成，有“天行健，君子以自强不息”之象。但“刚”到一定程度，好事也会变成坏事，“刚”要在一定范围内，不能走极端。《乾·文言》最后一句解释得更明确：“知进退存亡而不失其正，其唯圣人乎？”这里的“正”，就是我们所说的“中”，《荀子·宥坐》云：“中则正。”这是说，君子做事要知道进退存亡的变化而又不失“中道”。上九失去了“中道”原则，所以，结果是“悔”。

第四，“中”是事物相对静止时的存在原则。虽然卦辞和爻辞都强调遵循“中”的原则，即可获吉。但《周易》经传的作者在强调“中”的同时，并没有否定事物的变动性。在六十四卦中，相反的卦常排在一起。如泰卦(䷊)和否卦(䷋)；剥卦(䷖)和复卦(䷗)；震卦(䷲)和艮卦(䷳)；既济卦(䷾)和未济卦(䷿)。把这些相反的卦象排列在一起，就明确反映出经传作者看到了事物的变动性，并自觉运用变化的观点观察问题。《序卦》说：“泰者，通也，物不可以终通，故受之以否。”“剥者，剥也，物不可以终尽，剥穷上反下，故受之以复。”“震者，动也，物不可以终动，动必止之，故受之以艮，艮者止也”等。由此我们可以推论，《周易》虽然强调“中”，但这个“中”并不是绝对的，而是相对的，是事物相对静止时的一个存在原则。随着事物的变化，旧的占统治地位的“中”打破了，然后，产生新的状态的“中”。

《周易》里“中”的思想蕴涵在卦辞、爻辞及对卦的排列当中，而不是通过概念直接表述的，所以具有一定的神秘性。建立在卜筮形式上的这种表述方式，一方面妨碍了“中”的思想的系统阐发，但另一方面，也有益于“中”的思想的丰富。综合以上《周易》关于“中”的几种情况，“中”有以下几点含义。

一是“中”具有道德品质的评判意义，意思是正确、合度而有能力等。如孔子对《乾·九二》的评价：“九二曰，见龙在田，利见大人，何谓也？子曰：龙德而正中者也。”对乾卦的评价：“大哉乾乎，刚健中正，纯粹精也。”其他如“刚中”“中行”“大中”等也都有这方面的意义。

二是事物应保持固有本质的度。一卦是一个系统，在这个系统中，如果遵循了“中”的原则，事物就能保持自己的本质，反之，“中”被破坏了，事物的性质就要转变。

三是“无过无不及。”它具有普遍的方法论意义，可用于各种环境之中，是做事情必须遵守的原则。二五爻的许多爻辞就反映了这个思想。

四是由第二点推论，既然“中”是事物保持固有本质的度，所以，“中”也含有事物相对平衡和谐的意义。后来，《中庸》把“中”与“和”联系在一起使用，不是没有根据的。《中庸》说：“致中和，天地位焉，万物育焉。”但“中和”并非《周易》所说的“中”的全部意义。

二、《周易》中的“变”

“变”的思想是《周易》思想体系中的另一个重要方面，《周易》讲“变”，这是很明显的。“爻也者，效天下之动者也”，“生生之谓易”。所以，对于这一点，是没有疑义的，但《周易》讲“变”有自己的特点。

第一，《周易》认为，变化是一切事物的固有属性。如《丰·彖辞》曰：“日中则昃，月盈则食，天地盈虚，与时消息，而况于人乎？况于鬼神乎？”这是说，变化是一种自然现象，就像日在正午必然要西斜，月满必亏一样，是随着时间的变化而变化的。同样，人世间的变化也是必然的，如

《革·彖辞》:“天地革而四时成,汤武革命,顺乎天而应乎人,革之时大矣哉!”把人道的变化和天的变化都看成是统一的势所必然的事情。

第二,《周易》强调人对于变化应取积极的态度。如《革·大象》曰:“君子以治历明时。”就是说,君子看到天地因时而变的特点,要重视制订历法的工作,主动地进行变革;消极等待是小人的事。对于事物向对立面的转化,也应取积极的态度,该进则进,该退则退。如《系辞》曰:“尺蠖之屈,以求信也;龙蛇之蛰,以存身也。”再一方面,《周易》认为,变化是多种多样的,没有固定的模式,因此,对待变化不能拘于一定的形式。如《系辞》说:“易之为书也不可远,为道也屡迁,变动不居,周流六虚,上下无常,刚柔相易,不可为典要,唯变所适。”

第三,《周易》讲“变”,有“量变”和“质变”的思想因素。《系辞》说:“善不积不足以成名,恶不积不足以灭身。小人以小善为无益而弗为也,以小恶为无伤而弗去也,故恶积而不可掩,罪大而不可解。”就是说,善与恶的形成有一个量的积累过程,当恶大到不可掩盖的地步,就有不可解脱的罪过了。即当量发展到一定程度,事物的性质就会发生变化。《周易》还认为“化”与“变”是不同的,如《乾·彖辞》说:“乾道变化,各正性命,保合太和,乃利贞。”其中,“变”与“化”就具有不同的意义,朱熹注曰:“变者,化之渐;化者,变之成。”用今天的话讲,变,指的是量变,化,指的是质变。但在《系辞》里,“化”又具有渐变、量变,“变”具有突变、质变之意。如:“化而裁之谓之变,推而行之谓之通。”之所以有这种不同,很可能与《彖辞》《系辞》不是一个时期的作品有关。但不管怎样,《易传》已对量变、质变作了有意识的区分,说明《周易》中已有了量变、质变的思想因素。

第四,《周易》讲“变”是与“中”密切联系在一起的。“中”是指事物保持自己本质的度。变的目的就是要获得“中”。《周易》中的爻辞都是讲变的,《系辞》曰:“爻者,言乎变者也。”爻辞里大都有断语,如“吉”“凶”“厉”“无咎”“无悔”“悔”“利涉大川”“不利涉大川”等,并且说明了出现这些结果的原因。在讲原因的时候,“中”被当作最主要的因素加以阐发。出现凶的占象,就要力求避免,避免的办法就是“变”。《系辞》曰:“易穷则变,变则通,通则久。”《周易》在讲“变”的时候,是充满危机意识的,这一点,《系辞》里多处谈到。《系辞》曰:“《易》之兴也,其当殷之末世也,周之盛德邪，当文王与纣之事邪，是故其辞危。”充满危机，并不是悲观失望，而是要人们心存危惧，谨慎行事，只有居安思危，才能“安身而国家可保”。所以，《系辞》又说：“危者使平，易者使倾。其道甚大，百物不废，惧以终始，其要无咎，此之谓易之道也。”可见，《周易》中虽然处处讲变，但变并不是目的，而是手段。变的目的是“通”，使事物向好的方面转化，即保持“中”的状态。

《周易》强调事物要保持好的状态及向好的方面发展，必须遵循“中”的原则。但当“中”不能保持的时候，《周易》又强调主动变通。孔子提倡“中庸”，但他在强调“中庸”的时候，把“中”绝对化了，他说：“中庸之为德也，其至矣乎！”[①]“不得中行而与之，必也狂狷乎！狂者进取，狷者有所不为也。”[②]把“中”作为最高原则。后来的《中庸》将“中”与“和”联系起来：“中也者，天下之大本也；和也者，天下之达道也。致中和，天地位焉，万物育焉。”对“中和”极力赞美，这与《周易》的“中”有相通之处，同样有绝对化的倾向。这样，孔子提倡的“中”及《中庸》里的“中”与《周易》的“中”比较起来，辩证的因素就少得多了。在这种“中”的哲学观指导下，他们必然政治上保守，只注重守成调和，不注意变革。后儒们在政治上的保守不是偶然的，从思想根源分析，在很大程度上是由于将“中”绝对化而造成的。

① 《论语·雍也》。

② 《论语·子路》。

《史记》的“变通”史学思想

“变通”，是《史记》里极为明显而且重要的思想，历来为学者所瞩目。司马迁在《报任安书》中，很明确地提出，撰写《史记》的目的，在于“究天人之际，通古今之变，成一家之言”。但长期以来，学术界对《史记》的“变通”史学思想的认识大都停留在表层上，缺乏深入的分析。《史记》的“变通”史学思想，内涵丰富，特色鲜明，值得我们进一步研究。

一、“变通”史学思想的主要内涵

总的来看，《史记》的“变通”史学思想可以分为两大部分：一是“变通”的史学认识方法，二是“变通”的历史哲学思想。二者既有联系，又有区别。前者属于史学方法论的范畴，后者则属于历史理论的范畴。运用“变通”的史学方法认识历史，离不开“变通”的历史哲学的指导；而历史是在矛盾运动中发展的，离开“变通”的史学认识方法，也不能正确地认识历史，所以，二者是相互联系的。在《史记》中，司马迁将二者完美地结合起来，形成他“变通”的史学理论。为了便于说明问题，我们将二者分开来谈。

1.“变通”的史学认识方法。“变通”的史学认识方法表现之一，是“原始察终”。在《报任安书》中，他明确地说明了著史的目的，在于“究天人之际，通古今之变，成一家之言”。在《自序》里，又说：“序略，以拾遗补艺，成一家之言。”可见，“成一家之言”是司马迁对自己著史的最高要求。怎样达到这一要求？这就涉及一定的史学方法，而“原始察终”“通古今之变”则是最基本的方面。大到《史记》的整个断限，小到对一段历史，一个历史人物的考察，司马迁都注意运用“原始察终”的方法，如他把《史记》写成一部通史：“略推三代，录秦汉，上记轩辕，下至于兹。”这本身就是在长时段的历史中，考察古今的变化，探讨历史上成败、兴亡的道理。《史记》中的十表，更能体现出这一特点。《十表》表现了司马迁对历史进行阶段性划分的思想。在表前，司马迁大都写了序，对该阶段的历史作了概述。每一阶段具有相对的完整性，透过司马迁的概述，可以看出每一阶段的历史特点、盛衰变化。把几个表的序连起来看，又可看到不同阶段之间的变化，在历史的长河中变了些什么。表序中，司马迁也谈到了“原始察终”方法的作用：如在《十二诸侯年表·序》中，谈到为什么要写这个表，他说：“儒者断其义，驰说者骋其辞，不务综其终始；历人取其年月，数家隆于神运，谱牒独记世谥，其辞略，欲一观诸要难。”这就强调了“综其终始”对“欲一观诸要”的重要性。在《六国年表·序》里，他一方面批评了秦的残暴，另一方面，又肯定了秦统一中国在历史上的功绩：“秦取天下多暴，然世异变，成功大。”他讥刺当时一些学者，不全面认识历史，只看到秦在帝位时间短，因而讥笑它，说这是与“耳食无异。”《惠景间侯者年表》，“咸表始终，当世仁义成功之著者也”，也是为了考查孝惠讫孝景五十载封侯的盛衰。可见，“原始察终”是司马迁达到“通古今之变”的重要手段。

“变通”史学认识方法之二——“见盛观衰”。“见盛观衰”既可认为是司马迁考察历史的内容，又可认为是司马迁认识历史的手段。因为司马迁在考察历史的变化时，特别重视盛衰变化，从这个意义上说，它也是历史的内容之一，比“原始察终”更往前进了一步。但看到盛衰变化还不是最终目的，在盛衰变化的背后，还隐藏着成败兴坏之“理”，只有弄清历史是怎样兴衰变化的，才能“通古今之变”，才能达到“成一家之言”的目的。因此，从司马迁著史的归宿来看，探讨盛衰变化又是史学认识的一种方法。

“物盛而衰，固其变也”，这是司马迁“变通”思想的一个重要方面。司马迁的这一“变通”思想很明显地吸收了《周易》中物极必反，物盛必衰的思想，并把它运用到对历史的考察中。反过来，他又从对历史的考察中认识到，这也是历史运动的必然法则。《史记》中“见盛观衰”可以说是司马迁考察历史所运用的最多的方法，也是司马迁所考察的主要内容，突出地表现在十表上。白寿彝先生说：“在‘通古今之变’的问题上，十表是最大限度地集中体现这一要求的。”①具体地讲，《十表》注重考察的是每一阶段的兴衰变化。郑樵在《通志·总序》中说“表见兴衰”，就是针对这一特点而言的。《十二诸侯年表》叙述了周天子和诸侯国之间的兴衰变化；《六国年表》

① 白寿彝：《史学遗产六讲》，170页，北京，北京出版社，2004。

叙述战国时期几个诸侯大国在争霸过程中的兴衰变化；《秦楚之际月表》叙述了秦楚之际的大动荡时期“五年之间，号令三嬗”的兴衰变化；汉代的几个表也都是围绕社会历史的兴衰变化来写的。司马迁通过写盛衰变化，把历史发展的大势表现出来，以《十二诸侯年表·序》为例，可略见一斑：“……及至厉王，以恶闻其过，公卿惧诛而祸作，厉王遂奔于彘，乱自京师始，而共和行政焉。是后或力政，强乘弱，兴师不请天子。然挟王室之义，以讨伐为会盟主，政由五伯，诸侯恣行，淫侈不轨，贼臣篡子滋起矣。齐、晋、秦、楚其在成周微甚，封或百里或五十里。晋阻三河，齐负东海，楚介江淮，秦因雍州之固，四海迭兴，更为伯主。文武所褒大封，皆威而服焉。”这里写了三种盛衰关系：一是周天子衰弱、大权旁落，诸侯国开始互相征伐，“强乘弱，兴师不请天子”；二是齐、晋、秦、楚相互争霸，“更为伯主”；三是齐、晋、楚等大国的衰弱，秦的兴起。历史就是在这复杂的盛衰变化中发展的，这些盛衰关系，相互影响，互为制约，最终表现为一定的发展趋势。这个表反映出了由西周的大一统到春秋战国时代分裂局面、经过大国争霸又重新走向统一的历史趋向。一个表反映一定时期的盛衰大势，把这些表连起来，又可看到整个历史发展的盛衰大势。十表写出了“宗周晚年以来悠久的历史时期内所经历的巨大变化——由封侯建国走到郡县制度，由地方分权走到皇权专制”。[①] 在写盛衰变化的过程中，司马迁也表现出了自己的政治倾向，即赞成统一，拥护封建大一统。在《建元以来王子侯者年表》中，他赞叹道：“盛哉，天子之德！一人有庆，天下赖之。”

司马迁写盛衰变化，有其独特的历史洞察力，即他善于从事物的内部，发现催促事物走向反面的因素，如秦始皇统一天下之后，也是威震四海，不可一世的。秦始皇采取了一系列的措施，如焚百家之言，堕名城，杀豪俊，收天下兵器聚于咸阳，销锋铸鐻，自以为关中稳固，金城千里，子孙帝王可达万世之业，然没过几年，陈涉一呼，“山东豪俊遂并起而亡秦族矣”，为什么呢？司马迁认真地总结了其中的教训，他非常赞同贾谊的话，认为是“仁义不施而攻守之势异也”的缘故。

项羽的失败同样如此。项羽当年也很强大，“分裂天下，而封王侯，

① 白寿彝：《史学遗产六讲》，170页。

政由羽出，号为‘霸王’”。[1] 然他“自矜功伐，奋其私智而不师古”，依然想以“力征经营天下”，终于“五年卒亡其国”。司马迁批评项羽说：“‘天亡我，非用兵之罪也’，岂不谬哉！”[2]把项羽由盛而衰而亡的原因分析得非常透彻。在《项羽本纪》中，司马迁一方面写了他的勇敢，能征善战；另一方面又写出了他的专横、残忍、猜疑、优柔寡断，从对人物的描述中，就表明了项羽最终失败的必然性。

司马迁不仅对前代史“见盛观衰”，就是对当代史也是如此。如在《平准书》里，司马迁考察了汉兴到武帝七十余年的历史。自汉兴到武帝即位，社会呈现太平盛世之景象，“汉兴七十余年之间，国家无事，非遇水旱之灾，民则人给家足，都鄙廪庾皆满，而府库余货财”。但盛世里面，又潜藏着衰败及不安定因素，“当此之时，网疏而民富，役财骄溢，或至兼并豪党之徒，以武断于乡曲。宗室有士公卿大夫以下，争于奢侈，室庐舆服僭于上，无限度。物盛而衰，固其变也”。[3] 在《万石张叔列传》《汲郑列传》《匈奴列传》《李将军列传》《卫将军骠骑列传》《酷吏列传》等篇章中，司马迁用了比较委婉的手法，揭露了武帝统治下的政治危机。不仅如此，司马迁在《平津侯主父列传》中，还直接引用了主父偃等人对于历史盛衰的评论，更明确地表达了他的“见盛观衰”思想，通过别人对历史经验的总结，向汉武帝发出了严重警告。

2.“变通”的历史哲学思想。司马迁“变通”的历史哲学思想包含以下内容。

第一，“变”是事物的属性。司马迁对此有清醒的认识，他对任何事物的考察，都包含着这一思想。值得一提的是，司马迁已经把“变”看作事物普遍存在的属性，而摆脱了个别事物变动的具体特点。如在《平准书》中，他说：“物盛而衰，固其变也。”又说：“是以物盛则衰，时极而转，一质一文，终始之变也。”可见，他对事物变动的性质达到了哲理性的认识程度。

第二，注重变通，是事业成败的重要条件。在《史记》中，司马迁写了许多社会变革，也写了许多历史大转折时期，有的注重变通而取得胜利，

① 《史记·项羽本纪》。

② 同上。

③ 《史记·平准书》。

而有的人不进行变通而失败。最突出地表现在《秦始皇本纪》《项羽本纪》《高祖本纪》中，这三个历史人物在历史舞台上先后登场，甚至同台“打擂”，前两位都不是没有能力，在历史上都曾威赫一时，但最终又都败下阵来，推其原因，就是不知变通。司马迁对此都有透彻的分析，前已有论，不再赘述。汉高祖刘邦虽然有很多缺点，司马迁也用了大量的笔墨渲染了他的无赖性格，但他有一大优点：知人善用，注重变通。《郦生陆贾列传》中写他对儒生态度的变化。刘邦不喜欢儒生，甚至拿儒生的帽子撒尿，对儒生傲慢无礼，如儒生陆贾时常在他面前谈论《诗》《书》，他就很不高兴，骂道：“乃公居马上而得之，安事《诗》《书》!”但当陆贾说：你能马上得天下，能马上治天下吗？他觉得有道理，马上要求陆贾为他总结秦亡汉兴的经验教训。再如汉的定都问题，开始刘邦想定都洛阳，当听了娄敬、张良的建议后，立即采纳了他们的主张，改为长安，当天就启程了。将这三个本纪及有关列传连起来读，可以看到，司马迁是多么强调“变通”在事业成败上的重要性。

第三，“承敝易变，使民不倦。”要使事业获得成功，进行适时变通，是非常必要的。那么怎样进行变通？在什么形势下进行变通？司马迁总结了一个基本原则，那就是“承敝易变，使民不倦”。在《平准书》中，称赞汤武革命是：“汤武承敝易变，使民不倦，各兢兢所以为治，而稍陵迟衰微。”在《高祖本纪》里，司马迁对汉高祖的“与民休息”政策评价甚高，他说：“故汉兴，承敝易变，使民不倦，得天统矣”。① 把“承敝易变，使民不倦”说成是“得天统”，这无异于把它说成一条“变通”的标准。也就是说，“变通”不是无条件的，要针对“敝”而变，“变”的结果要使民得到好处，“使民不倦”。司马迁写了许多变革的事例，这些变革之所以获得成功，就是由于适应了这个原则。如商鞅变法，开始老百姓不习惯，“卒用鞅法，百姓苦之”。但实行了一段时间，老百姓从中受益，“居三年，百姓便之”，②“行之十年，秦民大悦，道不拾遗，山无盗贼，家给人足。民勇于公战，怯于私斗，乡邑大治”。③ 商鞅的变法获得巨大成功，使百姓安定，

① 《史记·高祖本纪》。

② 《史记·秦本纪》。

③ 《史记·商君列传》。

国力富强，为秦统一中国打下了坚实的基础。齐桓公在管仲的辅佐下，一度“九合诸侯，一匡天下”，这是因为管仲的变革取得成功，管仲“与鲍叔、隰朋、高傒修齐国政，连五家之兵，设轻重鱼盐之利，以赡贫穷，禄贤能，齐人皆悦”。① 赵武灵王的改革，出发点也是“利其民而厚其国”。② 反之，如果有弊不改，反而弊上加弊，灭亡就是不可避免的。对于这一点，司马迁反复从秦亡的教训中，予以总结。在《秦始皇本纪》中，司马迁引用贾谊对秦灭亡教训的总结可以说也代表了他的观点。贾谊说，秦之所以迅速灭亡，原因在于秦始皇“过而不改。二世受之，因而不改，暴虐以重祸。子婴孤立无亲，危弱无辅。三主惑而终身不悟，亡，不亦宜乎?”③

由此，我们可以看出，司马迁不仅看到了“变通”的重要性，还对如何“变通”，“变通”的原则进行了历史的总结。

第四，“质文之变。”这是司马迁对历史变动的总体性认识。他认为，历史是在一质一文的变化中发展的。“质文之变”是历史长时期发展中所表现出的特点，“一质一文，终始之变也”。质，是指民风淳朴，社会秩序的维护靠教化。文，是指通过礼乐及法律制度来维护统治秩序。在质的阶段里，有兴衰的变化，衰至极点，就由“质”的统治变成“文”的统治。“文”的阶段也有兴衰变化，衰至极点，又转化为“质”的统治。盛衰变化贯彻历史变化的时时刻刻，但文质之变和盛衰之变不一定是一一对应的。不论是“质”还是“文”，里面都可能包括多次的盛衰变化，即由盛而衰又复盛复衰以至衰到极点，需要彻底更化，这时，社会才由“文”(或质)转向“质”(或文)，社会就是这样，由盛衰小变到质文大变，形成历史的长河。在“质文之变”的转折点上，“承敝易变”起关键作用。这一思想，司马迁在《高祖本纪》的最后，阐发得最为完备：“夏之政忠。忠之敝，小人以野，故殷人承之以敬。敬之敝，小人以鬼，故周人承之以文。文之敝，小人以僿，故救僿莫若以忠。三王之道若循环，终而复始。周秦之间，可谓文敝矣。秦政不改，反酷刑法，岂不缪乎?故汉兴，承敝易变，使民不倦，得天统矣。”里面提到“忠”“敬”“文”。“忠”实际指的是“质”，“敬”是一个过渡性的概

① 《史记·齐太公世家》。
② 《史记·赵世家》。
③ 《史记·秦始皇本纪》。

念，指质到文的过渡。“三王之道若循环，终而复始”，有人根据这一点断定司马迁是历史循环论，理由是不充分的。因为这里面有一“若”字，司马迁并没有完全肯定，而是看到历史的变化大体是这样，他是从历史的实际考察中得到这一认识的，不是主观的臆断。而历史的辩证发展也的确表现出这一特点。所以，“质文之变”不能说明司马迁是历史循环论者，相反，它在一定意义上反映了司马迁的朴素辩证法思想。

二、司马迁“变通”史学思想的特点

在汉代，不仅仅是司马迁讲“变通”，从汉初到武帝时代，很多人都讲“变通”。汉初陆贾写的《楚汉春秋》，贾谊写的《过秦论》等，都有丰富的“变通”思想。董仲舒在与汉武帝的对策中，也是讲“变通”的。但比较起来，司马迁的“变通”思想最系统、最深刻，尤其与同时代的董仲舒相比，司马迁的“变通”思想更能显示出其唯物的特点。

董仲舒是武帝时期的儒学大师，在当时“德高望重”：“下帷讲诵，弟子传以久次相授业，或莫见其面。”①汉武帝对他也很尊重，在问策中说他“子大夫明先圣之业，习俗化之变，终始之序，讲闻高谊之日久矣”。从问策的内容看，汉武帝对历史盛衰的变化非常关心，董仲舒的回答也表现出一定的“变通”思想。但就本质来讲，他的“变通”观是唯心主义和形而上学的。他说：“臣谨案春秋之中，视前世已行之事，以观天人相与之际，甚可畏也。国家将有失道之败，而天乃先出灾害以谴告之，不知自省，又出怪异以警惧之，尚不知变，而伤败乃至。”把人事的变化同道、天联系起来，形成独特的“天人感应”说。天被他说成是有意志的人格神。道与天是一致的，人世间有失道现象，天就通过灾害、怪异、伤败等谴告、惩罚。很明显，这种“天人感应”说是唯心主义的。一切变化都操纵在有意志的“天”的手中。后来他又说：“道之大原出于天，天不变，道亦不变。”按照他的逻辑，道不变，人世间也不应有什么变化。总之，人世间变化在董仲舒那里是被动的，是天的意志的表现。

在另一处对策里，董仲舒似乎表现了很强的变更思想，他说：“为政

① 《汉书·董仲舒传》。

而不行，甚者必变而更化之，乃可理也。当更张而不更张，虽有良工不能善调也。当更化而不更化，虽有大贤而不能善治也。”如果孤立地看这段话，他说的是对的，但从后面的语言中我们可以看出，他在这里强调的是变更法家的那一套，是要把法家的一套彻底摈弃，而改用儒家。对于儒家的东西，他是不主张有大的变更的，至多不过是损益、调和。他说：“……复修教化而崇起之。教化已明，习俗已成，子孙循之，行五六百年尚未败也。至周之末世，大为亡道，以失天下。”①可见，他的“变更”，实质是维护儒家教化的独尊地位，与上述的唯心主义“变通”观并不矛盾。

与董仲舒形成鲜明对照的是司马迁的“变通”思想。在写历史事变时，他特别重视人事，特别是“人谋”的作用。这与董仲舒的靠天的预示被动地进行变通是根本不同的。再者，司马迁认为事物的盛衰变化，是事物本身运动的规律，“物盛而衰，固其变也”。这与董氏“天人感应”说又有天壤之别。司马迁没有把人事的变化与天的变化搅和在一起，天有天的变化规律，人事有人事的变化规律，二者有联系，但也有区别。“天”在《史记》中也没有被当作有意志的“人格神”，对于董仲舒的“天道”观，司马迁是怀疑的。第三，司马迁的“变通”，是讲条件、讲原则的。他认为要结合历史实际，见盛观衰，“承敝易变，使民不倦”。要把人事作用和历史形势联系起来，针对弊端，进行变革，使百姓满意，国泰民安，这样的变革才是有益的。

总之，司马迁是从社会人事本身出发，来探讨历史的盛衰变化，针对历史实际进行社会变革，表现了唯物主义的变通特点。

① 《汉书·董仲舒传》。

司马迁的“大一统”思想

董仲舒的大一统思想是众所周知的，但对与他同时代的司马迁的大一统思想却重视不够。有的人即使看到这一点，也不愿承认，似乎“大一统”是董仲舒的思想专利，大一统思想也因此常常与腐朽、落后紧密相连。事实上，大一统思想是历史发展到一定阶段而产生的社会思想，在当时的历史人物身上特别是思想家那里都有所反映，所以，不能简单地肯定或否定。董仲舒的大一统思想是通过解公羊春秋而阐发的，而司马迁的大一统思想则是通过史书表现出来的。由于他们的思想基础和观察问题的方法不同，二人的大一统思想内容也不尽相同，本文旨在剖析一下司马迁的大一统思想。

一、通史意识，大一统思想在史学上的反映

《史记》是一部通史，上起传说中的黄帝，下至汉武帝。司马迁为什么要写这么一部从远古到当代的通史呢？这也涉及许多因素，但在这许多因素中，司马迁所处的那个伟大的时代无疑是最重要的因素。那个时代的特点，司马迁在《建元以来侯者年表·序》中云：“况乃以中国一统，明天子在上，兼文武，席卷四海，内辑亿万之众”。这样一个大一统时代反映到人们头脑中，很自然地是大一统思想。撰写通史著作，正是大一统思想在历史学家那里的反映。《史记》虽然是司马迁完成的，但其父司马谈早就有此想法。司马迁写《史记》一定意义上是为了完成父业。但不论司马谈，还是司马迁，他们的这一思想都是社会现实的反映。司马迁在《太史公自序》中写道：“先人有言：‘自周公卒五百岁而有孔子，孔子卒后至于今五百岁，有能绍明世，正《易传》，继《春秋》，本《诗》《书》《礼》《乐》之际？’意在斯乎！意在斯乎！小子何敢让焉。”可见，撰写一部历史巨制，已经成为时代的要求，负有时代使命的历史学家就应该完成这一重任。司马谈父子无疑意识到了这一点，并以此为己任。这种自觉意识表现在撰写史书上，就是“通史意识”。

从黄帝到汉武帝时期，已经有三千年的历史了。三千年来出现了许多历史大动荡，如商汤伐桀、武王伐纣、“周道废”、秦的统一、秦“拨去古文，焚灭《诗》《书》”，以致“明堂石室金匮玉版图籍散乱”。[1] 经过楚汉战争，最终实现了汉家统一。三千年里，出现了许多的战争，有中原民族与边疆少数民族长期的战争，中原各民族间的战争，战国时期各国的战争等等。历史变化纷繁复杂，头绪繁多，但司马迁并没有被这众多的历史现象所迷住，而是抓住历史的主线，将三千年的历史线索条理得非常清晰。他设立《五帝本纪》，确立了历史发展的源头：“卒述陶唐以来，至于麟止，自黄帝始”。[2]《五帝本纪》之后，又有《夏本纪》《殷本纪》等十一本纪。为什么设立本纪呢？司马迁讲得很清楚：“王迹所兴，原始察终，见盛观衰，论考之行事，略推三代，录秦汉，上记轩辕，下至于兹，著十二本纪，既科条之矣。”[3]即是说，十二本纪的目的，是“科条”历史线索，“科条”的标准是根据“王迹所兴”。本纪，其实是一种编年体裁，但这种编年体和通常所说的编年体有所不同，它是以某个人物为中心的编年体，因此，十二本纪实际就成为以帝王为中心的三千年历史发展的纲。值得注意的是，司马迁严格按照“王迹所兴”的事实设立本纪，为此，他为项羽、吕后都立了本纪，没有被所谓“正统”观念所拘囿，这反映了他的实录精神。《本纪》之外，第二部分是十表。《自序》说：“并时异世，年差不明，作十表”。表的作用就是要从错综复杂、千头万绪的历史事实中，理清历史发展的轮廓，这是对《本纪》的进一步补充。司马迁在十表前，为前九表都作了序，用简练的文字介绍了该阶段历史的最主要特点、发展趋势等。通过十二本纪、十表，司马迁把三千年的历史线索、盛衰大势展现出来。

司马迁把黄帝作为历史的源头，把从黄帝到武帝时期的历史过程，写得眉目清晰。他确定了历史发展的源，这个源后来分成数流，几经周折，又汇成一流，形成海内一统的局面。这种追本溯源的通史撰述，对于促进共同的民族心理的形成和民族融合的发展及维护多民族国家的统一，具有极其深远的意义。可见，“通史意识”既是大一统思想在史学上的反映，也是维护大一统局面的需要。

---

① 《史记·太史公自序》。

② 同上。

③ 同上。

二、司马迁大一统思想的基本内容

在《史记》中，司马迁的大一统思想有以下几个方面。

1. 民族大一统思想。《史记》是一部通史，从民族史的角度看，它又是一部多民族史撰述的杰作，民族一统的思想非常明显。首先，它揭示了“中国”境内各民族都是黄帝的后代。从《三代世表》我们可以看得很清楚，夏以前的五帝时期，黄帝以下的四帝：颛顼、喾、尧、舜都是黄帝的后裔，颛顼是黄帝的孙，喾是黄帝的曾孙；从黄帝到尧是五世，舜是黄帝玄孙之玄孙。三代时期，夏代的禹是黄帝的耳孙，殷代的汤也是黄帝的后裔；从黄帝至汤十七世。周代的武王还是黄帝的后裔，从黄帝到武王十九世。从黄帝时期到周代，有许多部族在不同的地域里活动，如夏、殷都在中原一代，周族在西部活动，但他们却有共同的始祖。到周代，通过分封制，疆域更加广大了，出现了许多封国，这些封国有同姓，也有异姓，但不论同姓还是异姓，追本溯源，都能追到黄帝那里。到汉代，边疆的一些少数民族，司马迁认为也是黄帝的后裔，他说：“匈奴，其先祖夏后氏之苗裔也，曰淳维。”①司马迁的这些记载是否正确，我们姑且不论，但他如此详尽细致地理清这些世系渊源，反映了他的一个重要的民族思想：中国境内各民族同出一源。这一思想其实也是当时不同地域众多人的思想倾向，司马迁在《五帝本纪》论赞中说：“余尝西至空桐，北过涿鹿，东渐于海，南浮江淮矣，至长老皆各往往称黄帝、尧、舜之处，风教固殊焉，总之不离古文者近是。”可见，司马迁把黄帝作为历史的源头来写，也是建立在大量的民族调查的基础上的。

其次是民族等列思想和民族平等的思想因素。《史记》记载了许多民族的活动，但最主要的还是华夏民族。十二本纪基本上是华夏民族历史的纲目。在汉朝时期的多民族中，司马迁很明显地把中原民族摆在了中心位置。但在写华夏民族的同时，他还写了周边少数民族的历史，写了《匈奴列传》《朝鲜列传》《西南夷列传》《大宛列传》，对汉朝周围的北方、南方、东南、东北、西南、西北等少数民族活动的区域都进行了论述，记述了这

① 《史记·匈奴列传》。

些区域上的民族、地理特点、物产、风俗习惯、生活方式、社会组织形式等。《太史公自序》中，司马迁简要地讲了为它们设立列传的原因，指出它们与汉朝的关系。如："汉既平中国，而佗能集杨越以保南藩，纳贡职。作南越列传第五十三"。"吴之叛逆，瓯人斩濞，葆守封禺为臣。作东越列传第五十四"。"燕丹散乱辽间，满收其亡民，厥聚海东，以集真藩，葆塞为外臣。作朝鲜列传第五十五"。"唐蒙使略通夜郎，而邛笮之君请为内臣受吏。作西南夷列传第五十六"。这说明，这四国都已向汉称臣纳贡。北方的匈奴，长期以来一直威胁汉朝，与汉朝关系比较紧张，武帝时期，多次派大军远征匈奴，故司马迁把《匈奴列传》放在《李将军列传》《卫将军骠骑列传》之间写。大宛与汉朝的关系就稍微远一些，但汉朝对它来讲，依然有向心力。"汉既通使大夏，而西极远蛮，引领内乡，欲观中国。作大宛列传第六十三"。汉朝由于政治上空前统一，加上其先进的生产技术和科学文化，无疑给周边少数民族一个向心力，他们对汉称臣，向汉朝进贡，是汉皇朝的藩属国。司马迁对汉朝和周边少数民族区域社会发展不平衡及主臣关系的记载，反映了他以华夏民族为中心的民族等列思想。但他的这种思想没有明显的狭隘民族观念，没有对少数民族的卑视，相反，他常常从历史渊源上，找到华夏民族与少数民族的密切关系。对于匈奴，他也不主张过分使用武力，主张实行安抚及和平相处的政策，这一点从《匈奴列传》《平准书》等可以看得很清楚。这反映了司马迁在民族等列思想中还有民族平等的思想因素。

2. 疆域大一统思想。历史是一部活剧，既有演员，又有舞台。司马迁把这个舞台描绘得非常宽阔壮观。汉朝到武帝时期，达到空前的强盛。西汉皇朝的疆域，也是空前的辽阔和统一。这为司马迁著《史记》打开了广阔的视野。早在周代，疆域大一统思想就很明显，所谓"溥天之下，莫非王土；率土之滨，莫非王臣"①即是这种大一统思想的典型反映。春秋战国时期，大一统思想受到冲击。西汉建立后，大一统思想又得到了继承和发扬。不论司马迁是否意识到这一点，《史记》从史学的角度宣传了这种大一统思想。在《五帝本纪》中，司马迁对五帝的活动范围进行了叙述，歌颂了他们统一"中国"的功业。如黄帝时期，"天下有不顺者，黄帝从而征之，

① 《诗·小雅·北山》。

平者去之，披山通道，未尝宁居。东至于海，登丸山，及岱宗。西至于空桐，登鸡头。南至于江，登熊、湘。北逐荤粥，合符釜山，而邑于涿鹿之阿”。帝颛顼时期，其活动范围则是：“北至于幽陵，南至于交阯，西至于流沙，东至于蟠木。动静之物，大小之神，日月所照，莫不砥属”，活动范围进一步扩大。“帝喾溉执中而徧天下，日月所照，风雨所至，莫不从服”。帝尧时，“百姓昭明，合和万国”。舜时，“十二牧行而九州莫敢辟违；唯禹之功为大，披九山，通九泽，决九河，定九州，各以其职来贡，不失厥宜”。[①] 也就是说，到帝舜时，九州之内开始纳贡，产生统一国家的雏形。《夏本纪》基本讲的是疆域和贡赋。夏禹在建立统一国家方面，功劳最大，司马迁对此给予了充分的肯定：“自虞、夏时，贡赋备矣。”[②]司马迁通过《五帝本纪》《夏本纪》，描述了华夏民族祖先的活动范围，说明中国自古就是一个统一的国家，为汉朝疆域的大一统提供了历史根据。在此之前，还没有人像司马迁这样把中国疆域讲得这样详尽和完整。

在《货殖列传》中，司马迁把汉朝的统治地方分为四大经济区域：山西地区、山东地区、江南地区、龙门碣石以北地区，并分别论述不同地域的地理特点、物产、经济特点、风俗习惯等。他还指出关中地区经济地位的重要性：关中之地占当时全国三分之一，人口不超过当时全国的十分之三，但财富却占全国的十分之六。《史记》以汉朝统治区域为写作中心，在此前提下，还写了汉朝周围少数民族活动的区域，如白寿彝先生所说：“《史记》把环绕中原的各民族，尽可能地展开一幅极为广阔而又井然有序的画卷。”[③]这种对比写法，固然是为了写出汉朝盛世的恢廓局面，但也明显地反映出他以汉朝统治区域为中心，周边少数民族区域为之向心的疆域大一统思想。

总之，司马迁从历史的角度论证了疆域大一统的合理性，又从社会学的角度，描绘了汉朝疆域大一统的具体图景。

3. 政治大一统思想。司马迁的政治大一统思想也是很明显的。首先，他赞成统一。秦亡汉兴，很长时间，秦始皇是人们抨击的对象，许多人把

---

① 均见《史记·五帝本纪》。

② 《史记·夏本纪》。

③ 白寿彝主编：《中国通史·导论卷》，6页，上海，上海人民出版社，1989。

他骂得一无是处，可司马迁对他统一中国却给予了肯定。“秦取天下多暴，然世异变，成功大。”①他还耻笑那些儒生看不到秦在历史上的地位，说：“学者牵于所闻，见秦在帝位日浅，不察其终始，因举而笑之，不敢道，此与以耳食无异”。② 在《秦始皇本纪》中，司马迁对秦始皇统一中国极尽赞美，秦始皇共刻石六块，司马迁完整地记录了其中五块的内容，说明他对秦始皇统一中国的功绩是很重视的。

其次，他论述了统一是历史发展的大趋势。在《六国年表·序》中，司马迁论述了六国时期的历史概貌，认为这是一个大变动、大动荡的时代，但统一是历史发展的趋势：“秦始小国僻远，诸夏宾之，比于戎翟，至献公之后常雄诸侯。论秦之德义不如鲁卫之暴戾者，量秦之兵不如三晋之强也，然卒并天下，非必险固便形执利也，盖若天所助焉。”就是说，秦原来是一个小国，处于偏远地方，中原诸国将它比作戎翟，瞧不起它，然它由弱变强，争雄诸侯，终于兼并天下，为什么？论德，它远不如鲁卫；论武力，不如三晋之强。司马迁这里归因于天，这里的“天”就是指历史发展的大趋势。即是说，天下统一是历史发展的必然，秦国顺应了这一必然，所以能够取得最后的胜利。

再次，司马迁赞成建立以皇帝为中心的封建等级制度。这从史记体例的编排可以看出。《本纪》记载“王迹所兴”，《世家》记的则是“辅拂股肱之臣”。《列传》写的是“扶义俶傥，不令己失时，立功名于天下”的人。世家与本纪的关系，司马迁说：“二十八宿环北辰，三十辐共一毂，运行无穷，辅拂股肱之臣配焉，忠信行道，以奉主上。”③即是说，世家所记载的诸侯王、大臣犹如二十八宿环绕北辰一样侍奉天子、皇帝，致使以皇帝为中心的等级制的国家机器运行无穷。司马迁如此突出君主、皇帝的地位，正是大一统思想和封建等级思想在他史学中的反映。司马迁赞同这种思想并把它自觉地贯彻在他的《史记》中。

最后，他主张政治上的一统局面，但在思想领域，却反对一术独尊。他引用其父司马谈《论六家要旨》：“《易大传》‘天下一致而百虑，同归而殊

① 《史记·六国年表序》。
② 同上。
③ 《史记·太史公自序》。

途。’夫阴阳、儒、墨、名、法、道德，此务为治者也，直所从言之异路，有省不省耳”。① 就是说，诸家学说虽不尽相同，但都是为了治国，只不过有的明确，有的不明确罢了。他与其父的学术观点也许不尽相同，但在对学术的态度上大概是相同的。司马谈的《论六家要旨》，把道家说得非常完美，但对其他五家，也没有一棍子打死，既指出它们的缺点，又指出它们的长处。而此时的道家与先秦老庄道家也不可同日而语，而是“采儒、墨之善，撮名法之要”而形成的“新道家”。司马谈写《论六家要旨》的时候，正是汉武帝欲推行“罢黜百家，独尊儒术”的时代。司马谈针对这种思想倾向进行议论，反映了他的不满情绪。司马迁引征它，同样反映了他对已经实行的“罢黜百家，独尊儒术”的不满和反抗。司马迁盛赞大一统，但在思想上又主张多元化，多种思想并存，择善而从，这是他大一统思想一个很重要的特点，比董仲舒的“诸不在六艺之科、孔子之术者，皆绝其道，勿使并进”开明得多。

综上所述，司马迁的大一统思想包括民族、疆域、政治等方面，即在《史记》这部巨著中，历史这部活剧的演员、舞台、组织形式都打上了“大一统”的印迹。这种印迹当然是那个时代精神的要求，但更是司马迁社会历史思想的反映。《史记》是一部多民族史的杰作，其“大一统”思想对于中华民族统一意识的形成，对于维护中国版图的统一、民族的融合与团结产生了深远的影响；在史学上，也开创了维护国家统一的优良传统。

① 《史记·太史公自序》。

袁宏史学思想再探讨

——袁宏《后汉纪》史论浅析

袁宏的史学思想，是史学史研究的薄弱环节。历来的中国史学史论著，在论述袁宏的史学成就时，都对他的名教观点进行了激烈的批评，而没有结合他所处的历史背景深入地研究其名教观的特点，对他名教观以外的丰富的史学思想更是缺乏认识。本文通过对袁宏《后汉纪》史论的剖析，旨在构出袁宏整个史学思想的轮廓，以期史学史界同仁的进一步研究。

一

袁宏生于东晋时期的328年，在此之前，自魏就已初露端倪的“玄学之风”，经过“正始之音”“竹林名士”“中朝玄学”，开始向玄佛合流的方向发展。也就是说，袁宏所处的时代，是一个玄学在意识形态中占有支配地位的时代，玄学作为一种哲学思潮，对当时社会的风尚、人们的生活方式等影响之大，是中国历史上绝无仅有的。生活在东晋的袁宏，也自然受到玄学的影响，这从他的著作中可以看出。

袁宏除著有《后汉纪》《三国名臣序赞》外，还有《咏史诗》《东征赋》《竹林名士传》。后三部皆已失传。《竹林名士传》可以说是一部玄学史，对玄学第二阶段竹林时期的代表人物有专门的论述和评论，并把魏晋时期的玄学代表人物分为“正始名士”“竹林名士”“中朝名士”。这实际上是把玄学的发展分为三个阶段。可见，袁宏对玄学是有专门研究的。由于《竹林名士传》已亡佚，其中的观点很难窥以全面。

玄学的学风和观点对袁宏的史著也有很大影响。这主要表现在以下方面。

第一，袁宏善于史论。《后汉纪》全书21万字，史论就占了1/12，为历来史书所仅见。《后汉纪》的史论都是在叙述历史的过程中进行的，带有夹叙夹议的特点。在叙述一个史实或人物时，著者有感而发，就来一段议论。这与《史记》《汉书》等把史论放在篇末有很大不同。袁宏的史论不拘一格，有的一卷没有一条，有的一卷则有数条。这一特点与玄学的尚思辨、善议论恐怕很有关系。不同的是，玄学家们大都依据《老》《庄》进行言之无物的抽象思辨，而袁宏的议论则是以历史事实为引发点，阐发他的自然观、社会观。因此，袁宏的史论很能表现他的史学思想。与《史记》《汉书》相比，袁宏史论总的来看，抽象性更高，他不拘于就事论事，而是就一人一事引出对社会政治带有高度概括的认识，这种认识并不是著者在列举了一些论据以后归纳出来的，是早已为著者所有，遇有适当时机而发。这种多议论及抽象性高的特点显然受到玄学学风的影响。

第二，袁宏著史的基本目的之一是"笃名教"。"名教"问题一直是玄学论战的基本问题。在史书中，公然申明写史在于"通古今而笃名教"，清楚表明了袁宏的史著与玄学的关系。它是玄学在史学中的反映，即史学同样要解决玄学讨论的问题。当然，"名教"问题是魏晋时期突出的社会问题，史学和玄学都关心是很自然的。但袁宏认为，笃名教是一切史著的价值所在，并以它作为评价史著优劣的根本标准，他说："夫史传之兴，所以通古今而笃名教也。丘明之作，广大悉备。史迁剖判六家，建立十书，非徒记事而已。信足扶明义教，网罗治体；然未尽之。班固源流周赡，近乎通人之作；然因籍史迁无所甄明。荀悦才智经纶，足为嘉史，所述当世，大得治功已矣；然名教之本，帝王高义，韫而未叙。"①

袁宏把魏晋时期带有时代特色的"名教"问题，说成是史学的一般问题，恰恰反映了他的史著个性——深深受到玄学的影响，是玄学在史学的折光反映。

二

袁宏史学思想的内容十分丰富，其基本内容包括以下几方面。

1. 名教合乎自然。名教就是西汉建立起来的道德准则和伦理规范，其中心内容就是董仲舒所讲的"三纲"，即君为臣纲，父为子纲，夫为妻纲。所以称之为名教，因为"三纲"只管名不管实，也就是说，不管为君者合不合君道，为臣者要绝对忠于他，因为从"名"上来看，他是君，臣忠君是绝对的。

① 《后汉纪·序》

自东汉末期以来，僵化的“名教”已经引起人们的厌恶。士族的兴起，庄园经济的建立，为玄学的产生提供了阶级基础和经济基础，玄学在一定意义上说，是以讨论名教为契机而出现的。进一步说，从文化发展的角度看，是经学造就了玄学，玄学否定了经学。但玄学对经学的否定，也是在否定中有肯定，纵观玄学发展的几个阶段，名教虽在“竹林时期”一度被否定过，但时间很短，中朝以后，玄学家们很快就把它与自然协调起来，尤其是郭象的理论，最为完备。

袁宏在《后汉纪·序》中，明确提出了“笃名教”观点，在诸多史论中，反复宣扬名教观念，人们也大都抓住这一点，对袁宏进行批评，而没有注意到袁宏宣扬名教的特点。事实上，袁宏谈名教，是和“自然”联系在一起的。

《后汉纪·卷二十六》袁宏曰：“夫君臣父子，名教之本也。然则名教之作，何为者也？盖准天地之性，求之自然之理，拟议以制其名，因循以弘其教，辩物成器，以通天下之务者也。是以高下莫尚于天地，故贵贱拟斯以辩物；尊卑莫大于父子，故君臣象兹以成器。天地，无穷之道。父子，不易之体。夫以无穷之天地，不易之父子，故尊卑永固而不逾，名教大定而不乱，置之六合，充塞宇宙，自古及今，其名不去者也。未有违夫天地之性而可以序定人伦，失乎自然之理而可以彰明治体者也。”也就是说，君臣关系是从父子关系来的，“君臣象兹以成器”。袁宏论述的重点是君臣关系，君臣关系是封建等级制的核心。他用天地高下的自然现象和父子相继的血缘关系与君臣关系相比附，把君臣关系说成“准天地之性”“合自然之理”，这就把“名教”与“自然”结合起来，即“笃名教”就是“顺自然”，二者没有矛盾。在这里，“自然”是一个哲学概念，它是必然、不得不然之意，是与物之“性”“命”“无”“有”等范畴密切相连的概念，不能理解为自然现象。

袁宏还论述了产生君主的必然性和必要性。他说：“《书》称‘协和万邦’，《易》曰‘万国咸宁’。然则诸侯之治建于上古，未有知其所始者也。尝试言之曰：夫百人聚，不乱则散，以一人为主，则斯治矣。有主则治，无主则乱”。① 这与郭象的观点非常相似，郭象也认为社会必然要产生一个

① 《后汉纪》卷七。

最高统治者，他说：“千人聚，不以一人为主，不乱则散。故多贤不可以多君，无贤不可以无君。此天人之道，必至之宜。”①就是说，人聚在一起，如果没有统治者，结果就是要么乱，要么散。这两种可能都不是人所希望的，这样就必须有一个有才能的人作为他们的统治者。如果有才能的人很多，那也只能有一个统治者，即使一时没有有才能的人，那也不能没有一个最高统治者，也就是说，不但圣贤统治是合理的，就是愚人统治也是合理的。

对于维护封建等级制的礼，袁宏认为是圣人根据“自然”之理而制定的。《后汉纪·卷十三》袁宏曰：“夫礼者，治心轨物，用之人道者也。其本所由，在于爱敬，自然发于心诚而扬于事业者。圣人因其自然而辅其性情，为之节文，而宣以礼物，于是有尊卑亲疏之序焉。”即是说，礼是圣人根据人的“爱敬”的本性而制定的，合乎“自然”。为什么说“其本所由在于爱敬”?《后汉纪·卷九》的议论回答了这个问题：“昔圣人兴天下之大利，除天下之大患，躬亲其事，身履其勤，使天下之民各安性命，而无夭昏之灾。是以天下之民，亲而爱之，敬而尊之”。至于为什么出现“圣人”和“天下之民”的差别，袁宏在论中没有涉及，不过从他的逻辑中可推断出来，这也是“自然之理”，因为他说：“男女之别，自然之理”②，那么圣人和天下之民的区别也是如此了。就是说，不管怎样，君就是君，臣就是臣，这是符合自然而不能改变的。所以，尽管袁宏承认历史的发展变化，对礼的损益表示赞同，但在礼的根本问题上，他是不让步的，他说：“夫尊卑长幼不得而移者也，器服制度有时而变者也。”③

对于礼的作用，他也有许多论述，认为“礼备”“礼顺”对于维护社会秩序有决定的意义。他说：“夫礼备者德成，礼顺者情泰。德苟成，故能仪刑家室，化流天下；礼苟顺，故能影响无遗，翼宣风化。……斯乃君臣尊卑之基，而德和洽之本也。是以大道之行，上下顺序，君唱臣和，其至德风教系乎一人，政化行于四海，无犯礼而王迹彰矣。”④

① 《庄子·人间世》“臣之事君，义也。无适而非君也，无所逃于天地之间”注。

② 《后汉纪》卷十二。

③ 《后汉纪》卷十三。

④ 《后汉纪》卷二十一。

礼作为维护“名教”的工具，其产生也是符合“自然”的。“名教”在东汉末年，已经失去了它的生命力，但在魏晋玄学的撞击冲洗下，又恢复了活力。袁宏利用玄学的理论，把“自然”的概念引进来，使名教的地位更加巩固了。“名教”经过魏晋玄学的冲刷，得到了更高层次的复归。

2. 道本儒用的政治理论基础。将儒、道糅合，利用道家的理论，去论证和补充儒家的政治思想，在袁宏史论中表现得也很突出。其糅合的方式，用他的话说，就是“道明其本，儒言其用”。

《后汉纪·卷十二》的史论，是这一思想的集中论述：

> 尝试论之曰：夫百司而可以总百司，非君道如何情动，动而非已也。虚无以应其变，变而非为也。夫以天下之事而为以一人，即精神内竭，祸乱外作。故明者为之视，聪者为之听，能者为之使。惟三者为之虑，不行而可以至，不为而可以治，精神平粹，万物自得。斯道家之大旨，而人君自处之术也。夫爱之者，非徒美其车服，厚其滋味；必将导之训典，辅其正性，纳之义方，闲其邪物。故仁而欲其通，爱而欲其济，仁爱之至，于是兼善也。然则百司弘宣，在于通物之方，则儒家之算，先王教化之道，居极则玄默之以司契，运通则仁爱之以教化。故道明其本，儒言其用，其可知也矣。

这一大段有两层意思，第一层谈的是道家的统治思想：以虚无为本，“虚无以应其变”。就是说，社会事物非常繁多，需要很多机构、很多官吏进行管理，国君不能事必躬亲。以国君一人的精力去处理国家事务，即使殚精竭虑，也不免祸乱外作。关键在于用人，国君以不变应万变，这样，国君不动就可以使天下大治，万物自得，这是道家统治的基本思想。第二层谈的是如何利用儒家的统治手段的问题。袁宏认为道家说的是治理国家的根本原则，儒家谈的是具体做法，而这些具体的做法应符合道家根本原则。他把儒道统一起来，以道为本，以儒为用，道儒相济，这是袁宏“儒道糅合”的基本思想。

对于司马谈崇尚道家、班固崇尚儒家，他认为都失之于片面：“寻史谈之言，以道家为统；班固之论，以儒家为高。二家之说，未知所辩”。①

除了以上对道、儒两家的评论，袁宏还评论了阴阳家、名家、法家、墨家等四家，因论述较长，恕不引述。在评论中，他没有责备诸家的不足，而是指出它们都有合理之处。应以道家为本，“随时之迹，总而为治”。与司马谈的《论六家要旨》的确有许多相似之处。不同的是袁宏强调了道儒糅合并用，而不像司马谈有明显的排儒倾向。

“道明其本，儒言其用”基本上概括和反映了袁宏的学术思想倾向和政治思想，是他阐发历史见解和政治见解带有指导性的理论。他的许多史论，都是这一理论的具体运用。

3. 以无为本，尚简易、顺人心的政治思想。这是袁宏政治思想的一个基本方面，是他以道家思想为政治理论基石的体现。对于这一思想，袁宏的议论比较凌乱，不容易把握他的全部内涵和内在逻辑。然而，读了郭象关于“无为”的理论，对袁宏的繁杂议论，就能比较容易理出头绪了。

在《庄子·在宥》中，庄子说：“故君子不得已而临莅天下，莫若无为。无为也，而后安其性命之情。”郭象注云：“无为者，非拱默之谓也，直各任其自为，则性命安矣。不得已者，非迫于威刑也，直抱道怀朴，任乎必然之极，而天下自宾也。”就是说，无为不是什么事情都不做，不是默然拱手而坐。无为就是顺自然。每个人都有他的本性，都有他天赋的能力，统治者所要做的事，就是让每个人发挥他的能力，任其自为。每个人都自为，统治者就可以无为了。这种无为，实际上就是有为。有为是效果，无为是手段、是目的。按照郭象的思想，无论什么人，只要是任性而行，都是无为。他说：“天下何所不无为哉？故主上不为冢宰之任，则伊、吕静而司尹矣。冢宰不为百官之所执，则百官静而御事矣。百官不为万民之所务，则万民静而安其业矣。万民不易彼我之所能，则天下之彼我静而自得矣。故自天子以下至于庶人，下及昆虫，孰能有为而成哉？是故弥无为而弥尊也。”②就是说，一切人都可以无为，上自皇帝，依次宰相、百官、庶民，互不干扰，各安其事，本着自己的能力去做自己分内的事，这样，每个人都能满意。“有为”不能成功，无为才可以成功，所以，越无为越好。

---

① 《后汉纪》卷十二。

② 《庄子·天道》“以此进为而抚世，则功大名显，而天下一也”注。

袁宏也认为：最高统治者应以无为为本。要无为而治，反对多欲政治。为此，就必须尚简易、顺人心，使人人各安其性，这样，才能“上下休嘉，比德天地”。

首先，袁宏在史论中，用了很多语言谈了顺人心的问题。顺人心，就是要顺乎人的自然之性情。《后汉纪·卷二十五》袁宏曰：“在溢则激，处平则恬，水之性也。急之则扰，缓之则静，民之情也。故善治水者引之使平，故无冲激之患。善治人者虽不为盗，终归刻薄矣。以民心为治者，下虽不时整，终归敦厚矣。”

卷十七袁宏曰：“古之帝王所以笃化美俗，率民为善者也，因其自然而不夺其情，民犹有不及，而况毁礼止哀，灭其天性乎！”

在史论中，袁宏动辄称赞“古之帝王”如何顺人心，因自然。对秦及以后的“中古之世”，他的批评是毫不留情的，就连汉高祖刘邦，他也没有放过：“末世推移，其道不纯，务已尚功，衅自外入，君臣之契，多不全矣”。[①] 就是说，刘邦建立汉家之后，残害功臣，独享天下，与三代时“上下休嘉，比德天地”相差远了。

《后汉纪·卷六》讲得更明确。他说：“自古在昔，有治之始，圣人顺人心以济乱，因去乱以立法。故济乱所以为安，而兆众仰其德；立法所以成治，而民氓悦其理。是以有法有理，以通乎乐治之心，而顺人物之情者。岂法逆人心而可使众兆仰德，治与法违而可使民氓悦服哉？由是言之，资大顺以临民，上古之道也。通分理以统物，不易之数也。”

这里，出现了“圣人”立法的问题，袁宏认为圣人立法，也要顺人心。否则，就不能使“民氓悦服”。

类似的史论还有很多，不能一一列举。

第二，袁宏主张统治者在政治上要简易、质朴。《后汉纪·卷八》袁宏曰：“夫神道贞一，其用不烦；天地易简，其礼尚质。故藉用白茅，贵其诚素；器用陶匏，取其易从。然则封禅之礼，简易可也。若夫石函玉牒，非天地之性也。”

这一段议论，从天地山川，谈到封禅。因天地之性易简，所以人间之礼尚质。“封禅之礼，简易可也”。“石函玉牒”等礼节和耗费，不合天地之性。

① 《后汉纪》卷七。

卷十八的史论更是斥责了统治者奢侈浮华的多欲生活，赞扬了上古社会的质朴政治，两者对照，可以看到袁宏的鲜明态度。

卷九的史论通过赞扬嵇康对于音乐的议论，反映了袁宏对无为政治、崇尚简易的赞美："善乎！嵇生之言音声曰：古之王者承天理，必崇简易之数，仰无为之理。君静于上，臣顺于下，大化潜通，天人交泰，群臣安逸，自求多福，默然化道，怀忠抱义，而不觉其所以然也"。

第三，统治者要注意修身养性，清静无为，切勿多欲、自矜。

《后汉纪·卷二十二》袁宏曰："夫人生合天地之道，感于事动，性之用也。故动用万方，参差百品，莫不顺乎道，本乎情性者也。是以为道者清静无为，少思少欲，冲其心而守之，虽爵以万乘，养以天下，不荣也。"

卷十四史论："古之有天下者，非欲制御之也，贵在安静之。故修己无求于物，治内不务于外。自小至大，自近及远，树之有本，枝之有叶。"

就是说，统治者要达到无为而治，最根本的是先修己，自己首先做到清静无为，顺乎道，本乎情。无为观念牢固了，君臣就能够"辨方正位，天下泰然"。

由于在这方面佛教也有类似的观点，故袁宏对佛教有很高的评价："其教以修善慈心为主，不杀生，专务清净。其精者号为沙门。沙门者，汉言息也，盖息意去欲而归于无为也。又以为人死而精神不灭，随复受形，生时所行善恶皆有报应。故所贵行善修道，以炼精神不已，以至无生而得为佛也。……佛身长一丈六尺……能化通万物而大济群生"。①

第四，"无为而治"的政治理想是"君臣穆然，唱和无间"。

前面谈到郭象在讲无为的时候，说过：皇帝、百官以至庶民，各安其事，各尽其能，就能达到"无为而弥尊也"。袁宏也有类似的思想。对于君臣关系、社会机制的运行，袁宏根据道家思想，也有理想的描绘：

《后汉纪·卷二十一》袁宏曰："古之王者辨方正位，各有其事，在朝者必谏，在野者不言，所以明职分，别亲疏也。"

《后汉纪·卷七》袁宏曰："古之明君，必降己虚求以近辅佐之臣，所以寄通群方，和睦天人。古之贤臣，必择木棲集以佐高世之主。主务宣

① 《后汉纪》卷十。

明，不以道胜而不招；臣务对觑，不以时艰而不进。及其相遇，若合符契，功高而尊礼其人，师丧而不咎其败。此三代君臣所以上下休嘉，比德天地。”

对古代明君政治的赞美，正是他“无为而治”政治思想的抒发。

第五，治理国家，主张“化其心”，反对滥用刑法。

在《后汉纪·卷三十》里，袁宏对古时运用刑法治理国家、维护社会秩序颇不赞同，并讲到了“礼教”的优越性，他说：“礼教则不然，明其善恶，所以潜劝其情，消之于未杀也，示以耻辱，所以内愧其心，治之于未伤也。故过微而不至于著，罪薄而不及于刑。终入辜辟者，非教化之所得也。故虽残一物之生，刑一人之体，是除天下之害，夫何伤哉！率斯道也，风化可以渐淳，刑罚可以渐少，其理然也。苟不能化其心，而专任刑罚，民失义方，动陷刑网，求世休和，焉可得哉！”所以，治理国家的根本办法，还是用“礼”，内化其心。

4. 以阴阳为中介的“天人合一”论。《后汉纪·卷十一》袁宏曰：

> 夫物有方，事有类。阳者从阳，阴者从阴，本乎天者亲上，本乎地者亲下，则天地人物各以理应矣。故于其一物，是亏其气，所犯弥众，所以寒暑不调，四时失序，盖由斯也。古之哲王，知治化本于天理，陶和在于物类。故道之德礼，威以刑戮，使赏必当功，罚必有罪，然后天地群生穆然文泰。故斩一木，伤一生，有不得其理，以为治道未尽也，而况百姓之命乎！夫致之也有物，则病之也必深；化之也有由，则禳之也有术。是以炎夏余虐以成水旱之灾也。尧、汤躬抚足免黎民之患。由斯观之，自三代以下，刑罚失中，枉死无辜，几将半。而欲阴阳和调，水旱以时，其可得乎！若能宽以临民，简以役物，罚惧其滥，虽不能万物调畅，同符在昔，免夫甚泰之灾固远矣。

这是袁宏“天人合一”理论的集中论述。在这里，袁宏虽然没有提出“天人合一”的概念，但其思想是非常明确的。“天”是指天、地等自然系统，人则是指人事、社会。就是说，自然系统和人类社会是统一的。“物有方，事有类”，虽然自然和社会非常复杂，但可以将它们划分为阴阳两大类。天、地、人是遵循一定的规律相互联系的，这个“规律”，袁宏称之为“天理”。如果天理遭到破坏，如斩一木，伤一人，就可能导致诸如炎夏余虐、旱涝等灾害。如果宽厚以民，无为尚简，慎刑罚，即使不能达到万物调畅，也不会出现大的灾难。这里的“天”，与董仲舒被神化了的有意志的人格神“天”是不同的，我们看不出它有什么至高无上的意志。

在《后汉纪·卷八》，袁宏谈到了封禅的问题，从他的议论中，我们依然能够看出他的“天人合一”思想。袁宏曰：“夫地天者，万物之官府；山川者，云雨之丘墟。万物之生遂，则官府之功大；云雨施其润，则丘墟之德厚。故化洽天下则功配于天地；泽流一国则德合于山川。是以王者经略必以天地为本，诸侯述职必以山川为主。体而象之，取其陶育；礼而告之，归其宗本”。这就把统治者的治国经略、礼德仁义等与天地山川联系起来。封禅，不过是联结的纽带。

袁宏的“天人合一”理论有其合理性，自然和社会总是有联系的。但这种联系紧密的程度到底有多大，袁宏没有正确的认识。事实上，自然和社会在联系中还有区别：自然有自然规律，社会有社会规律，二者各有相对独立性，把自然的运动与社会的变化混为一谈是荒唐的。袁宏虽然没有完全混为一谈，但他的认识依然是模糊的，所以他不得不借助“封禅”来补充他的理论。可见，袁宏的“天人合一”理论虽然具有唯物的成分，但依然带有神秘的色彩。

5. 以“名教”观点评论历史。袁宏在《后汉纪·序》中，开宗明义地说：“夫史传之兴，所以通古今而笃名教也”。一方面，他强调无为政治，另一方面又强调名教，“尊卑永固而不逾，名教大定而不乱”。[①] 二者相辅相成。他用“古之圣王”的无为政治评论最高统治者，要求他们无为、尚简、顺人心等，同时又对臣的行为得失，严格按照“名教”尺度来评判。这后一方面，他做的是很坚决的，连东汉的开国皇帝光武刘秀也没有原谅，曹操、曹丕就更不用说了。与陈寿写《三国志》的躲躲闪闪的笔法相比，足以说明他维护名教的决心和勇气。

《后汉纪·卷三》写完刘秀即皇帝位，对刘秀有一批评性的议论：先是论证名教出于自然，接着笔锋一转，说刘秀是在更始政权存在的情况下即皇帝位的。虽然当时三王作乱，使更始的地位摇摇欲坠，但作为臣下，应

① 《后汉纪》卷二十六。

该率师勤王，而刘秀的做法恰恰相反，所以袁宏评论道："于斯时也，君以义立。然则更始之起，乘义而动，号令禀乎一人，爵命班乎天下。及定咸阳而临四海，清旧宫而飨宗庙，成为君矣。世祖经略，受节而出，奉辞征伐，臣道足矣。然则三王作乱，勤王之师不至；长安犹存，建武之号已立，虽南面而有天下，以为道未尽也。"

《后汉纪·卷三十》，在写到曹操的谋士荀彧因不赞同曹操谋汉与曹操有矛盾忧惧而死之后，有一评论，他说："夫假人之器，乘人之权，既而以为己有，不以仁义之心，终亦君子所耻也。"这个评论是针对曹操的，可以说是严厉斥责。荀彧作为曹操的重要谋士，为曹操的"不义"事业立下了汗马功劳，当然也不会逃脱袁宏的笔伐，但他对曹操欲废汉自立心存不满，所以也获得袁宏的同情和惋惜："惜哉！虽名盖天下而道不合顺，终以忧卒，不殒不与义。故曰'非智之难，处智之难；非死之难，处死之难'。呜呼！后之君子，默语行藏之际，可不慎哉！"

后来，曹丕代汉称帝，以"禅让"的形式完成，冠冕堂皇，且云效法上古时尧禅让于舜，舜禅让于禹。袁宏写到这里，又发了一个充满激愤的议论："汉自桓、灵，君道陵迟，朝纲虽替，虐不及民。虽宦竖乘间窃弄权柄，然人君威尊未有大去王室，世之忠贤皆有宁本之心。……然则刘氏之德未泯，忠义之徒未尽，何言其亡也？汉苟未亡，则魏不可取。今以不可取之实，而冒揖让之名；因辅弼之功，而当代德之号，欲比德尧、舜，岂不诬哉！"①《后汉纪》的最后一句是："明年，刘备自立为天子"。与上引议论相联系，这句话无异于说：我不承认曹氏政权，我承认的还是刘家的天下。这就把"名教"观念贯彻到《后汉纪》的结尾。

综上所述，我们不难看出，袁宏史论表现的史学思想是相当完整的，已形成自己完整的体系。

袁宏的史学思想受到玄学的影响，是玄学在史学的折光，其最大特点，就是将道家与儒家思想"统一"起来，"道本儒用"。这既是他学术思想的特点，也是他政治思想的基础。他的"天人合一"理论，"名教即自然"的理论都是儒道糅合的产物。在政治思想上，一方面，他以道家思想为本，主张无为政治即以无为本，尚简易、顺人心，另一方面，又坚持以"名教"

① 《后汉纪》卷三十。

的观点维护封建等级制度。“无为政治”与“名教”在他那里是统一的，是其政治思想的两个方面。他的“天人合一”理论，“名教合乎自然”的理论，是对董仲舒的“天人感应”说、“三纲”论更高层次的归复。他的史学思想，与郭象的玄学一样，达到了那个时代的最高水平。

刘知幾史学批评的特点

刘知幾的《史通》，是我国第一部系统的史学理论专著。该书对史学理论的阐发主要是通过史学批评的形式实现的。刘知幾自幼喜欢读史，年十二岁时即读完《左传》；“自汉中兴以降，迄乎皇家实录，年十有七，而窥览略周”；入仕之后，更是恣意博览：“洎年登弱冠，射策登朝，于是思有余闲，获遂本愿。旅游京、洛，颇积岁年，公私借书，恣情披阅。至如一代之史，分为数家，其间杂记小书，又竞为异说，莫不钻研穿凿，尽其利害”。[①] 这样的读书功夫，为他进行史学评论打下了深厚的基础。据统计[②]，在《史通》中，提到的史书修撰者有265人，著作249部，其中先秦、秦汉时期的撰述者约43人，著作约60部；魏晋南北朝时期的史书修撰者约173人，著作约167部；隋唐时期的史书修撰者约有49人，著作约22部。涉及史家和史著之多，在中国史学史上是空前的。本文就刘知幾史学批评的特点作一探讨。

一、仗气直书的批评个性

刘知幾的史学批评继承了王充的批判精神。他在《自叙》和《惑经》中两度表彰了王充，说：“儒者之书，博而寡要，得其糟粕，失其菁华。而流俗鄙夫，贵远贱近，传兹抵牾，自相欺惑，故王充《论衡》生焉。”(《自叙》)“昔王充设论，有《问孔》之篇。虽《论语》群言，多见指摘”，并说明自己是在王充的基础上，对《春秋》予以辨正的，“而《春秋》杂义，曾未发明。是用广彼旧疑，增其新觉。将来学者，幸为详之”。(《惑经》)王充的《论衡》，有《书虚》篇，指出“短书不可信用”。刘知幾的《史通》，则有《疑古》篇，对《尚书》所载，多有疑问，并得出结论：“孟子曰：‘尽信书，不如无书，

① 《史通·自叙》。以下凡引用《史通》，均在文中注篇名。

② 此统计参考了任宝菊硕士学位论文《史通之史学批评新探》(北京师范大学史学研究所，1992年，导师瞿林东)。

《武成》之篇，吾取其二三简。’推此而言，则远古之书，其妄甚矣。”（《疑古》）他与王充的思想是相通的，与王充一样表现了可贵的求实态度。

刘知幾评论前代史家，遵循了他在《史通》中所赞美的“直书”原则，即“仗气直书，不避长御”，“肆情奋笔，无所阿容”，主要表现在以下几个方面。

一是无所畏惧，敢于批评圣贤孔子的“失误”和当朝官修史书。

刘知幾对孔子的批评比较集中地反映在《疑古》《惑经》两篇。《疑古》重点批评《尚书》，《惑经》重点批评《春秋》。主要是批评《尚书》、《春秋》对史实爱憎由己，多方讳饰以及后人对二书的虚美之辞。他勇于怀疑，对圣人的言论也要放在理性的天平上称量。他从孟子、魏文帝、汉景帝说的话中觉察到孔子删定的《尚书》中有“因其美者以美之，虽有其恶，不加毁也”的情况。他说：“观夫子之刊《书》也，隐、闵非命，恶、视不终，而奋笔昌言，云‘鲁无篡弑’；观夫子之删《诗》也，凡诸《国风》，皆有怨刺，在于鲁国，独无其章；观夫子之《论语》也，君娶于吴，是谓同姓，而司败发问，对以‘知礼’。斯验圣人之饰智矜愚，爱憎由己者多矣。”（《疑古》）于是他针对《尚书》，大胆地提出了十项怀疑。有的怀疑还相当具有挑战性，如“是则当咎繇未举，不仁甚多，弥验尧时群小在位者矣。又安得谓之‘克明俊德’，‘比屋可封’者乎？”这就彻底否定了儒家所谓三代是黄金时代的说法，表达了一种崭新的历史观念。

在《惑经》篇，他列举了十二条“未谕”，指责《春秋》道：“国家之事无大小，苟涉嫌疑，动称耻讳，厚诬来世，奚独多乎？”他用“君子以博闻多识为工，良史以实录直书为贵”的标准，批评《春秋》记他国之事，多以他国使者的不实之词为根据，致使“真伪莫分，是非相乱”。“凡所未谕，其类尤多”。而历代学者“以夫子固天攸纵，将圣多能，便谓所著《春秋》，善无不备。而审形者少，随声者多，相与雷同，莫之指实”。进而批评历代学者虚美《春秋》，说他们的共同特点是对孔子盲目崇拜而缺乏独立思考。比如，孔子编撰《春秋》，多采古史旧文，“因其成事，就加雕饰，仍旧而已”。而司马迁却说：“夫子为《春秋》，笔则笔，削则削，子夏之徒不能赞一辞”。刘知幾批评司马迁，说此乃虚美之词。其他被批评的还有左丘明、孟子、班固。这几个人都是得到刘知幾肯定的人，但刘知幾对他们的失误，没有因此而原宥，且考察了出现这种虚美现象的原因：“考兹众美，征其本源，良由达者相承，儒教传授，既欲神其事，故谈过其实。”刘知幾以《论语》中所说的“众善焉，必察之”，和孟子所说的“尧舜不胜其美，桀纣不胜其恶”，推断说“寻世之言《春秋》者，得非睹众善而不察，同尧舜之多美者乎”。这就是说，众人都说好，不一定真好，一定要认真地观察、验证。尧、舜未必是人们所赞美的那样好，桀、纣也未必是人们所诅咒的那样坏①，由此说明，世人对《春秋》的赞美评价，难道不是大家都说好，谁也不去认真地考察，结果就如同尧舜得到了数不尽的赞美一样吗？刘知幾对《尚书》及《春秋》的责难，对虚美《春秋》者的批评，有时还引用被批评者的话，并不因人废言。从刘知幾在《疑古》《惑经》中对《尚书》和《春秋》的质疑，和对历代虚美《春秋》的批评，可以看出，正是不唯圣贤是从而唯以“真实”是从的精神，鼓舞和支持着刘知幾敢于尤圣非哲。

应该说，刘知幾对孔子是非常尊崇的。《惑经》篇一开始，就表达了对孔子的无限景仰，以不能成为孔门弟子亲聆孔子教诲为遗恨：“昔孔宣父以大圣之德，应运而生，生人已来，未之有也。故使三千弟子、七十门人，钻仰不及，请益无倦。……嗟夫！古今世殊，师授路隔，恨不得亲膺洒扫，陪五尺之童；躬奉德音，抚四科之友。而徒以研寻蠹简，穿凿遗文，菁华久谢，糟粕为偶。遂使理有未达，无由质疑。是用握卷踌躇，挥毫悱愤。傥梁木斯坏，魂而有灵，敢效接舆之歌，辄同林放之问”。(《惑经》)刘知幾尊敬孔子却不神化他，认为孔子与普通人一样，也会犯错误的。“尺有所短，寸有所长，其间切磋酬对，颇亦互闻得失。何者？睹仲由之不悦，则矢天厌以自明，答言偃之弦歌，则称戏言以释难。斯则圣人设教，其理含弘，或援誓以表心，或称非以受屈。岂与夫庸儒末学，文过饰非，使夫问者缄辞杜口，怀疑不展，若斯而已哉？”(《惑经》)这是说，孔子本人有时以发誓表明心迹，有时还不怕损害形象而承认自己的错误，与那些文过饰非、不懂装懂的庸儒末学怎么相同呢？刘知幾正是以一种平常心来看待孔子以及经书的，他虽然直率地指出孔子的过失，但这并不妨碍他对孔子的尊敬，这样，在他激烈的批评中又不乏平实和宽容。

---

① 在《疑古》篇，刘知幾就提出这个疑问，他说：“故孔子曰：桀、纣之恶不至是。君子恶居下流。班生亦云：安有据妇人临朝？刘向又曰：世人有弑父害君，桀纣不至是，而天下恶者，皆以桀纣为先。此其自古言辛、癸之罪，将非厚诬者乎？”

刘知幾虽然身处史馆，但对唐初以来史馆所修史书的批评无所忌讳，包括记载不实、史官以权谋私为亲属和权贵立传、曲加粉饰、取材随意、文风浮华等。关于记载不实，他在《杂说中》指出："皇家修五代史，馆中坠稿仍存，皆因彼旧事，定为新史。观其朱墨所图，铅黄所拂，犹有可识者。或以实为虚，以非为是"，以致"玉石同烬，真伪难寻"。《周书》"文而不实，雅而无检，真迹甚寡，客气尤烦"，"遂使周氏一代之史，多非实录者焉"。(《杂说中》)史官以权谋私为亲属和权贵立传以及曲加粉饰的情况则在《曲笔》中进行了揭露："自梁、陈已降，隋、周而往，诸史皆贞观年中群公所撰，近古易悉，情伪可求。至如朝廷贵臣，必父祖有传，考其行事，皆子孙所为，而访彼流俗，询诸故老，事有不同，言多爽实。"(《曲笔》)对取材随意，文风浮华的批评更是把矛头指向御撰的《晋书》："皇朝新撰《晋史》，多采以为书。夫以干、邓之所粪除，王、虞之所糠秕，持为逸史，用补前传，此何异魏朝之撰《皇览》，梁世之修《徧略》，务多为美，聚博为功，虽取说于小人，终见嗤于君子矣。"(《采撰》)"近见皇家所撰《晋史》，其所采亦多是短部小说，省功易阅者，若《语林》《世说》《搜神记》《幽明录》之类是也。如曹、干两氏《纪》，孙、檀二《阳秋》，则皆不之取。故其中所载美事，遗略甚多。"(《杂说上》)"大唐修《晋书》，作者皆当代词人，远弃史、班，近宗徐、庾。夫以饰彼轻薄之句，而编为史籍之文，无异加粉黛于壮夫，服绮纨于高士矣。"(《论赞》)刘知幾能够这样做，与他敢于批评孔子一样，体现了其史学批评的无所畏惧。因为刘知幾的史学批评是针对问题而进行的，并不是对这些史著的全面评论，似乎不够一分为二。但他的批评都是有充分的根据的，对后世产生了深远的影响。如他对《晋书》的批评，就被《旧唐书》《四库全书总目提要》、王鸣盛、钱大昕等所继承和认可。尤其可贵的是，他从这些批评中，提出一些史学编纂原则。唐初史家在摆脱六朝华靡文风方面作了一些努力，但也有另外一种倾向，即依仿古语，追求质朴典雅，如变"脱帽"为"冠冕"，以致史文"伪修混沌，失彼天然，今古以之不纯，真伪由其相乱"。于是他提出"适俗随时"的撰史原则，主张写史要用具有时代特色的文字进行表述，反对写史"怯书今语，勇效昔言"。(《言语》)刘知幾对《晋书》修撰多用词人的尖锐批评，是他的历史文学思想的一个反映。事实上，刘知幾是很重视史书的语言表达的。他引用孔子的话，说"言之不文，行之不远"。(《言语》)"是则文之将史，其流一焉”。(《载文》)“夫观乎人文，以化成天下；观乎国风，以察兴亡。是知文之为用，远矣大矣”。(《载文》)，这些话都表明了他对史书语言的重视。《史通》中的许多篇如《言语》《载文》《因习》《模拟》《叙事》《品藻》《核才》以及《杂说》三篇等都比较多地讲到历史文学问题。但他认为，汉代以后，“文之与史，较然异辙，故以张衡之文，而不闲于史；以陈寿之史，而不习于文”。[①] (《核才》)历史语言必须反映历史的内容，不能以文害史。他反复地引用孔子的话“文胜质则史”，说明史要靠文来表现，但又强调能表达事物的本来面貌的“文”才是“史”。[②] 所以，他批评后来的撰史者“其立言也，或虚加练饰，轻事雕彩；或体兼赋颂，词类俳优。文非文，史非史，譬夫乌孙造室，杂以汉仪，而刻鹄不成，反类于鹜者也”。(《叙事》)因此，他对用文人修史特别不赞成，指出“以元瑜、孔璋之才，而处丘明、子长之任，文之与史，何相乱之甚乎?”(《杂说下》)而唐朝史馆重用文士，以致真正有史才的人遭受排挤，不能发挥作用，严重损害了史书的编撰质量，致使纪传体正史走向僵化，缺少了生机。“其有才德阙如，而位宦通显，史臣载笔，必为立传。其所记也，止具其生前历官，殁后赠谥，若斯而已矣。虽其间伸以状迹，粗陈一二，么麽常事，曾何足观。始自伯起《魏书》，迄乎皇家《五史》，通多此体，流荡忘归，《史》《汉》之风，忽焉不嗣者矣。”(《杂说下》)他不仅直接批评《晋书》修撰是这样，在《核才》篇更明确地说明唐朝史馆存在这一问题的严重性：“但自世重文藻，词宗丽淫，于是沮诵失路，灵均当轴。每西省虚职，东观伫才，凡所拜授，必推文士。遂使握管怀铅，多无铨综之识；连章累牍，罕逢微婉之言。而举俗共以为能，当时莫之敢侮。假令其间有术同彪、峤，才若班、荀，怀独见之明，负不刊之业，而皆取窘于流俗，见嗤于朋党。遂乃哺糟歠醨，俯同妄作，披褐怀玉，无由自陈，此管仲所谓‘用君子而以小人参之，害霸之道’者也”。(《核才》)刘知幾对当朝史学的批评，针砭时弊，体现了他不避时忌的无畏精神。

二是具体评价史书的优劣，褒扬不讳其短，批评不抑其长。

---

① 有人认为，刘知幾举张衡为例不妥，但笔者认为刘知幾这里所说的道理还是成立的。

② 《史通·核才》：“昔尼父有言：‘文胜质则史’，盖史者当时之文也”。

刘知幾批评的史家和史书虽然很多，但他并不刻意褒扬哪个史家，故意贬低哪部史书。他的批评对史家个人并无轩轾，都是围绕着他所论述的问题而展开的。批评只是手段，目的是反思史学，阐述史学理论。在《史通》中，他赞美最多的是《左传》："其言简而要，其事详而博，信圣人之羽翮，而述者之冠冕也"。(《六家》)"言事相兼，烦省合理，故使读者寻绎不倦，览讽忘疲"。(《载言》)"著述罕闻，古今卓绝"。(《杂说上》)并专门作《申左》篇，认为与《公》《谷》二传相比，左氏有"三长"。对《左传》评价之高，可以说是到了极致。但在《惑经》中，仍然批评《左传》虚美《春秋》；在《杂说上》，批评它载录"夫子一时戏言，以为千载笃论。成微婉之深累，玷良直之高范，不其惜乎!"(《杂说上》)刘知幾在《史通》中批评最多的是魏收和他的《魏书》。他批评魏收"曲笔"，趋炎附势，缺失史家应有的道德品质；抨击他以北魏为正统，摈斥南朝及其他少数民族政权。多次把"妄饰""粉饰""厚颜"用在魏收身上，并说"收之矫妄，其可尽言乎!"(《探赜》)但刘知幾对《魏书》的"长处"也不讳言，如在《书志》篇，对魏收作的"天象志"给予了肯定，说他"凡所记录，多合事宜。寸有所长，贤于班、马远矣"。在《编次》篇，承认魏收遵循范晔改革的纪传体体例的做法，使本纪、列传、志安排得当，对此后"不依范例，重遵班法"表示担忧，说："盖择善而行，何有远近；闻义不徙，是吾忧也"。(《编次》)这说明，在他看来，该批评的就批评，该表彰的就表彰，惟善是从。此处提出的"择善"，很能体现他进行史学批评所坚持的原则。

有的观点认为刘知幾对《史记》《汉书》的评论是"扬班抑马"①，或"诃马迁而没其长"。② 这大概是因为《六家》《论赞》等篇批评了司马迁而褒扬了班固的缘故。此外，刘知幾在行文中也常常是"班马"而非"马班"，这样，就给人一种印象，似乎刘知幾有意抬高班固，故意贬低司马迁。但贯通起来看并非如此，刘知幾对司马迁的评论还是很高的，并不低于班固，说他"扬班抑马"没有充分的根据。如《二体》篇云："既而丘明传《春秋》，子长著《史记》，载笔之体于斯备矣。……盖荀悦、张璠，丘明之党也。班固、

① 郑樵《通志·总序》："刘知幾之徒尊班而抑马"。许凌云先生也这样主张，见其著《刘知幾评传》，204页，南京，南京大学出版社，1994。

② 郭延年：《史通评释序》。

华峤，子长之流也。”充分肯定了司马迁对纪传体体裁的创立之功，班固的《汉书》只是对《史记》体裁的继承。他把司马迁与左丘明并提，说：“盖左丘明、司马迁，君子之史也”。(《杂说下》)把司马迁与左丘明作为“编次勒成，郁为不朽”的一类史家。(《辨职》)“古之国史，皆出于一家，如鲁、汉之丘明、子长，晋、齐之董狐、南史，咸能立言不朽，藏诸名山”。(《忤时》)左丘明是他最推崇的史家，像这样把司马迁与左丘明相提并论，怎么会有贬低司马迁之意？在《二体》篇里，他还驳斥了干宝“盛赞丘明而深抑子长”的错误；在《鉴识》篇里指出了王充“甲班而乙马”和张辅“劣固而优迁”的两种不正确倾向。刘知幾虽多次批评司马迁，但他批评班固的时候更多，除散见于各篇者外，且有《汉书五行志错误》，专论其谬，而且在《曲笔》篇里更据班固受金而始书的传闻，而责备他“假人之美，藉为私惠”，以至痛斥为“记言之奸贼，载笔之凶人”。在《六家》篇中，刘知幾表彰班固，批评司马迁，主要是针对通史体和断代体而作的评论，不宜看作《史记》《汉书》之比较。他认为通史体疆域辽阔，年月遐长，“劳而无功，述者所宜深诫”；而断代体“学者寻讨，易为其功”。对刘知幾这里所作的批评，浦起龙的解释比较准确，他说“此章乃是著述家深识利病之言。……盖为《通史》《科录》芜编纷出，滥觞实由司马，故重诫之。其别家于班，正复为此。评者不察，认是诋諆迁《史》，误矣”。[①] 至于在《论赞》中，刘知幾对《史记》《汉书》论赞的评论：“必寻其得失，考其异同，子长淡泊无味，承祚懦缓不切，贤才间出，隔世同科。孟坚辞惟温雅，理多惬当。其尤美者，有典诰之风，翩翩奕奕，良可咏也。”(《论赞》)这里面恐怕有刘知幾认识上的偏见，说班固“辞惟温雅”“有典诰之风”不算誉美，但说子长“淡泊无味”，恐非事实。刘知幾作出这样的评判，也只是一个认识问题，不能说明其故意抬高班固，贬低司马迁。

在刘知幾以前，一般人对于宋孝王的《关东风俗传》与王劭的《齐志》是不重视的，唐朝史官在《隋书·王劭传》中还对王劭进行了贬低。但刘知幾却不管这些，[②] 对宋孝王和王劭给予比较高的评价。如称他们“抗词正笔，务存直道。”(《言语》)“叙述当时，亦务在审实。案于时河朔王公，箕裘未

① 《史通通释·六家》浦起龙按。

② 刘知幾对《隋书》贬低王劭是非常清楚的，在《杂说中》还提到了这一点。

陨；邺城将相，薪构仍存。而二子书其所讳，曾无惮色。刚亦不吐，其斯人欤！”(《直书》)刘知幾不但从史家的品德上肯定他们，而且在写作上也予以称赞。如说“王劭国史，至于论战争，述纷扰，贾其余勇，弥见所长。”(《杂说中》)至于有人问“王劭《齐志》，多记当时鄙言，为是乎？为非乎？”他从史书也应反映历史上语言、风土变化的角度，肯定了王劭的做法，说“阅诸《齐志》，则了然可知。由斯而言，劭之所录，其为弘益多矣。足以开后进之蒙蔽，广来者之耳目。微君懋，吾几面墙于近事矣。”(《杂说中》)于是有人就说刘知幾感情用事，袒护宋、王，讥以“爱王劭而忘其佞”。①事实上，刘知幾对宋、王的缺点并不掩盖，如他说：“宋孝王、王劭之徒，其所记也，喜论人帏薄不修，言貌鄙事，讦以为直，吾无取焉。”(《杂说下》)“唯王劭撰《齐》《隋》二史，其所取也，文皆谙实，理多可信。至于悠悠饰词，皆不之取。此实得去邪从正之理，捐华摭实之义也”。(《载文》)批评他们所撰的子注失之“鄙碎”：“王、宋之鄙碎，言殊拣金，事比鸡肋”。(《补注》)可见，刘氏对宋孝王和王劭，既有表扬又有批评。但无论表扬还是批评，刘知幾都是从事实出发，就事论事，并不是故意进行片面的褒贬。以上所举，都是比较典型的情况，他对其他史书的评论，都是遵循了这样的原则。

三是具有探求史书编撰者本意的自觉意识。

《史通》中的《鉴识》《探赜》篇，是专讲史学批评的。《鉴识》指出，评价历代史书具备识见非常重要。说：“物有恒准，而鉴无定识，欲求铨核得中，其唯千载一遇乎！”识见关系到一部有价值的著作能否被发现和流传，“适使时无识宝，世缺知音，若《论衡》之未遇伯喈，《太玄》之不逢平子，逝将烟烬火灭，泥沈雨绝，安有殁而不朽，扬名于后世者乎？”因此，学者要探赜索隐，“苟不能探赜索隐，致远钩深，乌足以辩其利害，明其善恶？”(《鉴识》)《探赜》篇则认为，要正确地评价一部史书，必须深入探求编撰者的本意。“夫前哲所作，后来是观，苟失其指归，则难以传授”。刘知幾对史学批评有这样的认识，反映了他开展史学批评的高度自觉。

刘知幾对直书和曲笔表现得爱憎分明，但他也揭示了历代出现曲笔的社会政治原因，对史家不能直书的困难表示了同情，对魏晋史家把韦昺、

① 郭延年：《史通评释序》。

耿纪、文钦、诸葛诞称为“贼”予以谅解和宽容，说这是“迫于当世，难以直言”。(《因习》)颇有知人论世的态度。

刘知幾还提出“兼善”“至公”“忘私”。他说：“夫自古之学者，谈称多矣。精于公羊者尤憎左氏，习于太史者偏嫉孟坚。夫能以彼所长而攻此所短，持此之是，而述彼之非，兼善者鲜矣。”(《杂说下》)“苟徇私忿，忘夫至公。自非坦怀爱憎，无以定其得失”。(《称谓》)“虽内举不避，而情有所偏者焉。夫以宣尼睿哲，子云参圣，在于著述，不能忘私，则自《中庸》以降，抑可知矣。如谢承《汉书》，偏党吴、越，魏收《代史》，盛夸胡塞，复焉足怪哉?”(《杂说下》)所谓兼善，就是不拘泥一家之成见，兼取各家之善。所谓至公、忘私，则是不蔽于个人情感，心存公正。刘知幾用这三点要求别人，自然也会用它们要求自己。从他对众多史家和史著的批评看，他有这样的自律意识。

二、喜谈名理的批评倾向

刘知幾少时以文学知名，入仕之后以史学为业，耻于做一文士，且反对以文学之士撰修国史。他自幼善于独立思考和理性探讨，如他在《自叙》中所言：“自小观书，喜谈名理。”《史通》中，“理”字是出现次数较多的一个字，据粗略统计，有120处左右。

刘知幾的“理”，有几个方面的意义。一是儒家的义理。如“圣人设教，其理含弘”。“而徒以研寻蠹简，穿凿遗文，菁华久谢，糟粕为偶。遂使理有未达，无由质疑。”(《惑经》)夫《五经》立言，千载犹仰，而求其前后，理甚相乖。(《疑古》)“考核虽说，义理非精”。(《汉书五行志错误》)二是指公认的道理，包括人情之理、事物之理、必然之理等。如“求诸人事，理必不然。天高听卑，岂其若是也”。(《五行志杂驳》)“又以女子一身，而作嫔三代，求诸人事，理必不然”。(《杂说下》)三指事物的法则，包括编纂史书的法则，如“叙事乖理”，(《汉书五行志错误》)“书事之法，其理宜明”。(《惑经》)“又案《春秋》之文，虽有成例，或事同书异，理殊画一”。(《惑经》)四是与言、文、辞相对应，具有内容、本质、精义的意思。“今取其正经雅言，理有难晓，诸子异说，义或可凭”。(《疑古》)“理甚迂僻，言多鄙野，比诸《左氏》，不可同年”。(《申左》)“刘峻注释，摘其瑕疵，伪迹昭然，理难文饰”。(《杂说中》)“庶寻文究理，颇相附会”。(《杂说下》)五指情势、情况。如“若以彼三长，校兹五短，胜负之理，断然可知”。(《申左》)“其叙事也，唯记一途，直论一理。而矛盾自显，表里相乖”。(《暗惑》)这些意义，虽有一定的差别，但又有相通之处。与“文”相对的理，有时也指儒家所讲的义理。

刘知幾对《尚书》《春秋》的批评是以“理”为根据的。他说：“夫解难者以理为本，如理有所阙，欲令有识心伏，不亦难乎?”(《申左》)《春秋》中的“苟涉嫌疑，动称耻讳”，之所以受到他的批评，是因为这样做违背了孔子撰《春秋》的“惩恶劝善”之理。有时他把“理”作为逻辑大前提，揭示经书之“理乖”：“夫《五经》立言，千载犹仰，而求其前后，理甚相乖。何者？称周之盛也，则云三分有二，商纣为独夫；语殷之败也，又云纣有臣亿万人，其亡流血漂杵。斯则是非无准，向背不同者焉”。(《疑古》)

刘知幾对很多历史记载的否定是依据“理”而作出的，认为不合乎“理”。这个“理”就是指人都承认的所谓“公理”，即符合逻辑的“理”，包括人情之理，事物之理。如他批评《公羊传》“非唯与《左氏》有乖，亦于物理全爽者矣。”(《杂说上》)批评《汉书·五行志》“求诸人事，理必不然。天高听卑，岂其若是也”。(《五行志杂驳》)“案本《经》书文四年，楚人灭江。今云晋灭，其说无取。且江居南裔，与楚为邻；晋处北方，去江殊远。称晋所灭，其理难通”。“求诸地理，不其爽欤?”(《五行志杂驳》)由于史家忽视这种“理”性判断，盲目相信书上的记载，以致人云亦云，真伪莫分。在《暗惑》开篇，他就指出这种现象，说：“夫人识有不烛，神有不明，则真伪莫分，邪正靡别。昔人有以发绕炙，误其国君者；有置毒于胙，诬其太子者。夫发经炎炭，必致焚灼；毒味经时，无复杀害。而行之者伪成其事，受之者信以为然。故使见咎一时，取怨千载。夫史传叙事，亦多如此。其有道理难凭，欺诬可见。如古来学者，莫觉其非，盖往往有焉”。(《暗惑》)他列举了十二个事项，除了王祥做徐州别驾一事在时间上理解有误外，对其他事例的分析和驳难，都有道理。如舜从井中穿孔而出；优孟扮成孙叔敖而使楚庄王不辨真假；田成子以大斗出小斗进的方式，使人心向着他；有若扮成孔子而受拜等等，不是夸张就是虚构。内容虽然引人入胜，但不合常理，违背了生活的真实和历史的真实。

刘知幾运用形式逻辑，从是否符合“理”来辨别真伪，评判是非，富有理性精神。但他还认为儒家的义理也是公认的道理，这就使他对是非的评判不能不以儒家义理为依据，于是，他的理性精神又为尊崇儒家的义理所禁锢，不能走向坚决彻底。

刘知幾在进行史学评论的同时，还涉及了历史评论。探讨历史盛衰，他主张从人事之理的角度进行总结。他说："夫论成败者，固当以人事为主，必推命而言，则其理悖矣"。也就是说，从命的角度来论成败，与理不符。国家的兴旺看似有其定数，其实真正起作用的还是人的品德和才能。"向若四君德不半古，才不逮人，终能坐登大宝，自致宸极矣乎？必如史公之议也，则亦当以其命有必至，理无可辞，不复嗟其智能，颂其神武者矣"。(《杂说上》)他因此批评那些用推命来论兴亡的史家没有尽到"褒贬""垂诫"的职责："夫推命而论兴灭，委运而忘褒贬，以之垂诫，不其惑乎？自兹以后，作者著述，往往而然。如鱼豢《魏略议》，虞世南《帝王论》，或叙辽东公孙之败，或述江左陈氏之亡，其理并以命而言，可谓与子长同病者也"。(《杂说上》)

对古代和近世史书烦省的问题，他能从"势"的高度予以说明，显示出他的理智态度和认识问题的思路之开阔。他说："余以为近史芜累，诚则有诸，亦犹古今之不同，势使之然也。"(《烦省》)古代对史事的记载缺略很多，不如近世详备。但自古论史书烦省的人，"咸以左氏为得，史公为次，孟坚为非"，(《烦省》)他们哪里知道，《左传》的简约是由过去史料不详造成的："是知国阻隔者，记载不详，年浅近者，撰录多备。此丘明随闻见而成传，何有故为简约者哉！"(《烦省》)刘知幾主张撰写史书要简要，反对冗字浮词，如他说的："夫国史之美者，以叙事为工，而叙事之工者，以简要为主。""文约而事丰，此述作之尤美者也。"(《叙事》)但他也反对刻意求简，认为史书的烦省，不能以字数多少、篇幅大小来衡量："夫论史之烦省者，但当要其事有妄载，苦于榛芜；言有阙书，伤于简略，斯则可矣。必量世事之厚薄，限篇第以多少，理则不然"。(《烦省》)"夫记事之体，欲简而且详，疏而不漏。若烦则尽取，省则多捐，此乃忘折中之宜，失均平之理"。(《书事》)从这里所说的"理则不然""均平之理"可以看出，他对史书烦省问题的认识，提到了理论的层面上。刘知幾从"理"的角度论述史学，即使是圣人的言论，也要用"理"的标尺来衡量。他强调"研核"的重要性："而修晋、汉史者，皆征彼虚誉，定为实录。苟不别加研核，何以详其是非?"(《采撰》)他对班固不辨"诡妄"与否，将一些难以置信的现象编入志中提出批评，说："如斯诡妄，不可殚论。而班固就加纂次，曾靡铨择，因以五行编而为志，不亦惑乎?"(《书志》)进而他得出结论："语曰：信书不如无书。盖为此也。夫书彼竹帛，事非容易，凡为国史，可不慎诸!"(《暗惑》)这样，他就把"理"与他主张直书、实录紧密地联系在了一起，增强了史学批评的理论色彩。

在先秦文献中，"理"就有道理、法则之义。如《周易·系辞》："易简而天下之理得矣"。《礼记·仲尼燕居》："礼也者，理也。"《疏》："理，谓道理，言理者使万物合于道理也。"①司马迁在《报任少卿书》说自己撰写史书，意在"稽其成败兴坏之理"。但司马迁用"理"的时候不多，一般用"道"代替之。魏晋时期，玄学产生，"理"的使用开始多起来，这在袁宏的史论中有一些表现，其意义一般是指法则，如"自然之理"，② "立法所以成治，而民氓悦其理。是以有法有理，以通乎乐治之心，而顺人物之情者"。③ 但仍没有像刘知幾这样频繁使用它。宋代以后，理学兴起，人们大谈天理。刘知幾"喜谈名理"，应该说是以后理学兴起的先兆。

三、辨正史义的批评旨趣

章学诚在谈到自己的学术旨趣时，与刘知幾作了一个比较，说："吾于史学，盖有天授。自信发凡起例，多为后世开山。而人乃拟吾于刘知幾，不知刘言史法，吾言史意；刘议馆局纂修，吾议一家著述。截然两途，不相入也。"④这里章学诚对刘知幾史学批评宗旨的评论不够准确。刘知幾在《史通》中固然非常重视讲史法，但其核心则是史"义"。

刘知幾在《自叙》中概述了他撰著《史通》的旨趣。他说："若《史通》之为书也，盖伤当时载笔之士，其义不纯。思欲辨其指归，殚其体统。夫其书虽以史为主，而余波所及，上穷王道，下掞人伦，总括万殊，包吞千

① 《十三经注疏》，1614页，上海，上海古籍出版社，1997。

② 《后汉纪》卷二十六，"袁宏曰"。

③ 《后汉纪》卷六，"袁宏曰"。

④ 章学诚：《家书二》，见《章学诚遗书》卷九，92页，北京，文物出版社，1985。

有。……夫其为义也，有与夺焉，有褒贬焉，有鉴诫焉，有讽刺焉。其为贯穿者深矣，其为网罗者密矣，其所商略者远矣，其所发明者多矣”。(《自叙》)载笔之士，系指史家。“其义不纯”之“义”就是说的为史之“义”，即今日的史义。“指归”是著史之宗旨，“体统”是撰史之体裁、体例。① 史义、指归、体统是紧密相连的：史义通过“指归”来体现，“指归”则由“体统”来反映。“辨其指归，殚其体统”的目的就是为了解决史义不纯的问题。

《史通》以《六家》开篇，考辨史学源流，然后归之“二体”，分析二体之优劣，论述组成纪传体之各部分，评论史学编纂的各种技术问题，均意在为史学设例、立法。他说：“夫史之有例，犹国之有法。国无法，则上下靡定，史无例，则是非莫准。”(《序例》)“苟书而不法，则何以示后?”(《书事》)而他设例、立法的标准就是被视为经书的《尚书》《春秋》。他说：“昔《尚书》记言，《春秋》记事，以日月为远近，年世为前后，用使阅之者雁行鱼贯，皎然可寻。”(《编次》)“夫《尚书》者，七经之冠冕，百氏之襟袖。凡学者必先精此书，次览群籍。”(《断限》)“昔尼父裁经，义在褒贬，明如日月，持用不刊。”(《浮词》)他认为《尚书》《春秋》“意指深奥，诰训成义，微显阐幽，婉而成章，虽殊途异辙，亦各有差焉，谅以师范亿载，规模万古，为述者之冠冕，实后来之龟镜”。(《叙事》)后世史书，自《史记》《汉书》以下，越来越偏离《尚书》《春秋》之义，“积习忘返，流宕不归”。(《书事》)因此，无论是对史书体例的批评，还是对史料采择、史学语言的论述，他都以《尚书》《春秋》为典范，以能否表述史义为依归。

《史通》的史学批评，有两个层面，一是编纂技术层面，一是史义层面。而对编纂技术层面的批评是为史义层面的批评服务的，受史义层面批评的制约和指导。

刘知幾论述纪传体中的“本纪”“世家”“列传”，看起来是一个编纂技术问题，但更是能否表达史义的问题。他认为本纪“书君上以显国统。”“纪者，既以编年为主，唯叙天子一人。”项羽僭盗而死，未得成君，在世时，

① 在《叙事》篇刘知幾又提到“体统”：“观子长之叙事也，自周已往，言所不该，其文阔略，无复体统”。《忤时》篇则同时论及“体统”、“指归”：“古者刊定一史，纂成一家，体统各殊，指归咸别。夫《尚书》之教也，以疏通知远为主；《春秋》之义也，以惩恶劝善为先”。

也不过是一诸侯，“诸侯而称本纪，求名责实，再三乖谬”。(《本纪》)“世家之为义也，岂不以开国承家，世代相续？至如陈胜起自群盗，称王六月而死，子孙不嗣，社稷靡闻，无世可传，无家可宅，而以世家为称，岂当然乎？”(《世家》)刘知幾的这些批评，反映了他受名教的影响，同时也体现了他把史义作为史学评论核心的特点。

再如史料的采择是一个技术问题，但在刘知幾关于史料的论述中，史料与史义的关系也很密切。刘知幾论述史料，强调要“博采”，但对选取史料之“择善”更加重视，所以他反对史家忽视史书的职责，把无关紧要的事情写入史书的做法：“百家诸子，私存撰录，寸有所长，实广闻见。其失之者，则有苟出异端，虚益新事。”“其事非圣，扬雄所不观；其言乱神，宣尼所不语。……务多为美，聚博为功，虽取说于小人，终见嗤于君子矣。”(《采撰》)“夫载言示后者，贵于辞理可观。既以无益而书，孰若遗而不载。”(《杂说中》)“至若愚智毕载，妍媸靡择，此则燕石妄珍，齐竽混吹者矣。夫名刊史册，自古攸难；事列《春秋》，哲人所重。笔削之士，其慎之哉！”(《人物》)他还把资料选择与史识直接联系起来，表彰范晔，而批评为《后汉书》作注的刘昭：“窃惟范晔之删《后汉》也，简而且周，疏而不漏，盖云备矣。而刘昭采其所捐，以为补注，言尽非要，事皆不急。譬夫人有吐果之核，弃药之滓，而愚者乃重加捃拾，洁以登荐，持此为工，多见其无识也”。(《补注》)从刘知幾对“择善”的这些论述可以看出，他对“史义”“史识”更加重视。

那么，刘知幾的史义的内涵是什么？从他对“义”的运用可见一斑：“是则无辜者反加以罪，有罪者得隐其辜。求诸劝戒，其义安在？”(《惑经》)“惩恶劝善，其义安归？”(《称谓》)这说明，史义的基本内涵是劝诫，是惩恶劝善。刘知幾对史书的深层批评主要是从史学功用和价值方面进行。他对史学功用和价值的认识与他对史义的看法是一致的。他认为，史学的功用和价值在于惩恶劝善。史家和史书是否发挥了史学的功用，表达了史义，是判断其高下的根本所在。《史通》中有很多这方面的论述：“况史之为务，申以劝诫，树之风声。其有贼臣逆子，淫君乱主，苟直书其事，不掩其瑕，则秽迹彰于一朝，恶名被于千载。言之若是，吁可畏乎！”(《直书》)“盖史之为用也，记功司过，彰善瘅恶，得失一朝，荣辱千载。苟违斯法，岂曰能官。”(《曲笔》)“亦有厥类众夥，宜为流别，而不能定其同科，申其异品，用使兰艾相杂，朱紫不分，是谁之过欤？盖史官之责也”。(《品藻》)“……史官之责也。夫能申藻镜，别流品，使小人君子臭味得朋，上智中庸等差有叙，则惩恶劝善，永肃将来，激浊扬清，郁为不朽者矣”。(《品藻》)“夫人之生也，有贤不肖焉。若乃其恶可以诫世，其善可以示后，而死之日名无得而闻焉，是谁之过欤？盖史官之责也”。(《人物》)“若乃《春秋》成而逆子惧，南史至而贼臣书。其记事载言也则如彼，其劝善惩恶也又如此。由斯而言，则史之为用，其利甚博，乃生人之急务，为国家之要道。有国有家者，其可缺之哉！”(《史官建置》)

刘知幾对史学功用的上述认识，是很精辟的，其语言表达亦很经典，千百年来，为人们所引用和传诵。但他把史学的功用限定在“惩恶劝善”等劝诫方面，无论语言如何精彩，都不能掩盖其思想内涵的贫乏。他在这方面的认识甚至比不上在他之前的刘勰丰富。他的史学批评有时之所以显得比较呆板，缺少变通，与他的史义观以及把史义作为史学评论的核心都是分不开的。刘知幾史学批评所要解决的核心问题是史义，辨其体统的目的，在于使史义归于“纯正”。

四、余论：史义与刘知幾史学批评的二重标准

刘知幾强调实录、直书，反对曲笔的态度是鲜明的。但另一方面，他又坚定地维护“名教”。他主张，对于那些“贼臣逆子，淫君乱主”，要“直书其事，不掩其瑕”，使其“秽迹彰于一朝，恶名被于千载”。(《直书》)但他对有些史书将汉代以来破家殉国、视死犹生的忠臣义士“书之曰逆”极其不满，责问说：“将何以激扬名教，以劝事君者乎！”(《曲笔》)因此，他把史书是否有益名教作为一条重要的批评标准。

在刘知幾看来，实录直书与激扬名教是一致的。只有不虚美、不隐恶，才能达到惩恶劝善的目的，才能实现激扬名教的目标。然而事实上，据事直书与名教还有冲突的情况，在这种情况下，是实录直书呢，还是以名教为重，隐讳事实呢？刘知幾选择了后者。他说：“肇有人伦，是称家国。父父、子子、君君、臣臣，亲疏既辨，等差有别。盖‘子为父隐，直在其中’，《论语》之顺也；略外别内，掩恶扬善，《春秋》之义也。自兹已降，率由旧章。史氏有事涉君亲，必言多隐讳，虽直道不足，而名教存

焉”。(《曲笔》)《史通》外篇对《尚书》《春秋》以及其他史书的批评是大胆的、尖锐的，并提出史官写史要像明镜照物、虚空传响一样，倡言“良史以实录直书为贵”。(《惑经》)但即使如此，刘知幾仍然坚守着名教：“夫臣子所书，君父是党，虽事乖正直，而理合名教”。(《惑经》)他因此批评司马相如、王充在自序或自纪中自曝家丑，虽所记不虚，但有违名教：“然自叙之为义也，苟能隐己之短，称其所长，斯言不谬，即为实录。而相如自序，乃记其客游临邛，窃妻卓氏，以《春秋》所讳，持为美谈。虽事或非虚，而理无可取。载之于传，不其愧乎！又王充《论衡》之《自纪》也，述其父祖不肖，为州闾所鄙，而己答以瞽顽舜神，鲧恶禹圣。夫自叙而言家世，固当以扬名显亲为主，苟无其人，阙之可也。至若盛矜于己，而厚辱其先，此何异证父攘羊，学子名母？必责以名教，实三千之罪人也。”(《序传》)可见，刘知幾所倡导的直书、实录有一个前提，即尊崇名教。如果违背名教，即使是从实而书，也不值得提倡。如果符合名教，即使没有完全据实而书，也是实录。这看起来是矛盾的，其实在刘知幾的思想体系里，二者是统一的。他的实录是从善、恶的意义上说的：“善恶必书，斯为实录”。(《惑经》)而判断善恶，必然以是否符合名教为依据。另一方面，要维护名教，又不能不依靠实录。《春秋》“多为贤者讳。狄实灭卫，因桓耻而不书；河阳召王，成文美而称狩。……苟书法其如是也，岂不使为人君者，靡惮宪章。虽玷白圭，无惭良史也乎？”(《惑经》)《春秋》多为贤者讳，掩盖了事实，同样影响惩恶劝善的效果，也是必须批评的。由此可见，实录、直书与激扬名教，是相互对立而又相辅相成的，是对立统一的两个方面，它们统一于刘知幾的史义之中。离开了他的史义，就不能真正理解他的实录和直书，就解释不清他既主张实录又维护名教的自相矛盾。

实学思潮与明清之际的史学

从明朝万历中期至清朝康熙中期，历史上一般称作明清之际。这是中国历史上“天崩地解”的大动荡时代。这一时期，中国封建社会内部的结构在发生深刻的变化，并出现了皇朝的变更。在学术上，学者们立场鲜明地举起经世致用的旗帜，力反明末的空疏学风，在求真和致用方面达到了高度统一。这一阶段的历史学以成就突出、思想活跃、大师云集而成为中国史学史上最光彩灿烂的华章之一。

一、实学思潮的兴起

明末清初经世致用的史学宗旨与实学思潮的兴起有密切的关系，可以说它是实学思潮在史学的具体表现。“实学”一词出现很早，至少在南宋郑樵的著作中就出现了。郑氏在《通志·图谱略》对“义理之学”和“辞章之学”都提出了批评，认为“二者殊途而同归，是皆从事于语言之末而非为实学也”。在《昆虫草木略》序中，又云：“学者操穷理尽性之说，以虚无为宗，实学置而不问”。但作为一个思潮，实学思潮则形成于明末清初。

第一，实学思潮是空疏学风的反动。明朝，陆王心学占据主导地位。王学走向极端即流于空谈性理，理学禅学化。“束书不观，游谈无根”是他们治学的鲜明写照。物极必反，一种学风在其初期往往具有它的合理性和生命力，但发展到极致，必然弊端丛生。王学发展到后来，就是如此，所以它日益引起一部分有社会责任感的学者的不满。明代万历中期以后，以顾宪成、高攀龙等人为代表的东林党，既是一个政治团体，也有学术团体的特点，在知识界颇具影响。东林党人“不贵空谈，而贵实行”，主张革新朝政，以济世救民。此后在江浙一带又产生复社，且向其他省份发展。复社成员“接武东林”，关心政治，致力于学风、文风的改良，匡正王学末流。

第二，实学思潮是明朝社会危机的社会现实在思想文化界的反映。明朝中后期，社会危机加深，学者在治学的同时，对社会表现了沉重的忧虑。著名史学家无论是否受到王学之影响，均有博通经史、通今达变的学术倾向，如郑晓、王世贞、李贽、焦竑等人，都是如此。他们学识渊博，提出“六经皆史”，重视史学的经世功能，对明末学术多有影响。茅元仪的《武备志》、陈子龙等人编辑的《皇明经世文编》、陈仁锡的《皇明世法录》、王圻的《续文献通考》等著作都是这种学术旨趣的继承和发展。

第三，明朝最后三四十年，“西学东渐”，西方文明对中国传统文化产生了影响，开始了中西文化的交流与融合，对实学思潮的发展起到一定的促进作用。如利玛窦、汤若望、艾雅略等西方传教士与中国学者李之藻、徐光启等联系密切，相互学习。他们在宣讲耶稣教的同时，也传播了西方的科学技术。他们不务空谈，讲求实际，主张要“实心、实行、实学”。西方科学知识和务实学风，赢得中国一些高层知识分子的信任和推崇，丰富了实学的内涵。

第四，明朝的灭亡，更刺激了明朝遗民士大夫“黜虚崇实”的学术取向。他们认为，王学和空疏学风是导致明朝灭亡的主要原因，于是坚决地与专用心于内、尚虚的王学决裂，使实学思潮发展到鼎盛的阶段。如顾炎武说：“以一人而易天下，其流风至于百有余年之久者，古有之矣。王夷甫之清谈，王介甫之新说；其在于今，则王伯安之良知是也。”①“刘、石乱华，本于清谈之流祸，人人知之。孰知今日之清谈，有甚于前代者。昔之清谈，谈老、庄，今之清谈，谈孔、孟，未得其精，而已遗其粗，未究其本，而先辞其末，不习六艺之文，不考百王之典，不综当代之务，举夫子论学、论政之大端一切不问，而曰一贯，曰无言，以明心见性之空言，代修己治人之实学，股肱惰而万事荒，爪牙亡而四国乱，神州荡覆，宗社丘墟。”②顾炎武对明末空疏学风批评得最严厉，他的著作出现“实学”的次数也比较多，而且由于他身体力行地实践他所倡导的学风，所以其学术影响亦更加深远。

“实”与“虚”是相对而言的。“虚”含有唯心的意味，“实”则含有唯物的意蕴。“实”主要指实事、实物、实象、实证、实行、实践以及实事求是的学问态度。黜虚崇实可以说是明清之交的学术主流，当时最具学术话语

① 《日知录》卷十八，《朱子晚年定论》。

② 《日知录》卷七，《夫子之言性与天道》。

权。对于实学，各家有所侧重，有修养履践之实学，有国计民生之实学，有通经致用之实学，有博通古今、明体达用之实学，有研究各种切用于世如农田、水利、河渠、盐政、赋税、漕运、边防等之实学，也有资测之学(自然科学)的实学。这些实学可分为三个层次，一是哲学层面的，即以经学济理学之穷、通经致用的实学；二是史学、政论、文学等层面的，学以经世的目的也非常明确；三是有关经济、地理、边防以及科技等方面的具体学问。此三个层面相互联系，具有共同的特点，那就是倡导做学问要有益于社会，“文须有益于天下”。明清之际的中国史学，是实学思潮下的史学，是实学的组成部分。

二、社会批判与历史盛衰论

明清之交和清朝建立初期，实学思潮发展到新的阶段。在抗清失败之后，一些学问博洽之士痛定思痛，从经学、史学以及自身的亲身经历中探讨明朝灭亡的原因，进而研究社会历史盛衰之理。当时出现了一批经史兼通的学术大师，其中以在清末被称作“三大思想家”的顾炎武、黄宗羲、王夫之最有代表性。他们所作出的社会批判和关于历史盛衰的观点，反映了时代的要求，最能体现那个时代历史学的精神。史学的求真与致用，在他们的著作中充分展示出来。

首先，他们都能够从哲理上论述历史的盛衰变化，指出社会历史变革的必然性，主张要顺应历史发展的趋势而进行变革。如顾炎武《日知录》卷一《巳日》：“《革》：巳日乃孚，《六二》巳日乃革之，朱子发读为戊己之己。天地之化，过中则变，日中则昃，月盈则食。故《易》之所贵者中，十干则戊己为中，至于己则过中而将变之时矣。故受之以庚。庚者，更也。天下之事，过中而将变之时，然后革而人信之矣”。就是说，任何事物都是变化的，在“将变之时”主动变革，则“人信之矣”，就能够赢得人心，取得信任。《通乎昼夜之道而知》云：“通乎昼夜之道而知，则终日乾乾，与时偕行，而有以尽乎《易》之用矣”。① 就是说，变化是一种自然属性，就像白天黑夜交替一样。人只有掌握变化的规律才能获得智慧。奋发努力而又与时

① 《日知录》卷一。

俱进，按照事物变化的规律办事，才是遵循了《易》的原则。顾炎武在指出变的同时，还强调了“时”。《艮其限》提出“物来而顺应”，[①] 反对执一不化；《垂衣裳而天下治》提出“通变宜民之论”。[②]《与友人论易书二》说：“物之不齐，物之情也。六十四卦岂得一一齐同。《易》不可为典要，唯变所适”。[③]即根据具体情况进行变通，具体情况具体分析，不可把《易》作为教条。黄宗羲对《周易》深有研究，著有《易学象数论》。他也训解了《革》卦，说：“器敝改铸之之为革。天下亦大器也，礼乐制度，人心风俗，一切变衰，圣人起而革之，使就我范围以成器。后世以力取天下，仍袭亡国之政，恶乎革?”[④]他非常注重从变化的角度认识历史上的得失存亡，说：“消长得失，治乱存亡，生乎天下之动，极乎天下之变”。[⑤] 王夫之关于《周易》的研究著作有《周易内传》《周易内传发例》《周易外传》《周易大象解》《周易稗疏》《周易考异》等，他从《周易》中汲取思想营养，深刻论述了势、理、时、因、革等问题以及它们之间的关系，主张社会变革要顺势乘时，“更新而趋时”。

其次，他们对封建专制政体的弊端进行了揭露，并通过反思历史，提出了一些社会变革的主张。黄宗羲在《明夷待访录》中对专制的帝王作了激烈的抨击，说：“古者以天下为主，君为客，凡君之所毕世而经营者，为天下也。今也以君为主，天下为客，凡天下之无地而得安宁者，为君也。是以其未得之也，荼毒天下之肝脑，离散天下之子女，以博我一人之产业，曾不惨然！曰‘我固为子孙创业也’。其既得之也，敲剥天下之骨髓，离散天下之子女，以奉我一人之淫乐，视为当然，曰‘此我产业之花息也’。然则为天下之大害者，君而已矣。”“古者天下之人爱戴其君，比之如父，拟之如天，诚不为过也。今也天下之人怨恶其君，视之如寇仇，名之为独夫，固其所也。”[⑥]他很赞成孟子说的“民为贵，社稷次之，君为轻”，

① 《日知录》卷一。
② 同上。
③ 《亭林文集》卷三。
④ 《易学象数论》卷三，《原象》。
⑤ 《易学象数论》卷六，《胡仲子翰衡运论》。
⑥ 《明夷待访录》，《原君》。

说“孟子之言，圣人之言也”。[1] 顾炎武也有类似的思想，他的批判比较含蓄，但却不乏理性。他从考据的角度对君臣关系作了新的解释，从而表达出他的民主启蒙思想。他说：“享天下之大福者，必先天下之大劳；宅天下之至贵者，必执天下之至贱。……古先王之教，能事人而后能使人，其心不敢失于一物之细，而后可以胜天下之大。舜之圣也，而饭糗茹草；禹之圣也，而手足胼胝，面目黧黑。此其所以道济天下，而为万世帝王之祖也；况乎其不如舜、禹者乎！”[2]这样就剥掉了几千年来环绕在君主身上的圣光，认为他们不过是比一般人更能吃苦耐劳的人。在《周室班爵禄》条中，他还说：“为民而立之君，故班爵之意，天子与公、侯、伯、子、男一也，而非绝世之贵。代耕而赋之禄，故班禄之意，君、卿、大夫、士与庶人在官一也，而非无事之食。是故知天子一位之义，则不敢肆于民上以自尊；知禄以代耕之义，则不敢厚取于民以自奉。不明乎此，而侮夺人之君，常多于三代之下矣”。[3] 就是说，天子与公、侯、伯、子、男，并不是天生的尊贵，他们是管理国家事务的，与老百姓一样，也是靠劳动吃饭，“禄”是他们为老百姓工作，取之于百姓的报酬。所以，他认为，君主不应该肆虐于上以自尊，不应该厚取于民以自奉。王夫之也坚决地反对帝王专制，说“虽帝王不能不下邱民以守位。”[4]“独夫者，有天下而国必亡，身必戮”。[5]

对于君臣关系，黄宗羲说：“缘夫天下之大，非一人之所能治，而分治之以群工。故我之出而仕也，为天下，非为君也；为万民，非为一姓也”。认为：“君与臣，共曳木之人也”。[6] 也就是说，君臣都是因管理国家而设立的，他们有共同的职责，就是为民谋利，“臣之与君，名异而实同”。臣与君，是一种同事的关系，“吾无天下之责，则吾在君为路人”，“以天下为事，则君之师友也”。[7] 顾炎武在《日知录》中有《称臣下为父母》

① 《明夷待访录》，《原君》。
② 《日知录》卷七，《饭糗茹草》。
③ 《日知录》卷七，《周室班爵禄》。
④ 《读通鉴论》卷二。
⑤ 《读通鉴论》卷十五。
⑥ 《明夷待访录》，《原臣》。
⑦ 同上。

《人臣称人君》《人臣称万岁》等条，很明显是在有意淡化神圣不可侵犯的君权，为建立新型的较为平等的君臣关系寻找历史根据。王夫之主张君主和官吏各负其责，相互制约。“天子之令不行于郡，州牧刺史之令不行于县，郡守之令不行于民”，反对君主对地方“越数累而遥系之”。[①] 顾、黄、王关于君臣关系的议论，可以说涉及改革封建政治制度的问题。

在议政方面，黄宗羲提出了“学校”的职能，说“学校，所以养士也。然古之圣王，其意不仅此也，必使治天下之具皆出于学校，而后设学校之义始备”。即学校还具有议政、参政的职能。认为皇帝也要受学校的约束，推举当世大儒为大学祭酒，“祭酒南面讲学，天子亦就弟子之列。政有缺失，祭酒直言无讳”。[②] 这里的学校，颇类似于西方的议会。黄宗羲的这些思想，的确是破天荒的。他没有接触西学，他是在批判中国封建专制制度，总结历史的基础上得出的。而明朝皇帝的极端集权所造成的政治黑暗、宦官专政，更使他有切肤之痛，是他能够较为深刻地认识到专制危害的直接原因。与黄宗羲相类，顾炎武提出了“清议”思想，他说：“天下风俗最坏之地，清议尚存，犹足以维持一二。至于清议亡而干戈至矣。”[③]“‘天下有道，则庶人不议’。然则政教风俗，苟非尽善，即许庶人之议矣。”[④]顾氏认为人心风俗关乎社会盛衰，而清议对维持良好的社会风俗具有重要的意义，故清议与国家治乱也息息相关。顾氏也注意到了学校的作用，说“设乡校，存清议于州里，以佐刑罚之穷”。[⑤]

在中央和地方的关系上，顾氏主张“寓封建于郡县之中”，说：“知封建之所以变而为郡县，则知郡县之敝而将复变。然则将复变而为封建乎？曰，不能。有圣人起，寓封建之意于郡县之中，而天下治矣”。[⑥] 这是因为“封建之失，其专在下；郡县之失，其专在上”。[⑦] 这种主张，实际上是扩大地方权利，以防止中央过分集权。黄宗羲也有类似的思想，如他认为唐

① 《读通鉴论》卷十六。

② 《明夷待访录》，《学校》。

③ 《日知录》卷十三，《清议》。

④ 《日知录》卷十九，《直言》。

⑤ 《日知录》卷十三，《清议》。

⑥ 《亭林文集》卷一，《郡县论一》。

⑦ 同上。

朝灭亡，不是由于方镇的原因，而主张恢复方镇：“是故封建之弊，强弱吞并，天子之政教有所不加；郡县之弊，疆场之害苦无已时。欲去两者之弊，使其并行不悖，则沿边之方镇乎！”①黄氏的主张未必正确，但在扩大地方权利方面与顾炎武有思想相通之处。

黄、顾、王在当时能提出上述主张，不愧是中国近代思想的先觉者，无怪至200多年后的清末，维新派宣传变法，还从他们的著作中寻找思想武器。

再次，他们都高扬史学经世的旗帜，理直气壮地肯定史学的社会价值。顾炎武说：“夫史书之作，鉴往所以训今。”②“不学古而欲稽天，岂非不耕而求获乎？”③他对轻视史学的人提出批评，说：“史言薛昂为大司成，寡学术。士子有用《史记》西汉语，辄黜之。在哲宗时，尝请罢史学，哲宗斥为俗佞。吁！何近世俗佞之多乎！”④科举选拔人才，他认为不仅要通经，还要通史。通经、通史又懂当世之务的人才能成为国家的有用之才：“必选夫五经兼通者而后充之，又课之以二十一史与当世之务而后升之……如此而国有实用之人，邑有通经之士，其人材必盛于今日也”。⑤ 黄宗羲提出“国可灭，史不可灭”，他一生致力于搜集明代文献，在于保存故国历史。“可以补前史之缺略，胜国人品，前朝遗事，以及天官历数之家，皆可考证”。⑥ “家国之恨，集于笔端，……后之览者，亦将有感于斯文”。⑦ 王夫之对司马光的《资治通鉴》极为称赞，说它“非知治乱而已也，所以为力行求治之资也。”⑧他著《读通鉴论》《宋论》，继承司马光史以资鉴的为学宗旨，认为“所贵乎史者，述往以为来者师也”⑨。他将中国古代朴素的唯物辩证法思想提高到新的水平，并贯彻于他的史论中，在许多地方，辨正和纠正了司马光的某些僵化的史论观点。

① 《明夷待访录》，《方镇》。
② 《亭林文集》卷六，《答徐甥公肃书》。
③ 《日知录》卷二，《其稽我古人之德》。
④ 《日知录》卷十六，《史学》。
⑤ 《亭林文集》卷一，《生员论上》。
⑥ 《南雷文定四集》徐秉义序，见《黄宗羲全集》第11册，杭州，浙江古籍出版社，1994。
⑦ 《明司马澹若张公传》，见《黄宗羲全集》第10册，杭州，浙江古籍出版社，1994。
⑧ 《读通鉴论》卷末，《叙论四》。
⑨ 《读通鉴论》卷六，《后汉光武帝十》。

要之，以顾、黄、王为代表的明清之际的史学，密切关注社会现实，通过研经著史，探讨历史兴衰之理。他们批判封建专制，主张社会变革，目的都是为了社会进步，“以跻斯世于治古之隆”，体现出崇高的学术境界。

三、求真致用的学风及其影响

明清之际的学术大家，在经世致用的宗旨下，富有求真的学术态度。他们治学严谨，心胸开阔，所表现出的优良学风和优秀的学术品德，非常值得后人称扬。

顾炎武把治学比作“采铜于山”，说：“尝谓今人纂辑之书，正如今人之铸钱。古人采铜于山，今人则买旧钱，名之曰废铜，以充铸而已。所铸之钱既已粗恶，而又将古人传世之宝，舂剉碎散，不存于后，岂不两失之乎？承问《日知录》又成几卷，盖期之以废铜；而某自别来一载，早夜诵读，反复寻究，仅得十余条，然庶几采山之铜也”。① 他撰《音学五书》，用了三十余年，所过山川亭鄣，无日不以自随，“凡五易其稿而手书者三矣”。对于《日知录》，也是一改再改。在给弟子潘耒的信中，他说：“著述之家，最不利乎以未定之书传之于人……《日知录》再待十年；如不及年，则以临终绝笔为定”。② 他探究学问，不存门户之见，说：“自结发以来，奉为师友者，盖不乏人，而未敢存门户方隅之见也”。③ 黄宗羲也认为，学要有宗旨，但不可有门户。他编撰《明儒学案》，能够公平地对待各家学术，对各家学术的价值均予以承认和肯定。

他们重“器识”，胸怀天下，先天下之忧而忧。顾炎武说：“夫子‘归与归与’，未尝一日忘天下也。故君子之学，死而后已”。④ “君子之为学，以明道也，以救世也。徒以诗文而已，所谓‘雕虫篆刻’，亦何益哉！”⑤他不

① 《亭林文集》卷四，《与人书十》。

② 《亭林文集》卷四，《与潘次耕书》。

③ 《亭林文集》卷三，《复陈蔼公书》。

④ 《亭林文集》卷四，《与人书六》。

⑤ 《亭林文集》卷四，《与人书二十五》。

做空虚无用之文，“凡文之不关于六经之指，当世之务者，一切不为”。[1]他的好友李中孚求他为母作传，他几次谢绝，终于辞之。黄宗羲的夫人去世，其子黄百学求他为母作墓志铭，他也婉言拒绝。[2] 他认为这都是为一人一家之事，而无关于经术政理之大。自读了《宋史》中刘忠肃告诫子弟的话：“士当以器识为先，一命为文人，无足观也”，他便谢绝一切应酬文字，意在“养其器识而不堕于文人也”。[3] 他以天下为己任，说“天生豪杰，必有所任，……今日者拯斯人于涂炭，为万世开太平，此吾辈之任也”。[4]“不忘百姓，敢自托于鲁儒”。[5]“至于三代之英，固圣人所有志；百姓之病，亦儒者所难忘”。[6]

顾氏反对做学问讲求名利，说：“古人求没世之名，今人求当世之名。吾自幼及老，见人所以求当世之名者，无非为利也。名之所在，则利归之，故求之唯恐不及也。苟不求利亦何慕名！”[7]他引用孔子的话，说“君子疾没世而名不称焉”。他所以不坐讲堂，不收门徒，就是为了反对明朝正德以来以讲学为名，师徒相互标榜，甚至党同伐异的不良习气。

他们坚持学术民主，主张学术平等。顾炎武对明初政府控制经学，搞四书五经大全，使经说归于一提出批评，说：“自八股行而古学弃，《大全》出而经说亡，十族诛而臣节变。洪武、永乐之间，亦世道升降之一会矣”。[8] 黄宗羲也说：“盖道非一家之私，圣贤之血路，散殊于百家……其得之有至有不至，要不可谓无与于道者也”。[9]

他们都主张做学问要独立思考，要有独到见解和自己的风格。如黄宗羲认为，“学问之道，以各人自用得著者为真。凡倚门傍户、依样葫芦者，非流俗之士，则经生之业也。”[10]顾炎武批评写文章模仿古人之病：“近代文

① 《亭林文集》卷四，《与人书三》。
② 《蒋山傭残稿》卷二，《与陈介眉》。
③ 《亭林文集》卷四，《与人书十八》。
④ 《亭林文集》卷三，《病起与蓟门当事书》。
⑤ 《亭林文集》卷六，《答徐甥公肃书》。
⑥ 《蒋山傭残稿》卷一，《与友人书》。
⑦ 《日知录》卷七，《君子疾没世而名不称焉》。
⑧ 《日知录》卷十八，《书传会选》。
⑨ 《清溪钱先生墓志铭》，见《黄宗羲全集》第十册。
⑩ 《明儒学案发凡》，见《黄宗羲全集》第7册，杭州，浙江古籍出版社，1994。

章之病，全在模仿。即使逼肖古人，已非极诣，况遗其神理而得其皮毛者乎?”①他对朋友诗文之点评，也是强调要有自己的特点：“君诗之病，在于有杜；君文之病，在于有韩、欧。有此蹊径于胸中，便终身不脱依傍二字”。②

对以顾、黄、王为代表的明清之际的史学家，如果用简单的话来概括他们的史学特点，我想用顾炎武反复强调的“博学于文”“行己有耻”比较恰当。这两个词反映了明清之际史学的博大气象和史学关心现实、史学家情系民族气节的基本特征。“博学于文”和“行己有耻”在他们看来是有机统一、不可分割的。在清初高压的文化政策之下，他们坚持这两点的确是难能可贵的。康熙中叶以后的史学家，特别是乾嘉史家，也很推崇这一时期的史学，甚至在经史小学等方面做得更加精细了，有了很多推进，可在后一方面，却缺少了先前的生机，他们更多地承继了这些史学大家的技术性的方面，在为学宗旨方面没有几位大家的气魄。明清之际的史学，之所以受到后人的推崇，求真的学术业绩是一个方面，但最根本的还是他们高举的经世致用之旗帜。

① 《日知录》卷十九，《文人模仿之病》。

② 《亭林文集》卷四，《与人书十七》。

顾炎武的历史盛衰思想

顾炎武是明末清初的著名思想家，也是具有高度社会责任感的历史学家。他的许多著述都表现出强烈的历史总结意识，其中对于历史盛衰的思考，是他进行历史总结的核心内容。清道光年间，黄汝成作《日知录集释》，对顾炎武评论道："其言经史之微文大义、良法善政，务推礼乐德刑之本，以达质文否泰之迁嬗，错综其理，会通其旨。至于赋税、田亩、职官、选举、钱币、权量、水利、河渠、漕运、盐铁、军旅，凡关家国之制，皆洞悉其所由盛衰利弊，而慨然著其化裁通变之道，词尤切至明白。"[①]准确地指出了顾炎武的著述要旨。顾炎武的历史盛衰思想，既有鲜明的时代特色，又蕴含发人深省的历史见解，具有普遍的启迪意义，值得我们深入研究。

一、"治乱之关，必在人心风俗"

顾炎武论历史盛衰的原因，说："目击世趋，方知治乱之关，必在人心风俗，而所以转移人心，整顿风俗，则教化纪纲为不可阙矣。"[②]这是他的历史盛衰论的一个基本观点，即社会风气的好坏关系着国家、社会的兴衰。

顾炎武认为"风俗衰"是乱之源。他说："《小雅》废而中国微，风俗衰而叛乱作矣"。[③]"戎王听女乐，而牛马半死。楚铁剑利而倡优拙，秦王畏之。成帝宠黄门名娼、丙强、景武之属，而汉业以衰。玄宗造《霓裳羽衣》之曲，而唐室遂乱。今日士大夫，才任一官，即以教戏唱曲为事，官方民隐，置之不讲，国安得不亡，身安得无败？"[④]顾炎武用"戎王听女乐""玄宗

① 《日知录集释·叙》。

② 《亭林文集》卷四，《与人书九》。

③ 《日知录》卷十三，《清议》。

④ 《日知录》卷十三，《家事》。

造《霓裳羽衣》”借喻自上而下的侈靡浮华的社会风习，认为这种世风是导致国家衰亡的根源。因此，他认为评价君主的功绩首先要看社会风气，“论世而不考其风俗，无以明人主之功”。①

另一方面，他又认为“厚俗”是国家太平繁盛的基础。他引用陆游的一句诗说：“倘筑太平基，请自厚俗始。”②对王安石变法，他有颇多微词，说王安石变法败坏了社会风气：“后之人但言其农田、水利、青苗、保甲诸法为百姓害，而不知其移人心、变士习为朝廷害。其害于百姓者，可以一旦而更；而其害于朝廷者，历数十百年，滔滔之势，一往而不可反矣。”③对王安石变法的议论固然有失公允，但从中却反映了他对风俗的重视。

顾炎武从“人心风俗”论盛衰，首先是他目睹明代的灭亡而得出的认识，如他说的：“目击世趋，方知治乱之关必在人心风俗。”他论证“人心风俗”对社会盛衰的决定性影响，立足点是为了当世。《日知录》卷十三，许多条目都结合当代进行议论：“欺世盗名之徒，古今一也，人君可不察哉！”④“呜呼，自古以来，边事之败，有不始于贪求者哉？吾于辽东之事有感。”⑤“自万历季年，搢绅之士不知以礼饬躬，而声气及于宵人，诗字颁于舆皂，至于公卿上寿，宰执称儿，而神州陆沉，中原左衽，夫有以致之矣。”⑥

顾炎武还进一步指出“亡国”与“亡天下”的区别，他在《正始》中说：“有亡国，有亡天下，亡国与亡天下奚辨？曰：易姓改号，谓之亡国；仁义充塞，而至于率兽食人，人将相食，谓之亡天下。……是故知保天下，然后知保其国。保国者，其君其臣，肉食者谋之；保天下者，匹夫之贱，与有责焉耳矣。”⑦也就是说，“亡国”指的是一姓之政权亡；“亡天下”是指以“名教”为中心的“风俗”亡，二者有区别。但它们又是有联系的，“是故知保天下，然后知保其国”，如果连“保天下”这样的“匹夫之贱，与有责

① 《日知录》卷十三，《周末风俗》。

② 《日知录》卷十三，《宋世风俗》。

③ 同上。

④ 同上。

⑤ 《日知录》卷十三，《廉耻》。

⑥ 《日知录》卷十三，《流品》。

⑦ 《日知录》卷十三。

焉”的事情都不知，怎么能谈得上“保其国”呢？所以，要保国，首先要“保天下”。依然是就明末的世风而论人心风俗对治乱兴衰的重要性。

对于“厚俗”，顾炎武主张从下面几个方面进行培养。

一是重流品：“晋、宋以来，尤重流品，故虽蕞尔一方，而犹能立国。”①

二是重厚抑浮：“有国者登崇重厚之臣，抑退轻浮之士，此移风易俗之大要也”。②

三是贵廉：“贵孝弟，贱贾人，进真贤，举实廉，而天下治矣。”③

四是倡耿介：“尧舜所以行出乎人者，以其耿介。同乎流俗，合乎汙世，则不可与入尧舜之道矣。”④

五是倡俭约：“国奢示之以俭，君子之行，宰相之事也。”⑤

六是爱国，讲民族气节。《范文正公》《辛幼安》《降臣》《本朝》《书前代官》等条讲的都是这个问题。

由上述观点出发，他认为朝廷要带头行教化，他引用宋人罗仲素的话说：“朝廷有教化，则士人有廉耻，士人有廉耻，则天下有风俗。”⑥“教化者，朝廷之先务；廉耻者，士人之美节；风俗者，天下之大事。”⑦他要求统治者提倡“清议”和“名教”，说：“天下风俗最坏之地，清议尚存，犹足以维持一二。至于清议亡而干戈至矣。”“设乡校，存清议于州里，以佐刑罚之穷。”⑧而“名教”的作用虽然“不能使天下之人以义为利，而犹使之以名为利，虽非纯王之风，亦可以救积洿之俗矣。”“故名胜于利，则小人之道消；利胜于名，则贪暴之风扇。”⑨如果不崇“名教”，使得社会风气不正，那么，“为人君者谓尧、舜不足法，桀、纣不足畏；为人臣者谓八元不足

① 《日知录》卷十三，《流品》。

② 《日知录》卷十三，《重厚》。

③ 《日知录》卷十三，《贵廉》。

④ 《日知录》卷十三，《耿介》。

⑤ 《日知录》卷十三，《俭约》。

⑥ 《日知录》卷十三，《廉耻》。

⑦ 同上。

⑧ 《日知录》卷十三，《清议》。

⑨ 《日知录》卷十三，《名教》。

尚，四凶不足耻。天下岂复有善人乎？人不爱名，则圣人之权去矣。”①这里的“名教”，虽然也含有三纲五常之类的内容，但主要是指维护良好社会风气的伦理规范。他还特别强调“礼、义、廉、耻”的作用，认为它们是“国之四维，四维不张，国乃灭亡。”②“礼、义，治人之大法；廉、耻，立人之大节。盖不廉则无所不取，不耻则无所不为……则天下其有不乱，国家其有不亡者乎！”而四者之中，“耻尤为要”，“士大夫之无耻，是谓国耻。”③顾炎武在这里情绪激愤，显然有所特指。明代的士大夫，摇身一变而为清朝的臣僚，在他看来就是没有廉耻。所以他一再引用孔子的话“行己有耻”，作为他匡世救俗的一面旗帜。

顾炎武重视“礼治”。他说：“汉人以名为治，故人材盛。今人以法为治，故人材衰。”④“法制禁令，王者之所不废，而非所以为治也。其本在正人心、厚风俗而已。”因为“天下之事，固非法之所能防也。”⑤他还用明代的历史进一步论证这一点：“自万历以上，法令繁而辅之以教化，故其治犹为小康。万历以后，法令存而教化亡，于是机变日增，而材能日减。其君子，工于绝缨而不能获敌之首；其小人，善于盗马而不肯救君之患。……呜呼，吾有以见徒法之无用矣！”⑥

既正面倡导培养人心风俗、强调礼治的作用，顾炎武并没有忽视法治，他主张严惩败坏世风的贪官、奸臣。在《除贪》中，他说：“呜呼！法不立，诛不必，而欲为吏者之毋贪，不可得也。”⑦《郡县论二》云：“令有得罪于民者，小则流，大则杀；其称职者，既家于县，则除其本籍。夫使天下之为县令者，不得迁又不得归，其身与县终，而子孙世世处焉。不职者流，贪以败官者杀……赏则为世官，罚则为斩绞”。⑧

顾炎武不仅从政治上提出了整顿“人心风俗”的具体措施，还从经济上

---

① 《日知录》卷十三，《名教》。
② 《日知录》卷十三，《廉耻》。
③ 同上。
④ 《日知录》卷十三，《名教》。
⑤ 《日知录》卷八，《法制》。
⑥ 《日知录》卷九，《人材》。
⑦ 《日知录》卷十三。
⑧ 《亭林文集》卷一。

分析了“人心风俗”衰败的原因。

他认为要使风俗变好，必须有让百姓安居乐业的物质条件，说：“今将静百姓之心而改其行，必在制民之产，使之甘其食，美其服，而后教化可行，风俗可善乎！”①“非任土以成赋，重穑以帅民，而欲望教化之行、风俗之美，无是理矣。”②他对明代徭役重、赋役不均的状况进行了揭露。《日知录》中的《州县赋税》《苏、松二府田赋之重》都列举了大量的事实说明这种情况。《预借》条揭露了统治者的贪婪。《天下郡国利病书》中很多内容也反映地主怎样用种种伎俩把沉重的国家赋税转移到农民身上，从而使农民破产，迫使他们流亡，或起义。这些揭示，使影响社会风俗衰败的深层原因显露出来，反映了顾炎武卓越的历史见识。

再如对于官吏的贪污之风，顾炎武除了提出严惩贪官、奸臣的措施外，还提出重禄养廉的建议，说：“吏不廉平则治道衰”，“今日贪取之风，所以胶固于人心而不可去者，以俸给之薄而无以赡其家也”。“今小吏皆勤事而俸禄薄，欲其毋侵渔百姓，难矣。”③因而，他主张“禄重”，“禄重则吏多勉而为廉。”④从解决官吏面临的实际困难入手，解决廉政问题，反映了他思考现实问题的务实特点。

这说明，顾炎武提出的“人心风俗”盛衰论，不仅要求从社会意识上来解决历史盛衰问题，还包含着更为深刻的思想，即解决影响人心风俗的一系列经济问题，从而使社会风俗得到改良。

“治乱之关，必在人心风俗”的历史盛衰思想，是顾炎武通过对历史的总结，首先是亲眼目睹了明代的灭亡而得出的结论。这一认识，固然有其局限性，但我们应该看到他提出这一命题的历史背景。明末，专制政权进一步加强，宦官势力膨胀，苛刑峻法繁多，学者空讲性理，造成社会风气的败坏。在这种情况下，提出重礼治、教化、转移人心风俗，无疑是顺乎时代需要的。因此，对于它的进步性，应当给予充分的肯定。

---

① 《日知录》卷十二，《人聚》。

② 《日知录》卷十一，《以钱为赋》。

③ 《日知录》卷十二，《俸禄》。

④ 同上。

二、"天道"、人事与历史盛衰

在自然观上，顾炎武有唯物主义的思想倾向，他在解释"鬼神"的时候说："鬼者，归也。张子曰：气之为物，散入无形，适得吾体，此之谓归。"①对"鬼"作了唯物的解释。对"轮回之说"，他引用吕柟的话进行辩驳："长生而不化，则人多，世何以容？长死而不化，则鬼亦多矣。夫灯熄而然，非前灯也；云霓而雨，非前雨也。死复有生，岂前生邪？"②但他的辩驳毕竟不是很彻底，他给精神的独立存在留有余地："盈天地之间者，气也；气之盛者为神。神者，天地之气而人之心也。"③从字面上理解，好像精神离不开物质，精神是人脑的机能，然而他接着又说："故曰视之而弗见，听之而弗闻，体物而不可遗，使天下之人斋明盛服以承祭祀，洋洋乎如在其上，如在其左右，圣人所以知鬼神之情状者如此。"④似乎又有鬼神的存在，而这鬼神之情状，圣人能够体察得到。这样，他对鬼神作了两种解释，一是否定鬼神的存在："鬼者，归也"。一是承认鬼神的存在："文王在上，于昭于天，非有所乘而去也。此鬼神之实而诚之不可掩也。"⑤

与自然观相联系，顾炎武在"天人关系"的认识上也表现出矛盾的特点。有时，他不相信"天道"，对"天道"表示怀疑；有时对"天人感应"说又有所保留乃至宣扬。

他通过一系列的历史事实，说明天道不可信。在《日知录》卷四《天道远》中，他说，春秋时，郑国的裨灶、鲁国的梓慎都是明于天文，精于天道的大师，但他们的断语时常错误。即使有些得到了验证，也存在巧合的因素，如同卷《一事两占》条云："襄公二十八年春，无冰。"这是一个异常现象，梓慎、裨灶两位大师察天观地，作出了不同的结论，结论都应验了。顾炎武不无讽刺地说："一事两占，皆验。"他还进而怀疑《左传》的可信程度，说："昔人所言兴亡祸福之故，不必尽验。《左氏》但记其信而有

① 《日知录》卷一，《游魂为变》。
② 同上。
③ 同上。
④ 同上。
⑤ 同上。

征者尔，而亦不尽信也。”“是《左氏》所记之言，亦不尽信也。”①

顾炎武不相信“天道”，也就谈不上天道对历史盛衰的影响。但这只是问题的一方面；另一方面，他对“天人感应”的思想又有保留，认为天道与历史盛衰还是有联系的。如在《日食》中，他说：“刘向言：春秋二百四十二年，日食三十六。今连三年比食，自建始以来，二十岁间而八食，率二岁六月而一发，古今罕有，异有大小稀稠，占有舒疾缓急。余所见崇祯之世十七年而八食，与汉成略同，而稠急过之矣。然则谓日食为一定之数，无关于人事者，岂非溺于畴人之术，而不觉其自蹈于邪臣之说乎？”“非也，夫日月之在于天，莫非一定之数。然天象见于上，而人事应于下矣。为此言者，殆于后世以天变不足畏之说进其君者也”。② 顾炎武把春秋、西汉末、明末的天象与当时的乱世联系起来，认为是天象影响了历史的盛衰。对于说“日食为一定之数，无关人事”的人进行了批评，说他们“溺于畴人之术，而不觉其自蹈于邪臣之说”。对古代的一些唯物论者进行了嘲讽，从而把自己归到“天人相应”的行列中去。顾炎武接触过西洋天文学，曾从静乐的李鲈学习过西方天文，了解西洋天文学关于“日食”“月食”的解释：“日食，月掩日也；月食，地掩月也。今西洋天文说如此。”③但西方的天文理论并没有改变他对“天人关系”的看法。他认为西方天文学传入中国之前，中国就有此论：“自其法未入中国，而已有此论。”所以，尽管他能将西方关于日食、月食的理论讲得头头是道，但并不完全相信，依然被正统的“天人感应”说所束缚，并结合亲身经历，愈加证实“天人感应”的可信性。

在《日知录》卷三十《岁星》《五星聚》《黄河清》《人事感天》等条目中，顾炎武都谈到天人相感的事例。所有这些，都表明顾炎武受天人感应思想的影响颇深，对天道观的否定是不彻底、不坚决的。

顾炎武在“天道”与历史盛衰关系问题上的矛盾态度是他自身的矛盾决定的。他目睹了明代的灭亡。看到了明代世风的败坏以及因此而产生的农民起义的巨大力量。以此为逻辑起点，总结历史教训，必然是重人事而轻

① 《日知录》卷四，《左氏不必尽信》。

② 《日知录》卷三十。

③ 《日知录》卷三十，《月食》。

天道。然而，顾炎武毕竟具有他的历史的局限性，他自幼接受正统的儒家思想，为明朝政权服务的目的极为明确，这就决定了他不可能摆脱阶级的偏见，去反对历代统治阶级用以维护自身统治的思想工具——天人感应学说。相反，由于他认为人心风俗是社会盛衰的决定因素。所以他力主礼治、教化、宣扬三纲五常等名教观念。为了宣传三纲五常的神圣性，他又不自觉地走进"天人感应"的迷雾。因为"天人感应"论是为宣扬"名教"服务的。

当然，从总体来看，顾炎武怀疑"天道"的成分更大些。"天道"观在他的思想中主要是作为工具出现的。他对历史盛衰的思考，着眼点还是人事。"人心风俗"盛衰论重视了人事的作用；对明代的衰亡，他也是顺着这个思路进行总结的。

他认为明末空虚不切实际的心学是造成明朝灭亡的主要原因："以一人而易天下。其流风至于百有余年之久者，古有之矣。王夷甫之清谈，王介甫之新说，其在于今，则王伯安之良知是也。"①在"王介甫之新说"下，顾炎武解释道："《宋史》：林之奇言：昔人以王、何清谈之罪甚于桀、纣，本朝靖康祸乱，考其端倪，王氏实负王、何之责。"顾炎武这个解释的用意很明显：王安石为北宋灭亡负责，那么王伯安鼓吹"良知"，开了明朝空疏之学的恶例，不也应对明朝的灭亡负责吗？这样，就把明朝的灭亡归结到陆、王心学上。从这一点出发，他批评空谈心性的清谈，说："刘、石乱华，本于清谈之流祸，人人知之。孰知今日之清谈，有甚于前代者。昔之清谈，谈老、庄；今之清谈，谈孔、孟。"②反对言心、言性、言天道，要求代之以修己治人、经世致用的实学。

他还重视人才，认为人才对国家治乱有至关重要的作用。他说："国家之所以常治而不乱者，人材也"。③"夫有天下而为子孙之虑者，则必在人才矣。"④他引用司马光的话说："为政得人则治。"⑤他提出改革生员制，目的就是使国家得到有真才实学的人才。他抨击八股取士，认为八股败坏

① 《日知录》卷十八，《朱子晚年定论》。

② 《日知录》卷七，《夫子之言性与天道》。

③ 《亭林文集》卷二，《朱子斗诗序》。

④ 《日知录》卷九，《宦官》。

⑤ 《日知录》卷九，《保举》。

人才，“愚以为八股之害，等于焚书，而败坏人材，有甚于咸阳之郊所坑者但四百六十余人也。”[①]而国家缺乏人才，就预示着国家的衰亡，对此，他曾有很深的感叹：“嗟呼！八股盛而六经微，十八房兴而廿一史废。昔闵子马以原伯鲁之不说学，而卜周之衰。余少时见有一二好学者，欲通旁经而涉古书，则父师交相谯呵，以为必不得颛业于帖括，而将为坎轲不利之人，岂非所谓大人患失而惑者与！若乃国之盛衰，时之治乱，则亦可知也已”。[②] 他建议统治者平日注重养士、求贤才，“‘……素不养士而欲求贤，犹不琢玉而求文采’，此知本之论也。”[③]“明主劳于求贤而逸于任人。”[④]

他还主张大胆起用有才之士，说：“国家当危乱之日，未尝无能任事之人，而尝患于不用；用矣，患不专；用之专且效矣，患于轻徙其官，使之有才不得遂其用，以至于败，而国随之。”[⑤]

顾炎武的人才观与他论盛衰重人事的思想密切相关。从他的人才观中，我们可以看出他重人事的思想。顾炎武在“天道”观上的局限性需要指出，但不宜夸大。

三、历史盛衰之势与社会变革

对历史盛衰，顾炎武还注重从社会机制上进行考察。他没有把历史的盛衰系在君主一人身上，而是侧重从历史发展的“势”上探求原因。

首先，他看到了社会在发展过程中，“势”的作用。

所谓“势”，顾炎武认为就是事物发展的必然，即客观形势使事情必将发生。如《生员论上》说明人之私情和私利是“其势然也”；“人之情孰不为其身家者？故日夜求之，或至行关节，触法抵罪而不止者，其势然也。”[⑥]《钱粮论下》说明当时官吏多贪，也是由其社会历史条件造成的，不能仅从

---

① 《日知录》卷十六，《拟题》。

② 《日知录》卷十六，《十八房》。

③ 《日知录》卷九，《人材》。

④ 《日知录》卷九，《保举》。

⑤ 《亭林文集》卷六，《书故总督兵部尚书孙公清疏后》。

⑥ 《亭林文集》卷一。

官吏个人品质上寻找原因："愚尝久于山东，山东之民，无不疾首蹙额而诉火耗之为虐者。独德州则不然。问其故，则曰：州之赋二万九千，二为银八为钱也。钱则无火耗之加，故民力纾于他邑也。非德州之官皆贤，里胥皆善人也，势使之然也。"①"非唐、宋之吏多廉，今之吏贪也，势使之然也。"②顾炎武说明事物的出现，事件的发生，能够从客观形势出发，分析原因，探讨其中的必然性。对于社会的变革，也是如此。

如他认为封建变为郡县，是历史发展的必然，虽有圣人，也不能改变这个趋势："盖自汉以下之人，莫不谓秦以孤立而亡。不知秦之亡，不封建亡，封建亦亡。而封建之废，固自周衰之日而不自于秦也。封建之废，非一日之故也，虽圣人起，亦将变而为郡县。"③在《日知录》卷二十二《郡县》条中，顾炎武又用了近四十条资料论证这一观点。对历代儒生说秦之所以亡，是由于不封建，从而造成孤立无援的观点进行了驳斥，说他们"不通古今之见"。

正是由于看到了历史运动的这种趋势，所以对于社会中出现的"异常现象"，他能够冷静地分析。他虽恪守儒家正宗，但对历史上出现的佛、道等所谓"邪说"，能够采取客观承认的态度，认为是圣人也不能消除的现象，是必然要产生的："天下之生久矣，一治一乱。盛治之极而乱萌焉，此一阴遇五阳之卦也。孔子之门，四科十哲，身通六艺者七十有二人，于是删《诗》《书》，定《礼》《乐》，赞《周易》，修《春秋》，盛矣，而老、庄之书即出于其时。后汉立辟雍，养三老，临白虎，论五经，太学诸生至三万人，而三君、八俊、八顾、八及、八厨为之称首，马、郑、服、何之注经术为之大明，而佛、道之教即兴于其世。是知邪说之作，与世升降，圣人之所不能除也"。④

其次，对历史变革，要顺势而行，"物来而顺应"。

对社会制度的弊端，他认为必将改变。"知封建之所以变而为郡县，则知郡县之敝而将复变"。"方今郡县之敝已极，而无圣人出焉，尚一一仍

① 《亭林文集》卷一。

② 同上。

③ 《亭林文集》卷一，《郡县论一》。

④ 《日知录》卷一，《姤》。

其故事，此民生之所以日贫，中国之所以日弱而益趋于乱也……率此不变，虽千百年，而吾知其与乱同事，日甚一日者矣。”[①]就是说，封建变为郡县，这是历史的必然，如今郡县制的弊端又到了极点，对这一弊端也必须进行改革，否则，中国的危机将一天比一天严重。那么，如何变？是变郡县而恢复过去的“封建”吗？顾炎武认为不能，他认为应该“寓封建之意于郡县之中”。在他看来，封建制、郡县制各有短处，“封建之失，其专在下；郡县之失，其专在上。”[②]且不说顾炎武的改革方案是否切合实际，行之有效，但他对社会变革的态度是可取的。对如何变革，他没有简单地非此即彼，而是针对弊端而变。他虽没有明说遵循司马迁的“承敝易变”的原则，却也有与此相似的变革思想——“物来而顺应”，“唯变所适”等。对于事物通变的特点，他有系统的论述。《日知录》开卷阐发了他这方面的思想。

《日知录》卷一《巳日》：“《革》：巳日乃孚，《六二》巳日乃革之，朱子发读为戊己之己。天地之化，过中则变，日中则昃，月盈则食。故《易》之所贵者中。十干则戊己为中，至于己则过中而将变之时矣。故受之以庚。庚者，更也。天下之事，过中而将变之时，然后革而人信之矣。”通过对《革》卦、爻辞的训解，他表达了对变革的看法。“天下之事，过中而将变之时，然后革而人信之矣”。这句话包含两层意思：一、任何事物，都要“过中而变”。二、“将变之时”即主动变革，则“人信之矣”。即就能赢得人心，取得信任。

又《通乎昼夜之道而知》云：“日往月来，月往而日来，一日之昼夜也。寒往暑来，暑往寒来，一岁之昼夜也；小往大来，大往小来，一世之昼夜也。子在川上曰：‘逝者如斯夫，不舍昼夜’。通乎昼夜之道而知，则终日乾乾，与时偕行，而有以尽乎《易》之用矣。”[③]就是说，变化是一种自然属性，就像白天黑夜、寒暑交替一样。人只有掌握变化的规律才能获得智慧，“终日乾乾”，因时而变，按照事物变化的规律办事，才是遵循了《易》的原则。

《艮其限》指出了人们对于事物变化应有的态度。他说：“学者之患，

---

① 《亭林文集》卷一，《郡县论一》。

② 同上。

③ 《日知录》卷一。

莫甚乎执一而不化。及其施之于事，有扞格而不通，则忿懥生而五情瞀乱，与众人之滑性而焚和者，相去盖无几也。……君子之学不然，廓然而大公，物来而顺应，故闻一善言，见一善行，若决江河，沛然莫之能御，而无熏心之厉矣。”[①]即反对执一不化，认为这与“众人之滑性而焚和者”也就是没有见识、没有原则的人没有什么区别。认为只有君子之学，心胸博大，无偏执，才能够从善而行，物来而顺应。

《垂衣裳而天下治》：“垂衣裳而天下治，变质而之文也。自黄帝、尧、舜始也。故于此有通变宜民之论。”[②]“通变宜民之论”与司马迁的“承敝易变，使民不倦”又有极相似之处，反映了他变通中的民本思想。

《与友人论易书二》说：“物之不齐，物之情也。六十四卦岂得一一齐同。《易》不可为典要，唯变所适。”[③]这是《周易·系辞》里的话，顾炎武在这里强调它，反映了他的易学见解。“唯变所适”即根据事物的具体情况进行变通，不能把《易》作为教条。

顾炎武关于变化的思想主要是通过阐述《周易》而体现出来的。《周易》里的变化思想给他提供了丰富的思想资料。《日知录》第一卷专门论述了《周易》，论述了事物变化的属性及人们对变化应有的态度。他研究六经、发明经旨，都与他经世致用，思考“当世之务”紧密相连。在对历史和现实的思考中，这些思想都被贯彻于其中。

1644年，明朝灭亡，清朝建立。江南的明朝官员在南京拥立福王朱由崧，建立了弘光朝廷。顾炎武经人推荐，被弘光政权授以兵部司务之职。此时顾炎武很想在振兴国势上有一番作为，在赴任前，集中精力撰写了《军制论》《形势论》《田功论》《钱法论》等文章。《军制论》开头即明确提出要变法，他说：“法不变，不可以救今已。居不得不变之势，而犹讳其变之实，而姑守其不变之名，必至于大弊。”建议“请于不变之中，而寓变之之制，因已变之势，而复创造之规。”[④]顾炎武未及赴任，腐败的弘光政权就告灭亡，他的建议根本就没有付诸实际。晚年在与黄宗羲的通信中，依然

① 《日知录》卷一。

② 同上。

③ 《亭林文集》卷三。

④ 《亭林文集》卷六。

表示了变法图强的希望："天下之事，有其识者未必遭其时，而当其时者，或无其识。古之君子所以著书待后，有王者起，得而师之。然而《易》'穷则变，变则通，通则久。'圣人复起，不易吾言，可预信于今日也。"①对《周易》关于变通的思想深信不疑，对自己的著述有益于未来充满信心。

从顾炎武对"势"的作用的论述和他的变通思想中，我们可以看出他对历史盛衰的又一观点——顺势则盛，逆势则弊则衰。

他的社会改革方案——"寓封建之意于郡县之中"及对生员制度的改革，就是因势的要求提出的。他承认人的自私、私情的合理性，认为这是人之常情，无须掩饰，是"势使之然也"。他说："天下之人各怀其家，各私其子，其常情也。为天子为百姓之心，必不如其自为，此在三代以上已然矣。"②"有公而无私，此后代之美言，非先王之至训矣。""自天下为家，各亲其亲，各子其子，而人之有私，固情之所不能免矣。故先王弗为之禁，非惟弗禁，且从而恤之。"③就是说，人的这些私情不但不能禁止，而且还应受到尊重。"寓封建之意于郡县之中"及对生员制度的改革设想就是以这一点作为立论的基础。他提出的理论是：合"天下之私，以成天子之公。"认为这样做，才能把天子的统治与天下人的私情统一起来，才能达到天下之大治。

"寓封建于郡县之中"正是这一理论的运用：

圣人者因而用之，用天下之私，以成一人之公而天下治。夫使县令得私其百里之地，则县之人民皆其子姓，县之土地皆其田畴，县之城郭皆其藩垣，县之仓廪皆其囷窌。为子姓，则必爱之而勿伤；为田畴，则必治之而勿弃；为藩垣囷窌，则必缮之而勿损。自令言之，私也，自天子言之，所求乎治天下者，如是焉止矣。一旦有不虞之变，必不如刘渊、石勒、王仙芝、黄巢之辈，横行千里，如入无人之境也。于是有效死勿去之守，于是有合纵缔交之拒，非为天子也，为其私也。为其私，所以为天子也。故天下之私，天子之公也。④

① 《亭林佚文辑补》，《与黄太冲书》。

② 《亭林文集》卷一，《郡县论五》。

③ 《日知录》卷三，《言私其豵》。

④ 《亭林文集》卷一，《郡县论五》。

郡县制之弊，在于皇帝的权力太大，郡县没有太大的自主权，处处受制于中央，故郡守、县令积极性不高；如果权力下移，使郡县具有较大的自主权力，“寓封建之意于郡县之中”，郡守、县令爱郡爱县如爱家，尽力治理，则各郡县人民安定，财足兵强，人人誓死保卫郡县，县得以治矣。县治理得好，天下就能大治，“二千年以来之敝可以复振”。也就是说，把郡县的治理同郡守、县令的个人利益联系起来。

改革生员制度也是这样。国家之所以设立生员。目的是“收天下之才俊子弟，养之于庠序之中，使之成德达材，明先王之道，通当世之务，出为公卿大夫，与天子分猷共治者也”。[①] 而现实的生员制作用恰与之相反，有真才实学的生员很少得到，而生员数量又极大，天下之人求之若骛，其原因是“今之愿为生员者，非必其慕功名也，保身家而已”。“保身家”是人之常情，是“势”使之然也，难以禁止。顾炎武针对这种情形，又设想了两全其美的办法：一方面改革考试内容，废除过去以钱鬻生员的做法，以保证生员的质量：“必选夫五经兼通者而后充之，又课之以二十一史与当世之务而后升之。仍分为秀才、明经二科，而养之于学者，不得过二十人之数，无则阙之……如此而国有实用之人，邑有通经之士，其人材必盛于今日也。”[②]另一方面又要照顾“能自立之家”(即大、中型地主)免于编氓的利益。但照顾这些人，不能以破坏生员制为代价，应仿秦、汉赐爵之法，给予一些特权。这样做就可以杜绝生员制的不良风气，保证生员的质量。“开彼则可以塞此，即入粟拜爵，其名尚公，非若鬻诸生以乱学校者之为害也。夫立功名与保身家，二途也；收俊乂与恤平人，二术也；并行而不相悖也，一之则敝矣。”[③]

改革郡县制和生员制，顾炎武都是以人的私情为考虑的出发点的，是他顺势而盛的历史盛衰思想的具体反映。承认人的一定程度自私的合理性，反映了顾炎武尊重人性的进步思想，以此为理论基础而提出的改革封建制度的方案反映了他变革思想的务实性。他能够从解决人的利益冲突出

① 《亭林文集》卷一，《生员论上》。

② 同上。

③ 同上。

发来解决社会问题，改革社会弊端，这是他变革思想比较深刻的地方。

从历史盛衰的认识出发，顾炎武认为"寓封建之意于郡县之中"最符合"势"的要求。但他并没有满足于此，他还运用历史事实，"引古筹今"，从更广泛的意义上论证这一点，为此他不得不深入到社会结构内部，运用古代的圣贤君主的统治经验，进一步说明它的合理性。《日知录》中的《守令》《吏胥》《刺史守相得召见》《藩镇》《乡亭之职》等条目都对此进行了很详细的论述。

顾炎武改革郡县制的主张，实质上是加强地方权力，削弱君主专制。他说："天下之治，始于里胥，终于天子，其灼然者矣。故自古及今，小官多者其世盛，大官多者其世衰。兴亡之涂，罔不由此！"①他还明确地反对独治，说："人君之于天下，不能以独治也。独治之则刑繁矣，众治之而刑措矣。"②

对于君主的地位，君主与臣下的关系，顾炎武也作了新的解释，从而显示出他的民主启蒙思想。他说："享天下之大福者，必先天下之大劳；宅天下之至贵者，必执天下之至贱。"③这样就剥掉了几千年来环绕在君主身上的圣光，认为他们不过是比一般人更能吃苦耐劳的人。在《周室班爵禄》条中，他还说："为民而立之君，故班爵之意，天子与公、侯、伯、子、男一也，而非绝世之贵。代耕而赋之禄，故班禄之意，君、卿、大夫、士与庶人在官一也，而非无事之食。是故知天子一位之义，则不敢肆于民上以自尊；知禄以代耕之义，则不敢厚取于民以自奉。不明乎此，而侮夺人之君，常多于三代之下矣。"④就是说，天子与公、侯、伯、子、男，并不是天生的尊贵，他们是管理国家事务的，与老百姓一样，也是靠劳动吃饭，"禄"是他们为老百姓工作，取之于百姓的报酬。所以，他认为，君主不应该肆虐于上以自尊，不应该厚取于民以自奉。

对于君臣关系，顾炎武认为君应亲臣："夫人主而欲亲民，必自其亲大吏始矣。"⑤其次，君要能听取臣下的意见。他说："人主之所患，莫大乎

① 《日知录》卷八，《乡亭之职》。

② 《日知录》卷六，《爱百姓故刑罚中》。

③ 《日知录》卷七，《饭糗茹草》。

④ 《日知录》卷七。

⑤ 《日知录》卷九，《刺史守相得召见》。

唯言而莫予违。”①他非常赞赏历史上的“封驳”制。皇帝下达诏书，大臣认为有不妥之处，还可以封还。此外，他在《称臣下为父母》《人臣称人君》《人臣称万岁》等条中，还刻意提高大臣的地位，剥去罩在君主身上的神圣灵光。所有这些都表明，顾炎武反对君主专制，并有意识地为建立新型的君臣关系提供历史根据。

17 世纪，中国封建社会走向衰老阶段，封建社会内部的矛盾日益尖锐，面对日益尖锐的社会矛盾，皇帝进一步加强了中央集权，加强君主专制。然而，愈是加强专制政权，社会弊端就愈加突出。这似乎成了封建制度永远走不出去的“怪圈”，标志着封建制度的行将灭亡。明代中央集权的程度超过了以往任何朝代，皇帝为加强其专制统治，任用宦官。宦官参与政治、军事、司法，从中央到地方，到处都是宦官的爪牙。顾炎武深谙明史，自幼阅读明朝的邸报，家藏丰富的明代实录，并著有《圣安纪事》二卷，《明季三朝野史》四卷，《明季实录》《熹庙谅阴记》等，还编有《三朝纪事阙文》。《天下郡国利病书》《肇域志》涉及大量的明代经济政治及地理方面的资料。对明代专制集权的危害，顾炎武自然十分清楚。他提出的“寓封建之意于郡县之中”，削弱集权，加强地方政权的政治改革，就是针对明代的社会弊端而发的，是建立在对现实和历史的深切考察基础之上的。这种改革在当时来讲，具有重大的现实意义和进步意义。

当然，我们也不得不指出，顾炎武的“寓封建之意于郡县之中”，具有浓重的宗法色彩。

他重视宗族在一代兴亡中的重要性，说：“自古帝王为治之道，莫先于亲亲。”②并总结历史经验，认为重用宗室是长治久安的保证：“闵管、蔡之失道，而作《常棣》之诗，以亲其兄弟，此周之所以兴。惩吴、楚七国之变，而抑损诸侯，至于中外殚微，本末俱弱，此西汉之所以亡也。”“光武中兴，实赖诸刘之力。”“汉唐之制，皆以宗室与庶姓参用，入为宰辅，出居牧伯者，无代不有。”③而慨叹明代在这方面做得不够，“然则自古以来，

① 《日知录》卷九，《封驳》。

② 《日知录》卷九，《宗室》。

③ 同上。

待宗人之失，未有如有明者也。”①认为不重视宗族也是明灭亡的原因之一：“于是举天子之宗，无一人焉任国家之事，以生草泽之心，而召蛮裔之侮，宁以其四海之大，宗祧之重，畀之非族者而不恤，呜呼！此亦后世有天下者之大监也已。”②

他主张天子与宗子同治天下，认为这样做能减少刑罚，诸多矛盾都可在宗族内解决：“其有不善之萌，莫不自化于闺门之内。”“是故宗法立而刑清，天下之宗子各治其族，以辅人君之治。”③

再者，顾炎武对历史盛衰的思考主要是以还没有出现资本主义萌芽的北方社会为基础。虽然他的故乡一带已经出现了资本主义萌芽，但这对他的思想影响不大。他的后半生生活在北方，受北方社会的影响更大，所谓“性不能舟行食稻而喜餐麦跨鞍”，对南方的商品经济很少接触。他的思想也极传统。与他交游的大都是北方的士大夫。他理想中的“治”，没有突破传统的以农业为主的封建太平盛世的范畴，如他说：“人聚于乡而治，聚于城而乱。聚于乡则土地辟，田野治，欲民之无恒心，不可得也。聚于城则徭役繁，狱讼多，欲民之有恒心，不可得也。”④他评价县令称职也是以农业经济的治理为标准：“土地辟，田野治，树木蕃，沟恤修，城郭固，仓廪实，学校兴，盗贼屏，戎器完，而其大者则人民乐业而已。”⑤可见，顾炎武所倡导的改革，是有局限性的，没有超出封建社会改良的范畴。

探讨历史、社会的盛衰之变，是中国史学的优良传统。顾炎武的历史盛衰思想，将历史和现实紧密地联系在一起，既体现了他的历史观，又表明了他的政治思想，反映出明末清初经世致用的史学特点。

① 《亭林文集》卷二，《朱子斗诗序》。

② 同上。

③ 《日知录》卷六，《爱百姓故刑罚中》。

④ 《日知录》卷十二，《人聚》。

⑤ 《亭林文集》卷一，《郡县论三》。

黄宗羲、顾炎武之比较

黄宗羲，字太冲，号南雷，世称梨洲先生，浙江省余姚县黄竹浦人，生于明万历三十八年(1610年)，卒于清康熙三十四年(1695年)。顾炎武，字宁人，江苏昆山人，学者称亭林先生，生于明万历四十一年(1613年)，卒于清康熙二十一年(1682年)。二先生与王夫之自清末以来被并称为"明清之际三大思想家"。王夫之在抗清失败后，独居不出，倾力著述，与二先生似乎没有联系。黄、顾二人都出身于东南名门，都参加了抗清斗争。抗清失败后，均拒绝出仕新朝，而致力于经世致用之学。二人曾有书信之交，彼此相互推崇。顾炎武在致黄宗羲的信中写道："……大著《待访录》读之再三，于是知天下之未尝无人，百王之敝可以复起，而三代之盛可以徐还也。……炎武以管见为《日知录》一书，窃自幸其中所论，同于先生者十之六七"。① 对顾炎武的这封信，黄宗羲是很重视的，他著的《思旧录·顾炎武》全文收录了它。在其著《破邪论·题辞》中又说："余尝为《待访录》，思复三代之治。昆山顾宁人见之，不以为迂。"清人章学诚曾从学术渊源的角度对二者作出比较，说："顾氏宗朱，而黄氏宗陆。盖非讲学专家，各持门户之见者，故互相推服，而不相非诋。学者不可无宗主，而必不可有门户；故浙东、浙西，道并行而不悖也。浙东贵专家，浙西尚博雅，各因其习而习也。"②黄宗羲、顾炎武是明清之际的著名史学家，对清代的史学、经学产生了很大的影响，在中国思想史上亦有重要的地位。因此，对他们进行比较，无论是对研究这二人的学术思想，还是对探讨明清之际史学思潮的特点，都是极有意义的。

一、经世致用思想之比较

黄宗羲和顾炎武对封建君主专制都进行了批判，其批判的方式，对君

① 《亭林佚文辑补》，《与黄太冲书》。

② 《文史通义·浙东学术》。

臣关系的论述，颇有相似之处。他们一般以古之帝王为楷模，用古今对比的方法来批判后之帝王。黄宗羲的批判猛烈，富有激情，他说："古者以天下为主，君为客，凡君之所毕世而经营者，为天下也。今也以君为主，天下为客，凡天下之无地而得安宁者，为君也。是以其未得之也，荼毒天下之肝脑，离散天下之子女，以博我一人之产业，曾不惨然！曰'我固为子孙创业也'。其既得之也，敲剥天下之骨髓，离散天下之子女，以奉我一人之淫乐，视为当然，曰'此我产业之花息也'。然则为天下之大害者，君而已矣。""古者天下之人爱戴其君，比之如父，拟之如天，诚不为过也。今也天下之人怨恶其君，视之如寇仇，名之为独夫，固其所也。"①他很赞成孟子说的："民为贵，社稷次之，君为轻"，说"孟子之言，圣人之言也。"顾炎武的批判则显得含蓄，但也不乏理性。他从考据的角度对君臣关系作了新的解释，从而表达出他的民主启蒙思想。他说："享天下之大福者，必先天下之大劳；宅天下之至贵者，必执天下之至贱。……古先王之教，能事人而后能使人，其心不敢失于一物之细，而后可以胜天下之大。舜之圣也，而饭糗茹草；禹之圣也，而手足胼胝，面目黧黑。此其所以道济天下，而为万世帝王之祖也，况乎其不如舜、禹者乎！"②这样就剥掉了几千年来环绕在君主身上的圣光，认为他们不过是比一般人更能吃苦耐劳的人。在《周室班爵禄》条中，他还说："为民而立之君，故班爵之意，天子与公、侯、伯、子、男一也，而非绝世之贵。代耕而赋之禄，故班禄之意，君、卿、大夫、士与庶人在官一也，而非无事之食。是故知天子一位之义，则不敢肆于民上以自尊；知禄以代耕之义，则不敢厚取于民以自奉。不明乎此，而侮夺人之君，常多于三代之下矣。"③就是说，天子与公、侯、伯、子、男，并不是天生的尊贵，他们是管理国家事务的，与老百姓一样，也是靠劳动吃饭，"禄"是他们为老百姓工作，取之于百姓的报酬。所以，他认为，君主不应该肆虐于上以自尊，不应该厚取于民以自奉。对于君臣关系，黄宗羲说："缘夫天下之大，非一人之所能治，而分治之以群工。故我之出而仕也，为天下，非为君也；为万民，非为一姓也"。认

① 《明夷待访录》，《原君》。以下《明夷待访录》简称《待访录》。

② 《日知录》卷七，《饭糗茹草》。

③ 《日知录》卷七，《周室班爵禄》。

为："君与臣，共曳木之人也"。[①] 也就是说，君臣都是因管理国家而设立的，他们有共同的职责，就是为民谋利，"臣之与君，名异而实同"。臣与君，是一种同事的关系，"吾无天下之责，则吾在君为路人"，"以天下为事，则君之师友也。"[②]顾炎武认为，首先，君应亲臣："夫人主而欲亲民，必自其亲大吏始矣"。[③] "人主苟欲亲民，必先亲牧民之官，而后太平之功可冀矣"。[④] 其次，君要听取臣下的意见。他说："人主之所患，莫大乎唯言而莫予违。"对于历史上的"封驳"，他非常赞赏，列举了大量史实说明"封驳"的作用。第三，君要尊重臣。如《称臣下为父母》列举了称臣为父，称臣之母为母的例子："父母二字，乃高年之称。汉文帝问冯唐曰：'父老何自为郎?'是称其臣为父也。赵王谓赵括母曰：'母置之，吾已决矣'，是称其臣之母为母也"。[⑤] 在《人臣称人君》条，说人臣也可以称君；在《人臣称万岁》条中，说"万岁"在古时是"庆幸之通称"。顾炎武列这些条目，很明显是有意将一向神圣不可侵犯的君权世俗化，为建立新型的较为平等的君臣关系寻找历史根据。顾氏阐发他的观点，总是列举大量的证据，表面上看好像是在搞考据，实际上，考据只是他的一种手段，目的则是阐述他的经世思想。他对封建专制制度的批判虽然没有黄宗羲尖锐激烈，但理性的因素似乎更多一些。

在议政方面，黄宗羲提出了"学校"的职能，说"学校，所以养士也。然古之圣王，其意不仅此也，必使治天下之具皆出于学校，而后设学校之义始备"。即学校还具有议政、参政的职能。认为皇帝也要受学校的约束，推举当世大儒为大学祭酒，"祭酒南面讲学，天子亦就弟子之列。政有缺失，祭酒直言无讳"。[⑥] 这里的学校，颇类似于西方的议会。黄宗羲的这些思想，的确是破天荒的。他没有接触西学，他是在批判中国封建专制制度，总结历史的基础上得出的。而明朝皇帝的极端集权所造成的政治黑暗、宦官专政，更使他有切肤之痛，是他能够较为深刻地认识到专制危害

① 《待访录》，《原臣》。

② 同上。

③ 《日知录》卷九，《刺史守相得召见》。

④ 《日知录》卷九，《京官必用守令》。

⑤ 《日知录》卷二十四，《称臣下为父母》。

⑥ 《待访录》，《学校》。

的直接原因。与黄宗羲相类，顾炎武提出了“清议”思想，他说：“天下风俗最坏之地，清议尚存，犹足以维持一二。至于清议亡而干戈至矣”。①“‘天下有道，则庶人不议’。然则政教风俗，苟非尽善，即许庶人之议矣”。② 顾氏认为人心风俗关乎社会盛衰，而清议对维持良好的社会风俗具有重要的意义，故清议与国家治乱也息息相连。顾氏也注意到了学校的作用，说“设乡校，存清议于州里，以佐刑罚之穷”。③

与封建专制制度相关的是宦官、胥吏。对于宦官，黄、顾在他们的著作中都有论述。黄宗羲说：“奄宦之祸，历汉、唐、宋而相寻无已，然未有若有明之为烈也”。“奄宦之如毒药猛兽，数千年以来，人尽知之矣”。那为什么还会出现这种现象，黄宗羲说这是“由于人主之多欲也”。④ 顾炎武在《日知录》中，专列《宦官》一条，考察了历朝的宦官情况，对宦官在明朝从朱元璋时不许识字，到永乐时打破此例，以后允许宦官参政，继而参与军事，危害愈来愈烈进行了详细的梳理，并摘录了防止宦官参政的有关奏章，是一篇颇为翔实的论文。认为“宦官之盛，由于宫嫔之多，而人主欲不近刑人，则当以远色为本”。这同黄宗羲的认识是一致的。指出“阉人之有祠堂，自英宗之赐王振始也。至魏忠贤则生而赐祠，且遍于天下矣。故圣人戒乎作俑”。⑤ 孔子说，始作俑者不仁。顾氏之“圣人戒乎作俑”，无异于是对皇帝的一种谴责。黄、顾对宦官现象的揭示，一定程度上触及问题的本质。宦官专政是皇帝专权的结果。宦官是皇帝的奴婢，皇帝专权，不相信大臣，而只相信身边的宦官，于是宦官权利膨胀，乃至出现宦官专政的局面。皇帝专权的结果，最终是皇帝无权。

顾、黄关于君臣关系的议论，可以说涉及改革封建政治制度的问题。

在中央和地方的关系上，顾氏主张“寓封建之意于郡县之中”，说：“知封建之所以变而为郡县，则知郡县之弊而将复变。然则将复变而为郡县乎？曰，不能。有圣人起，寓封建之意于郡县之中，而天下治矣”。⑥ 这

① 《日知录》卷十三，《清议》。

② 《日知录》卷十九，《直言》。

③ 《日知录》卷十三，《清议》。

④ 《待访录》，《奄宦》。

⑤ 《日知录》卷九，《宦官》。

⑥ 《亭林文集》卷一，《郡县论一》。

是因为“封建之失，其专在下；郡县之失，其专在上”。[1] 这种主张，实际上是扩大地方权利，以防止中央过分集权。黄宗羲也有类似的思想，如他认为唐朝灭亡，不是由于方镇的原因，而主张恢复方镇：“是故封建之弊，强弱吞并，天子之政教有所不加；郡县之弊，疆场之害苦无已时。欲去两者之弊，使其并行不悖，则沿边之方镇乎！”[2]黄氏的主张未必正确，但在扩大地方权利方面与顾炎武有思想相通之处。

此外，他们都谈到了土地制度、赋税制度和选官制度。如黄宗羲的《明夷待访录》中有《田制》三篇，顾炎武的《日知录》卷十则考辨了田制和赋税，并专门写了《钱粮论》两篇；[3]《明夷待访录》有《学校》及《取士》上、下篇，顾炎武则写了《生员论》三篇，[4] 并在《日知录》卷十六、卷十七更为翔实地论述了这一问题。在这些问题上，他们有许多相似的观点，反映了那时的思想家都在思考同样的问题。他们都提出了恢复井田制的主张，黄宗羲说：“余盖于卫所之屯田，而知所以复井田者亦不外于是矣。世儒于屯田则言可行，与井田则言不可行，是不知二五之为十也”，“故吾于屯田之行，而知井田之必可复也”。[5] 顾炎武说“子曰：无欲速，无见小利。夫欲行井地之法，则必自此二言始矣”。[6] 顾氏着重讲了正经界、均赋税的问题，说：“有王者作，谓宜遣使分按郡邑，图写地形，奠以山川，正以经界，地邑民居，必参相得，庶乎狱讼衰而风俗淳矣”。[7] “经界之不正，赋税之不均也”。[8] 恢复井田制，自然是不合时宜的，但这一思想，是针对明朝土地过分集中的危害而提出的解决方案，并不意味着真的复古。在赋税方面，他们都反对重赋。黄宗羲通过考察中国封建社会的田租，认为两汉田租三十税一是比较妥当的。三十税一，是以下下田为则，合于古法。提出田租应“任土所宜”，“出百谷者赋百谷，出桑麻者赋布帛，以至杂物皆

① 《亭林文集》卷一，《郡县论一》。
② 《待访录》，《方镇》。
③ 《亭林文集》卷一。
④ 同上。
⑤ 《待访录》，《田制二》。
⑥ 《日知录》卷十，《治地》。
⑦ 《日知录》卷十，《州县界域》。
⑧ 《日知录》卷十，《开垦荒地》。

赋其所出，斯民庶不至困瘁尔！"[1]顾炎武的《日知录》有《苏松二府田赋之重》，对江南地区，特别是苏州、松江二府田赋繁重的状况进行了揭示，说"佃人竭一岁之力，粪壅工作，一亩之费可一缗，而收成之日，所得不过数斗，至有今日完租而明日乞贷者"。[2] 他也提出了田赋要任土为赋，说"非任土以成赋，重穑以帅民，而欲望教化之行、风俗之美，无是理矣"。[3]以钱为赋或以银为赋，对老百姓，特别是偏僻地区的农民来说，无异于一种灾难。顾氏还以自身见闻，进一步说明这一点，并进而指出："夫树谷而征银，是畜羊而求马也；倚银而富国，是恃酒而充饥也；以此自愚，而其敝至于国与民交尽"。[4]

他们还对八股取士进行了猛烈的批判，黄宗羲认为科举考时文，"空疏不学之人皆可为之"，"向若因循不改，则转相模勒，日趋浮薄，人才终无振起之时"。[5] 顾炎武说："愚以为八股之害，等于焚书，而败坏人材，有甚于咸阳之郊所坑者但四百六十余人也。"[6]而改良的办法，他们都主张重视史学及时务策。顾炎武说："必选夫五经兼通者而后充之，又课之以二十一史与当世之务而后升之。"[7]黄宗羲说科举考试要增加诸子和史学。

黄宗羲、顾炎武针对社会现实，特别是针对明朝的灭亡，揭示社会弊端，提出了社会改良的方案。总结历史，"引古筹今"，并以"复古"的形式来变革现实，实现国家复兴，这是他们经世致用的共同特点。顾炎武致书黄宗羲所说的："炎武以管见为《日知录》一书，窃自幸其中所论，同于先生者十之六七。"从上述比较看，此言不虚。

二、对理学态度之比较

黄宗羲和顾炎武都以治经学见长，在他们的著述中，有关经学、理学

① 《待访录》，《田制三》。

② 《日知录》卷十，《苏松二府田赋之重》。

③ 《日知录》卷十一，《以钱为赋》。

④ 《亭林文集》卷一，《钱粮论上》。

⑤ 《待访录》，《取士上》。

⑥ 《日知录》卷十六，《拟题》。

⑦ 《亭林文集》卷一，《生员论上》。

的论述占了很大的分量。然而在对理学的态度上，他们却有较大的分歧。

顾炎武对明末理学末流进行了批判，对理学的态度，可以用四个字来概括，那就是“抑理扬经”。他提出的“理学，经学也”的论断，既是对明末陆王心学的否定，也包含对程朱理学的不满，抬高了由于理学兴盛而导致衰落的经学的地位。他说：“古之所谓理学，经学也，非数十年不能通也。故曰：‘君子之于《春秋》，没身而已矣’。今之所谓理学，禅学也，不取之五经而但资之语录，校诸帖括之文而犹易也。又曰：‘《论语》，圣人之语录也’。舍圣人之语录而从事于后儒，此之谓不知本矣。”①全祖望在复述顾炎武的这一观点时说：“谓古今安得别有所谓理学者，经学即理学也。自有舍经学以言理学者，而邪说以起，不知舍经学则其所谓理学者，禅学也。”②全祖望的复述，是符合顾炎武的原意的。顾炎武没有一概地否定理学，理学和经学在顾炎武那里，是趋于等同的概念。全祖望的表述，只是更突出了顾炎武的这一思想。

对于陆王心学，顾炎武是猛烈抨击的。首先，他认为空谈误国，明朝的灭亡，陆王心学要负很大责任。他说：“以一人而易天下，其流风至于百有余年之久者，古有之矣。王夷甫之清谈，王介甫之新说；其在于今，则王伯安之良知是也。”③就是说，王阳明鼓吹“良知”，开了明代空疏之学的恶例，是明朝灭亡的重要原因。其次，他认为陆王心学实为禅学。他说宋自程氏之后，学道而入于禅者有三家：谢良佐、张九成、陆九渊。“夫学程子而涉于禅者，上蔡也，横浦则以禅而入于儒，象山则自立一说，以排千五百年之学者，而其所谓‘收拾精神，扫去阶级’，亦无非禅之宗旨矣。后之说者递相演述，大抵不出乎此，而其术愈深，其言愈巧，无复象山崖异之迹，而示人以易信”。④ 为了进一步说明心学的禅学实质，他把孔子学说与心学作了对比，他说圣人之道没有专用于内的：“古之圣人所以教人之说，其行在孝弟忠信，其职在洒扫应对进退，其文在《诗》《书》《礼》《易》《春秋》，其用之身，在出处去就交际，其施之天下，在政令教化刑

① 《亭林文集》卷三，《与施愚山书》。

② 全祖望：《鲒埼亭集》卷十二，《亭林先生神道表》。

③ 《日知录》卷十八，《朱子晚年定论》。

④ 《亭林文集》卷六，《下学指南序》。

罚。虽其和顺积中，而英华发外，亦有体用之分，然并无用心于内之说。”①他引用黄震的话说：“近世喜言心学，舍全章本旨而独论人心、道心，甚者单摭道心二字，而直谓即心是道。盖陷于禅学而不自知，其去尧、舜、禹授受天下之本旨远矣。”②顾炎武把陆王心学彻底排斥在孔门之外，没有在孔门中给它留一点位置。

对程朱理学，顾氏没有正面批评，而且还维护程朱在儒学道统上的地位。王守仁作《朱子晚年定论》，说朱陆早异晚同。顾炎武对此进行了驳斥，认为是“颠倒早晚，以弥缝陆学而不顾矫诬朱子，诳误后学之深”。斥责王阳明作“舞文之书”，称赞对王阳明《朱子晚年定论》进行辩难的罗钦顺的《知困记》和陈建的《学蔀通辩》是“今日中流之砥柱矣”。③ 对宋理宗在淳佑元年定“周、程、张、朱四子之从祀”作了肯定的评价，说“自此以后，国无异论，士无异习。历胡元至于我朝，中国之统亡，而先王之道存，理宗之功大矣”。④ 这说明他肯定程朱在儒学道统上的地位。然顾氏在许多地方也委婉批评程朱受禅学的影响。如他评论朱熹的《中庸章句》说：“《中庸章句》引程子之言曰：此篇孔门传授心法，亦是借用释氏之言，不无可酌”。朱熹《论语集注》“仁者安仁”引用了谢氏的说法进行解释：“仁者，心无内外远近精粗之间，非有所存而自不亡，非有所理而自不乱”。顾炎武对这种解释评价道：“此皆庄、列之言，非吾儒之学”。⑤ 批评陆王心学，顾炎武倾向程朱理学，依靠程朱理学，但程朱理学也非纯道，顾炎武的目标是辨明源流，“知其异同离合之指”，以求恢复“六经”的本来面目。他治音韵学，花三十余年时间，“所过山川亭鄣，无日不以自随”，五易其稿，终成《音学五书》，就是为了实现这一目的。他说：“愚以为读九经自考文始，考文自知音始。”⑥顾炎武的经学主张，具有向原始儒学复归的意义。

黄宗羲对理学有精深的研究，他的《明儒学案》主要涉及明代理学的发展，《宋元学案》虽不限于理学，但理学的内容也占了很大的部分。他的老

① 《日知录》卷十八，《内典》。
② 《日知录》卷十八，《心学》。
③ 《日知录》卷十八，《朱子晚年定论》。
④ 《日知录》卷十四，《从祀》。
⑤ 《日知录》卷十八，《心学》。
⑥ 《亭林文集》卷四，《答李子德书》。

师刘宗周是王学传人，虽然他与刘氏的哲学思想并不完全一致，但差别不大，只是在个别地方对刘氏的观点进行了修补和完善。梁启超说："黄氏始终不非王学，但是正其末流之空疏而已"。① "梨洲不是王学的革命家，也不是王学的承继人，他是王学的修正者"。② 黄宗羲对陆九渊、王阳明等都给予了很高的评价。在《宋元学案》中，他着重论述了朱陆的相同之处，说："考二先生之生平自治，先生(指陆九渊)之尊德性，何尝不加功于学古笃行；紫阳之道问学，何尝不致力于反身修德，特以示学者之入门各有先后，曰'此其所以异耳'。然至晚年，二先生亦俱自悔其偏重。"他列举了多条朱熹给弟子的信，说明朱熹的格物致知与陆九渊的心学并不矛盾，于是，他说："观此可见二先生之虚怀从善，始虽有意见之参差，终归于一致而无间，更何烦有余论之纷纷乎!"认为朱陆晚年是"志同道合"。③ 他批评朱熹后学对陆学的谩骂，认为所谓鹅湖之会上的朱陆辩论，只不过是"去短集长"，切磋学问。后学们对陆王的谩骂，是违背朱熹的初衷的。假若"晦翁有灵，必且挞之冥冥之中"。④ 黄氏抹平朱陆的差异，反映了他对陆九渊心学的维护。他称赞王阳明的"致良知"，是"震霆启寐，烈耀破迷，自孔、孟以来，未有若此之深切著明者也"。"先生命世人豪，龙场一悟，得之天启，亦自谓从五经印证过来，其为廓然圣路无疑"。⑤ 针对罗钦顺对王阳明的批评，黄氏进行了反批评，说："先生(指罗钦顺)不免操因噎废食之见，截得界线分明，虽足以洞彼家之弊，而实不免抛自身之藏。"⑥可见，对陆王心学的评价，黄宗羲与顾炎武存在着很大的差别。

顾、黄在理学的态度上之所以有这么大的差别，与他们的经学主张密切相关。顾氏主张恢复儒学的本来面目，追求儒学之纯粹，对佛、道、庄、列之言均是排斥，对心学以自己的思想所谓"六经注我"的方法改造儒学自然十分不满，特别是由此造成游谈无根、束书不观的坏学风，导致了

---

① 梁启超：《清代学术概论》，见《饮冰室合集》专集之三十四，16页，北京，中华书局，1989。

② 梁启超：《中国近三百年学术史》，见《饮冰室合集》专集之七十五，46页。

③ 《宋元学案》卷五十八，《象山学案》。

④ 《破邪论·骂先贤》。

⑤ 《明儒学案·师说·王阳明守仁》。

⑥ 《明儒学案·师说·罗整菴钦顺》。

明朝的灭亡，更使他对陆王心学从情感上产生反感，因此他对陆王心学采取了基本否定的态度，即使程朱理学，他也有不少微词。而黄氏作为王学的继承者，以修正王学为己任，竭力维护王学在儒学道统上的地位，弥合朱陆分歧。他对陆王心学是有感情的，这种感情的产生与他的家学、与师从王学传人刘宗周有很大关系。顾、黄对理学的态度虽然分歧明显，但彼此却互相尊重，不存门户之见，显示出大家的风范，这是值得后人尊敬的。

三、与《明史》关系之比较

编撰《明史》，是清初学术上的一件大事。清朝廷两次成立明史馆，撰修明史。清朝这样做，一是按照惯例，撰修前代史，再是笼络前朝文人，为其服务。黄宗羲、顾炎武都是当时社会有影响的大学者，自然受到清廷的重视。但他们都誓不与清廷合作，无论是博学鸿词之特科考试，还是明史馆的召唤，他们都不为所动。尽管如此，可他们对于明史的修撰还是表现了关切之心情，虽没有亲自参与，但也可谓关系密切。

明史馆成立初期，总裁叶方霭慕黄宗羲之名，曾寄诗邀请："会稽有大儒，世系出忠门"，"我聆声誉久，仰止情弥敦"。他还向康熙皇帝奏请，并移文吏部征聘，但被黄氏婉拒。康熙十八年，徐元文作监修，他以为黄氏"非可召使就试者，或可聘之修史"，于是向康熙皇帝推荐。清廷命浙江巡抚"以礼敦请"，黄氏"以老病疏辞"。① 徐元文感到不能勉强，就决定请黄氏之子黄百家及弟子万斯同来修撰明史。这个决定，黄宗羲接受了。万斯同北上时，他送给他《大事记》及《三史钞》，并赋诗赠别。诗句"四方声价归明水，一代贤奸托布衣"，表达了他对弟子修故国之史、评一代贤奸的殷切希望。万斯同以布衣的身份参加明史修撰，不署衔，不受俸。从康熙十八年(1679 年)到康熙四十一年(1702 年)，他修成本纪、列传四百六十卷，在明史撰写上起到了非常重要的作用。

黄宗羲不仅支持儿子和弟子参加修史，而且他本人在明史体例、明代史事方面也做了一些工作。明史馆对他很尊重，与他保持着书信联系。如

---

① 黄炳垕编辑：《黄梨洲先生年谱》康熙十九年条。

康熙二十一年，徐乾学任总裁，订定《修史条议》，对其中的一些条款，史官中有不同意见，特别是关于是否另立“道学传”的问题，争论激烈。徐乾学、汤斌、朱彝尊等各执一词，不能统一。黄宗羲对《修史条议》进行了细致研究，写了《移史馆不宜立理学传书》，对理学的发展流变进行了深入的辨析，认为“道学一门所当去也，一切总归儒林，则学术之异同皆可无论，以待后之学者择而取之”。① 黄氏的书信到达史馆，汤斌宣布之，大家都心服他的论述，遂决定不另立理学传。从黄宗羲的书信中，还可以看出他对《明史》的“历志”进行过审阅。在《答万贞一论明史历志书》中，他说：“某故于历议之后，补此一段，似亦不可少也。来书谓‘去其繁冗者，正其谬误者’，某之所补，似更繁冗，顾关系一代之制作，不得以繁冗而避之也。以此方之前代，可以无愧。”②黄氏对天文历法有高深的造诣，著有多种历学著作，故明史馆将撰成的历志部分送给他看，并希望他“去其繁冗，正其谬误”。不仅如此，黄氏的著述也是明史馆的重要参考书。他的《明文案》收有大量的有关明朝的政治、经济和文化方面的材料。康熙十九年，清政府曾命地方官将其抄录送至史馆。康熙二十六年，黄百家到明史馆时还见过，“简阅史馆中书，此文案固在也”。③《明史》列传多引用奏疏原文，据统计有十六篇出自《明文案》。④ 这些事实说明，黄宗羲虽然不与清朝合作，但在事关故国的历史撰述上，还是表现了很强的责任心的。

顾炎武不与清朝合作的态度比黄宗羲更坚决，但他与明史馆也有一定的联系。明史馆初开时，熊赐履主持其事。康熙十年(1671 年)，顾炎武到京都，住在其外甥徐乾学家。熊赐履宴请顾氏和徐乾学，其间熊氏有意表示荐顾氏“佐其撰述”明史，顾氏当即回答：“果有此举，不为介推之逃，则为屈原之死矣”⑤，断然拒绝了熊氏的推荐之意。然而他的两个外甥徐元文、徐乾学都负责过明史馆的工作，从他受业的弟子潘耒应博学鸿词科，也至明史馆任编修。这虽使顾氏一度很伤心，但最终他还是支持了他们的

---

① 《南雷诗文集》上。

② 同上。

③ 《明文授读》黄百家序。

④ 参见汤纲：《黄宗羲与〈明史〉》，见吴光主编：《黄宗羲论》，杭州，浙江古籍出版社，1987。

⑤ 《蒋山佣残稿》卷二，《记与孝感熊先生语》。

工作。他曾分别写信给徐元文和潘耒，表示了关于明史修撰的意见。他说："窃意此番纂述，止可以邸报为本，粗具草稿，以待后人，如刘昫之《旧唐书》可也。……惟是奏章是非同异之论，两造并存，而自外所闻，别用传疑之例，庶乎得之。"[①]"今之修史者，大段当以邸报为主，两造异同之论，一切存之，无轻删抹，而微其论断之辞，以待后人之自定，斯得之矣。"[②]这两封信，均提到了"邸报"，提到了遇到难于决断的史料如何处理的问题。邸报，是明朝官方刊载时事的政府公报，是较为原始的史料。顾炎武家藏大量的邸报，"自庚申至戊辰邸报皆曾寓目，与后来刻本记载之书殊不相同"。[③] 顾氏认为，邸报更加可信。编撰明史，应以此为主。即是说，撰写历史，要重视原始资料。"两造异同之论，一切存之"，则表明撰著史书，应当注意正反两方面的史料，占有资料要全面。顾氏与他的这两个外甥和弟子潘耒保持着经常的联系，除书信外，在许多谈话中，涉及明史编撰的内容当不会少。

顾炎武对明史素有研究，自云："自舞象之年，即已观史书，阅邸报，世间之事，何所不知。五十年来存亡得失之故，往来于胸中，每不能忘也。"[④]他积累了大量的明代史料，并曾借予潘柽章、吴炎二人。潘、吴二氏因庄廷鑨案罹难，资料被没收。此后他就没有继续系统研究明史。然他编写的有关明朝的史书，像《肇域志》《天下郡国利病书》《三朝纪事阙文》《熹庙谅阴记事》《明季实录》《圣安本纪》等，却能显示出他在明史方面的深厚功力。明史馆纂修汤斌曾几次致书于他，询问关于《太祖实录》的版本、《明实录》中关于开国功臣聊永忠与傅友德、冯胜同为赐死却记载不同以及朱元璋就位吴国公的时间等问题，顾炎武虽谦虚推脱，说"臣精销亡，少时所闻，十不记其二三矣"，但仍然一一给予答复，并开列了一些参考书。汤斌的虚心求教精神，也得到了他的称赞，说："两函并至，深感注存。足下有子产博物之能，子政多闻之敏，而下问及于愚耄。"[⑤]以后，明史馆

---

① 《亭林文集》卷三，《与公肃甥书》。

② 《亭林文集》卷四，《与次耕书》。

③ 同上。

④ 《亭林文集》卷三，《答李紫澜》。

⑤ 《亭林文集》卷三，《答汤荆岘书》。

仍有意聘他，“顷闻将特聘先生，外有两人”①，但其不出仕之意未有稍改，“耿耿此心，始终不变”。他给徐元文和潘耒的关于明史修撰的信，也是一再说明这是家人之间的谈话，不要传给外人。他的嗣母王氏“未嫁守节，断指疗姑”；明亡后，绝食而死。临终前，嘱咐顾炎武读书自居，无仕二姓。为此，顾氏给明史馆馆臣写信，“冀采数语存之简编，则没世之荣施，即千载之风教矣。”②即希望将其嗣母王氏写进《明史》。在这一点上，他没有利用他与明史馆史官的私人关系，而完全是一种公事公办的姿态。这说明，虽然他关注《明史》修撰，但又自觉地保持一定的距离。《明史·列女传》中有顾氏嗣母王氏，称之“王贞女”，记述她未嫁守节、断指疗姑的贞孝事迹，然对她绝食而死及临终的嘱托则只字未提。

由上可知，黄、顾二氏虽然出于民族气节的考虑，没有亲自参加《明史》的修纂，但他们对《明史》是关心的，并尽了自己的责任。《明史》在二十四史中，除前四史外，是公认的较好的一部。这里面有多方面的原因，而黄、顾等人的关切和建议应该说也是重要原因之一。

黄宗羲、顾炎武是明末清初的大学者，在当时的学界有很高的威望，他们的风骨以及勇于面对现实，对民族国家高度负责的精神，典型地表现了17世纪中国史学经世致用的特点。他们敏锐地揭示出中国封建社会进入衰老阶段的种种社会问题并提出了解决方案。他们对封建专制的批判，反映了时代的要求，具有思想启蒙、思想解放的意义，在中国思想史上具有重要的地位。他们对理学的态度及经学思想，显示出明末清初儒学发展之总结和嬗变的新趋向。然而他们的历史包袱终究太沉重，先进的思想萌芽不免为复古的形式所窒息。如他们反对封建专制，却又不厌其烦地强调君臣纲常、礼治教化等。这种状况实际上是中国封建社会晚期，生产力欲突破腐朽的生产关系的束缚而力量又不够强大的现实在思想领域的反映。这种局限性是历史时代决定的，我们不必苛求前人。

① 《亭林文集》卷四，《答潘次耕》。

② 《亭林文集》卷三，《与史馆诸君书》。

“六经皆史”考论

经史关系，经对史的影响，是史学史研究不可回避的问题。明清时期，不断有学者明确地提出“六经皆史”，使经史关系的紧密程度达到一个新阶段。那么“六经皆史”具有怎样的意蕴？是否在一定意义上反映了中国史学的特点？本文试从“六经皆史”说的源流之角度，对此进行探讨。

一、孔子与六经

六经，即《诗》《书》《易》《礼》《乐》《春秋》。六经与孔子均有密切的关系。孔子整理了六经，并以六经作为他讲学的基本内容。孔子说：“入其国，其教可知也：其为人也，温柔敦厚，《诗》教也；疏通知远，《书》教也；广博易良，《乐》教也；挈静精微，《易》教也；恭俭庄敬，《礼》教也；属辞比事，《春秋》教也。”①这说明，孔子对每一部经书的特点和作用都有他的认识，都有他的教育目的。

《诗经》是我国第一部诗歌总集，所收诗歌的时代上自西周初年，下至春秋中期，现存三百零五篇。司马迁认为，这些篇目是由孔子编定的。他说：“古者《诗》三千余篇，及至孔子，去其重，取可施于礼义，上采契、后稷，中述殷、周之盛，至幽、厉之缺，始于衽席，故曰‘《关雎》之乱以《风》始，《鹿鸣》为《小雅》始，《文王》为《大雅》始，《清庙》为《颂》始’。三百五篇孔子皆弦歌之，以求合《韶》《武》《雅》《颂》之音。礼乐自此可得而述，以备王道，成六艺。”②在《论语》中，孔子多次说明诗的作用，如“子曰：《诗》三百，一言以蔽之，曰：‘思无邪’”。③ 子曰：“兴于诗，立于礼，成于乐。”④孔子对他的儿子伯鱼说：“不学诗，无以言”。⑤ 子曰：“小子何

① 《礼记·经解》。

② 《史记·孔子世家》。

③ 《论语·为政》。

④ 《论语·泰伯》。

⑤ 《论语·季氏》。

莫学夫诗？诗，可以兴，可以观，可以群，可以怨。迩之事父，远之事君；多识于鸟兽草木之名。”[1]这些论述，意在说明学习《诗》的重要性。

《书》就是《尚书》，是唐、虞至春秋前期，主要是殷周时期的历史档案和文件的汇编。在汇编的过程中，孔子作出了贡献，司马迁说：“孔子之时，周室微而礼乐废，《诗》《书》缺。追迹三代之礼，序《书传》，上纪唐、虞之际，下至秦缪，编次其事。……故《书传》《礼记》自孔氏。”[2]这是说，孔子不仅编订了《尚书》，还为每篇写了序。《尚书》的流传比较坎坷，历史上有今古文之争，有被清人证实的伪古文《尚书》。但不论如何，孔子整理了《尚书》，则是不争的事实。

《乐经》已亡，今日已无从考论孔子与它的关系。不过，从《论语》中，我们可以看出孔子非常喜欢音乐，有时甚至到了痴迷的程度，“子在齐闻《韶》，三月不知肉味”。[3] 他从事过音乐整理的工作。子曰：“吾自卫反鲁，然后乐正，《雅》《颂》各得其所。”[4]他经常强调音乐对于陶冶人的情操的意义，对音乐的教化作用有深刻的认识。

《易》指《周易》，由经、传组成。《周易》经文的作者，相传是周文王，这种说法虽没有确凿的证据，但一般认为写于西周初年的观点，应是可信的。传有七种，这就是《彖》《象》《文言》《系辞》《说卦》《序卦》《杂卦》，因为《彖》《象》《系辞》各有上下篇，七种共有十篇，故《周易》的传又称为“十翼”。“十翼”的作者，传统的看法是孔子。司马迁说：“孔子晚而喜《易》，序《彖》《系》《象》《说卦》《文言》。读《易》，韦编三绝。”[5]宋人对孔子作易传的说法，表示怀疑。但近几十年的考古发掘证实，孔子确实与易传有一定的关系。据《史记》，孔子本人曾说过：“假我数年，若是，我于《易》则彬彬矣。”[6]在《文言》和《系辞》中，有三十处“子曰”，指颜渊时则称“颜氏之子”，说明“子曰”之“子”当是孔子。马王堆出土的帛书《周易》，有一篇题作《要》，专记孔子与弟子有关《周易》的问答，足见孔子不仅喜《易》，而且

---

① 《论语·阳货》。
② 《史记·孔子世家》。
③ 《论语·述而》。
④ 《论语·子罕》。
⑤ 《史记·孔子世家》。
⑥ 同上。

研究《易》，给学生讲《易》。学生根据他的讲授内容，整理成文，笔之于书，是很可能的。前人以为“十翼”“皆非孔子作”，若说这个“作”专指笔之于文字，盖有一定的道理；若说“十翼”与孔子一点关系也没有，恐怕失之武断。

《礼》指《士礼》，也就是今之《仪礼》，主要内容是有关冠、昏、饮、射、聘、觐，以及丧葬、祭祀的礼仪。司马迁说：“《礼》固自孔子时而其经不具。及至秦焚书，书散亡益多。于今独有《士礼》，高堂生能言之。”① 就是说，《士礼》在孔子时，即已不完备，故孔子有礼崩乐坏之叹，有“杞不足征”之憾，有到各国访求“文献”之举。他曾说“周监于二代，郁郁乎文哉！吾从周”，即赞赏周朝的礼仪制度。他十分重视礼，把礼与他所提倡的“仁”联系在一起，说“克己复礼为仁。一日克己复礼，天下归仁焉”。② 由于孔子对礼很熟悉，故时人多向孔子问礼。《礼记·杂记下》：“恤由之丧，哀公使孺悲之孔子学士丧礼，《士丧礼》于是乎书。”《士丧礼》是今《仪礼》中的一篇，这很能说明孔子与《仪礼》编定的关系。可见，孔子在收集、整理和传播《仪礼》方面作出了重要贡献。

《春秋》是孔子因鲁史旧文而修的。那时，各国的史书大都叫“春秋”，如墨子有“周之春秋”“燕之春秋”“宋之春秋”“齐之春秋”等语；也有不称春秋的，如孟子说的“晋之《乘》，楚之《梼杌》”。它们与鲁国的《春秋》一样，都是“其事则齐桓晋文，其文则史”。孔子作《春秋》，有自己的史法，即“属辞比事”。通过作《春秋》，表达他的爱憎，寄托了他的政治思想。孟子说“世衰道危，邪说暴行有作，臣弑其君者有之，子弑其父者有之。孔子惧，作《春秋》。《春秋》，天子之事也；是故孔子曰：‘知我者其惟《春秋》乎！罪我者其惟《春秋》乎！’……孔子成《春秋》而乱臣贼子惧”。③ 司马迁对孔子修《春秋》也作了记述，称它“约其文辞而指博”。

由上可知，六经与孔子均有密切的关系，除了《乐经》亡佚，难以考述外，其他五经均经过了孔子的整理，《春秋》还是孔子亲自编订的。“经”作为儒家典籍的称谓，到战国后期才出现。先秦诸子文献上首次提及“经”的

① 《史记·儒林列传》。

② 《论语·颜渊》。

③ 《孟子·滕文公下》。

是《荀子·劝学》篇，其中说道："学恶乎始？恶乎终？曰：其数则始乎颂经，终乎读礼。"就是说，经是供诵读的典籍，与礼相对应，礼指礼仪，不属于经。秦朝对儒家采取了打击政策，"焚书坑儒"，儒家典籍遭到毁坏。西汉武帝采取董仲舒的建议，"罢黜百家，独尊儒术"，儒家的这些基本典籍就具有特殊的地位。于是，经就成为历代皇朝"法定"的以孔子为代表的儒家所编著典籍的统称。汉朝置经学博士，对经书进行注疏。唐代孔颖达成《五经正义》，使对经书的解释归于统一。唐代统治者，在举行科举考试、选拔人才时，把经义作为重要内容；明清两朝科举考试从经书中出题，并把朱熹等人对四书五经的注释作为标准依据。要之，孔子整理的这些儒家经典在悠久的中国历史上，具有神圣的地位。

二、关于"六经皆史"说的历史考察

孟子论述《诗》与《春秋》的关系，说："王者之迹息而《诗》亡，《诗》亡然后《春秋》作。"①这里说的"王者之迹息"，是指周王朝衰落，即时代变了，诗的时代过去了，《春秋》于是产生了。可见，孟子是把六经里的《诗》和《春秋》作为史书来看待的。他还指出《春秋》包含事、文、义等基本因素，而没有将其神化。司马迁也是把儒家的经典看成是儒家的经世之作，他对六经的作用都有评论，说："夫《春秋》，上明三王之道，下辨人事之纪，别嫌疑，明是非，定犹豫，善善恶恶，贤贤贱不肖，存亡国，继绝世，补敝起废，王道之大者也。《易》著天地阴阳四时五行，故长于变；《礼》经纪人伦，故长于行；《书》记先王之事，故长于政；《诗》记山川谿谷禽兽草木牝牡雌雄，故长于风；《乐》乐所以立，故长于和；《春秋》辨是非，故长于治人。是故《礼》以节人，《乐》以发和，《书》以道事，《诗》以达意；《易》以道化，《春秋》以道义。"②司马迁虽然自谦自己写《史记》不能和孔子作《春秋》相比，但实际上他是以继承孔子为己任。在《太史公自序》中，他说："先人有言：'自周公卒五百岁而有孔子。孔子卒后至于今五百岁，有能绍明世，正《易传》，继《春秋》，本《诗》《书》《礼》《乐》之际？'意在斯乎！意在

① 《孟子·离娄下》。

② 《史记·太史公自序》。

斯乎！小子何敢让焉?”这样，他把撰写《史记》与儒家的六经联系在一起。可见，六经在司马迁眼里，也属于“史”的范畴，虽然他没有明确地表示出来。班固的《汉书·艺文志》，由刘歆的《七略》改编而成。其中，史书部分，班固著录在“六艺”里的“春秋”类中，这说明，他把《春秋》作为史书来看待。这就是说，史原来是和经不分的。他对六经的作用有一个总体的评价，说：“六艺之文：《乐》以和神，仁之表也；《诗》以正言，义之用也；《礼》以明体，明者著见，故无训也；《书》以广听，知之术也；《春秋》以断事，信之符也。五者，盖五常之道，相须而备，而《易》为之原。”①可见，在秦汉时期，儒家的六经虽然具有特殊的地位，但从渊源上、从作用上看，它与史学有紧密的联系，经史之间并没有明显的分野。在文献目录学上较早将经史分途的是晋人荀勖。他著有《晋中经新簿》，采取甲乙丙丁四分法。甲部记六艺及小学等书；乙部有古诸子家、近世子家、兵书、兵家、术数；丙部有史记、旧事、皇览簿、杂事；丁部有诗赋、图赞、汲冢书。即他把经书放在甲部，把史书放在丙部。以后李充又撰《晋元帝四部书目》，将乙部与丙部对调，于是乙部纪史，丙部纪诸子，奠定了以后四部分类法的格局，但尚未提出经史子集四部分类。直到唐朝编修《隋书·经籍志》时，经史子集四部分类法才得以确立，从文献目录学上，经学与史学才算正式分离。隋朝的王通提出“昔圣人述史三焉”，是说《六经》中的《尚书》《诗经》及《春秋》“同出于史”。刘知幾在《史通》中有《六家》篇。六家指“《尚书》家”“《春秋》家”“《左传》家”“《国语》家”“《史记》家”“《汉书》家”。并说：“考兹六家，商榷千载，盖史之流品，亦穷之于此矣。”②也就是说，刘知幾把儒家经典的《尚书》和《春秋》作为史书看待，从历史编纂学上论述了《尚书》和《春秋》的价值及其对后代史书的影响。在《疑古》《惑经》篇中，他还对这两部书进行了批评，认为尧、舜禅让是虚语，桀、纣之恶是厚诬，所谓太伯让位季历，周文王服事殷商，周公杀管叔、放蔡叔等都不可靠。他还批评了《春秋》为尊者讳、为贤者讳的“义例”，认为这将导致“爱憎由己”“厚诬来世”。刘知幾的史学批评淡化了儒家经典的神圣光环，在中国史学史上有深远的影响。他的这些观点虽然受到正宗儒者的非议，但

① 《汉书·艺文志》。

② 《史通·六家》。

他这种敢于批评经书的精神，对中国史学的非神学化具有重要的意义。此后，北宋的苏洵提出“经以道法胜，史以事词胜”，经史“体不相沿，而用实相资焉”的观点，将经史并列。元代的郝经、刘因等，将王通所讲的“三经”扩大到“六经”，提出“古无经史之分”以及“治经而不治史，则知理而不知迹；治史而不治经，则知迹而不知理”①的认识。虽然没有提出“六经皆史”的提法，但已含有这方面的思想。

明确提出“六经皆史”的是明朝的王阳明。他在回答徐爱的问题时说：“以事言谓之史，以道言谓之经。事即道，道即事，《春秋》亦经，‘五经’亦史。《易》是包牺氏之史，《书》是尧、舜以下史，《礼》《乐》是三代史：其事同，其道同，安有所谓异?”“五经亦只是史。史以明善恶，示训诫。善可为训者，时存其迹以示法；恶可为戒者，存其戒而削其事，以杜奸”。②王学以后演变为禅学。束书不观，游谈无根，是心学末流的学风。但王学中也有补偏救弊者。如黄宗羲的老师刘蕺山宗奉王学，又重视史学，说：“予一生读书，不无重重疑团，至此终不释然，不觉信手拈出，大抵于儒先注疏，无不一一抵牾者，诚自知获戾斯文，亦姑存此疑团，以俟后之君子”，颇具史学之怀疑精神。黄宗羲究心宋以后之理学，称赞“宋儒穷理之学，可谓密矣”。③ 他认为，经史不可偏废。“学者必先穷经，经术所以经世，必兼读史，史学明而后不为迂儒”，而慨叹史学之荒废：“自科举之学盛，而史学遂废。昔蔡京、蔡卞当国，欲绝灭史学，即《资治通鉴》板亦议毁之，然而不能。今未尝有史学之禁，而读史者顾无其人，由是而叹人才之日下也”。④ 他还对王学末流进行批判：“明人讲学，袭语录之糟粕，不以六经为根柢，束书而从事于游谈。”也就是说，离开史，经必然要流于空疏，要从读经当中看到历史的内容，从读史中体会经的深意。经和史是不可分的。

明代史学家王世贞强调史学的经世作用，倡导“六经皆史”之说。认为“天地之间，无非史而已”，“《六经》，史之言理也”。“试进操觚之士而质

① 《陵川集》卷一九，《经史》。

② 《传习录》上，《王阳明全集》卷一，10页，上海，上海古籍出版社，1992。

③ 黄宗羲：《张母李夫人六十寿序》，见《黄宗羲全集》第十册，666页，1993。

④ 黄宗羲：《补历代史表序》，见《黄宗羲全集》第十册，76～77页。

之史，其论三代有不尊称《尚书》乎？有不尊称《春秋》乎？"他说世间的文体，都是"史"的变体。他还对六经提出批评，说"诗不能无疵，虽三百篇亦有之，人不敢摘耳"。他甚至说"吾读书万卷，而未尝从六经入"。① 这话对李贽有直接的影响。李贽是明代后期颇具战斗性格的思想家，他提出经史相为表里的观点，说："经、史一物也。史而不经，则为秽史矣，何以垂戒鉴乎？经而不史，则为说白话矣，何以彰事实乎？故《春秋》一经，春秋一时之史也。《诗经》《书经》，二帝三王以来之史也。而《易经》则又示人以经之所自出，史之所从来，为道屡迁，变易匪常，不可以一定执也。故谓六经皆史可也"。② 李贽的这些话，是对经史关系的新的看法，他把经史平等看待，甚至把经置于史下。他还大胆地破除人们对经的迷信，认为不应当以孔子之是非为是非，对神化六经，把儒家经典作为教条的做法深为不满："夫《六经》《语》《孟》，非其史官过为褒崇之词，则其臣子极为赞美之语。又不然，则其迂阔门徒，懵懂弟子，访忆师说，有头无尾，得后遗前，随其所见，笔之于书。后学不察，便谓出自圣人之口也，决定目之为经矣，孰知其大半非圣人之言乎！纵出自圣人，要亦有为而发，不过因病发药，随时处方，以救此一等懵懂弟子、迂阔门徒云耳。药医假病，方难定执，是岂可遽以为万世之至论乎？然则《六经》《语》《孟》，乃道学之口实，假人之渊薮也，断断乎其不可以语于童心之言明矣"。③

顾炎武对孔子删订的"六经"，给予了很高的地位，但并没有神化。他认为六经也是史。如他说："《孟子》曰：其文则史。不独《春秋》也，虽六经皆然。今人以为圣人作书，必有惊世绝俗之见，此是以私心待圣人。"④他对《易》《诗》《春秋》等作了十分平易的解释，说："圣人之所以学《易》者，不过庸言庸行之间，而不在乎图书、象数也"⑤。认为孔子删诗，在于存列国之风，使人听之，"知其国之兴衰"⑥。这就是说，诗不过是史书的特殊表现形式。顾炎武的"六经皆史"的观点，是他经世致用的史学思想在经学认识上的反映。

① 李贽：《续藏书》卷二六，《尚书王公世贞》。

② 李贽：《焚书》卷五，《经史相为表里》。

③ 李贽：《焚书》卷三，《童心说》。

④ 《日知录》卷三，《鲁颂商颂》。

⑤ 《日知录》卷一，《孔子论易》。

⑥ 《日知录》卷三，《孔子删诗》。

乾嘉时期，钱大昕针对学界“经精而史粗，经正而史杂”的思想，批评道：“彼之言曰：经精而史粗也，经正而史杂也。予谓经以明伦，虚灵玄妙之论，似精实非精也。经以致用，迂阔刻深之谈，似正实非正也。……若元、明言经者，非抄袭稗贩，则师心妄作，即幸而厕名甲部，亦徒供后人覆瓿而已，奚足尚哉！”①这里，钱氏对经的批评，并不是指的原始经学，而是宋明理学。也就是说，他对宋明以来理学家对经书的神化是不满的。他从源头上考察，说经史同出一辙，并非二学。“经与史岂有二学哉？昔宣尼赞修六经，而《尚书》《春秋》，实为史家之权舆”。② 他还从目录学上历史地分析了经与史的分合，认为这是学科的分合，不是经尊史卑的问题，“初无经史之别。厥后兰台、东观，作者益繁，李充、荀勖等创立四部，而经史始分，然不闻陋史而荣经也”。③

章学诚在《文史通义·易教》篇，提出了“六经皆史”的命题，他说：“六经皆史也，古人不著书，古人未尝离事而言理，《六经》皆先王之政典也。”章学诚这里所说的“六经皆史”的“史”，是指的“史学”，而不是历史资料。他认为，唐宋以来的史部著作，都不是“史学”：“世士以博稽言史，则‘史考’也；以文笔言史，则‘史选’也；以故实言史，则‘史纂’也；以议论言史，则‘史评’也；以体裁言史，则‘史例’也。唐宋至今，积学之士，不过史纂、史考、史例；能文之士，不过史选、史评。古人所为‘史学’，则未之闻也。”④史学所以与史考不同，是因为史学中包含史意。六经所以都是史，也是因为其中有史意存在。在章学诚看来，经、史不是两种截然不同的学问。做学问是为了致用，六经是古代先王之政典，它讲的也是民生日用的学问，“但切入于人伦之所日用，即圣人之道也”。⑤ “舍人伦日用而求学问精微，皆不知府史之史通于五史之义者也”。⑥ 所以，他认为在古代只有史，没有经。“三代学术，知有史而不知有经，切人事也。后人贵

① 《廿二史札记》钱大昕序。

② 同上。

③ 同上。

④ 章学诚：《上朱大司马论文》，见《章学诚遗书》，612页，北京，文物出版社，1985。

⑤ 《文史通义·易教下》。

⑥ 《文史通义·史释》。

经术，以其即三代之史耳”。[①] 他还阐发了六经演变为史的途径，说：“盖六艺之教通于后世有三：《春秋》流为史学；官礼诸记，流为诸子；论议诗教，流为辞章辞命。其他《乐》亡而入于《诗》《礼》；《书》亡而入于《春秋》。《易》学亦入官礼，而诸子家言，源委自可考也。”[②]一方面，章学诚指出古代经史合一，六经皆史；又一方面，他又说后世的史学都是由《春秋》演变出来的。章学诚提出“六经皆史”的观点，与他倡导史学的经世致用有直接的关系。他说：“夫子曰：‘我欲托之空言，不如见诸行事之深切著明也’，此则史氏之宗旨也”。[③] 他认为后世史学失却了史学的根本宗旨，到了非进行变革不可的地步。“六经皆史”的观点，是他在复古的旗帜下，论述史学变革的理论根据。

龚自珍，这位生活在清朝衰落时期的思想家、史学家，也明确地提出“六经皆史”的观点。他针对乾隆以来“号为治经则道尊，治史则道绌”的观点，提出“尊史”说，强调史学的重要性。他认为“经子皆史”。说：“周之世官大者史。史之外无有语言焉；史之外无有文字焉；史之外无人伦品目焉”。他还从六经的渊源上说明这一点，说：“夫六经者，周史之宗子也。《易》也者，卜筮之史也；《书》也者，记言之史也；《春秋》也者，记动之史也；《风》也者，史所采于民，而编之竹帛，付之司乐者也；《雅》《颂》也者，史所采于士大夫也；《礼》也者，一代之律令，史职藏于故府，而时以诏王者也；小学也者，外史达之四方，瞽史谕之宾客之所为也。……故曰：五经者，周史之大宗也”。他从历史的角度，揭示“诸子”也是出自于“史”，说：“孔子殁，七十子不见用，衰世著书之徒，蜂出泉流，汉氏校录，撮为诸子，诸子也者，周史之小宗也。”[④]在龚氏看来，古代的文化，只有“史”才能概括得了，“史”是古代历史文化的总称。龚氏的说法有一定的历史根据，龚氏论证这一点，一是对于“扬经抑史”的反动，二是强调史学的重要。他认为“史”与人类前途和国家民族的命运有着紧密的关系，说：“灭人之国，必先去其史；隳人之枋，败人之纲纪，必先去其史；绝

---

① 《文史通义·浙东学术》。

② 《上朱大司马论文》，《章学诚遗书》，612页。

③ 《文史通义·言公上》。

④ 《龚自珍全集》，21页，上海，上海古籍出版社，1999。

人之材，湮塞人之教，必先去其史；夷人之祖宗，必先去其史。”①也就是说，“史”是一个民族、一个国家生存的根本。“史”还是人们体察社会情形、探讨治国安邦之道的重要根据，说“出乎史，入乎道。欲知大道，必先为史”。② 龚自珍对经史关系的论述，与章学诚的视角又有所不同。他是在社会危机的形势下，对史学的重要性所发出的呼唤，对当时沉闷的尊经重经之学风，无疑是一个打击，预示着一个新的学术局面的开辟。

三、“六经皆史”说的史学意义

通过对“六经皆史”说的历史考察，可以看出经学与史学的密切关系。在中国史学的悠久历史中，提倡“六经皆史”说不绝如缕，“六经皆史”说也因时代背景的不同和提倡者的用意之不同，而具有不同的含义。但无论怎样，“六经皆史”说至少表明如下意义：

第一，儒家的经书，并不是神学，它也是讲社会日用人伦的，经书虽然被封建统治者捧得很高，以致神化为教条，但它从来没有像其他的宗教经典一样脱离世俗，脱离社会。它在中国封建国家的政治统治中和在中国的社会生活中具有深刻而广泛的影响。中国史学家尊崇经学，对它的经世致用的作用予以充分的肯定。司马迁说：“《易》著天地阴阳四时五行，故长于变；《礼》经纪人伦，故长于行；《书》记先王之事，故长于政；《诗》记山川谿谷禽兽草木牝牡雌雄，故长于风；《乐》乐所以立，故长于和；《春秋》辨是非，故长于治人。”③这种认识，恐怕是大多数史家所赞同的。六经对社会具有不同的作用。经书和史书一样，也是以阐释人事现象为旨趣的。

第二，六经中的一些著作就是史书。如《春秋》，孟子、司马迁将之作史书来看。司马迁还把自己撰著《史记》看作继承孔子的事业。刘知幾在《史通》中把《尚书》和《春秋》作为最早的史书来评述。《古今正史》首先叙述了《尚书》和《春秋》的撰写，说明他从史学史的角度给予这两部经书以史学地位。

---

① 《龚自珍全集》，22页。

② 同上书，81页。

③ 《史记·太史公自序》。

第三，史学没有成为经学的婢女。司马迁把撰著《史记》比作孔子作《春秋》，他要成“一家之言”。即使在理学盛行，理学家倡言“经精史粗”，欲把史学作为经学的附庸的时代，历史学也保持自己的品格。“六经皆史”说在许多情况下，是为反击将经学神秘化而提出的，是对“经精史粗”说的反动。

提出“六经皆史”，并没有否定经学的地位。经学地位之崇高，也是历代史家所承认的。“六经皆史”说，从经学的角度讲，是把经从神的地位解放出来，还原它的本来面目，给予它应有的位置。如顾炎武对《易》所作的评论：“圣人之所以学《易》者，不过庸言庸行之间，而不在乎图书、象数也”。“夫子平日不言《易》，而其言《诗》《书》执礼者，皆言《易》也”。[①] 章学诚把六经作为古代先王之政典，说古人从不离开事实而言理，六经是先王得位行道，经纬世宙的记述，都是“切入人伦之所日用”的。他们都把儒家经书看得非常平实。从史学的角度看，则是提高了史学的地位，突出了史学的经世致用的功用，强调史学要有史意。这就是说，即使是地位崇高的经学，也是史，“夫子因鲁史而作《春秋》。孟子曰：‘其事齐桓、晋文，其文则史’，孔子自谓窃取其义焉耳。载笔之士，有志《春秋》之业，固将惟义之求，其事与文，所以藉为存义之资也”。[②] 章氏通过孔子作《春秋》，说明经史同出一源。经中包含先王的经世之道，史学的根本宗旨是经世致用。所以，史之最根本的则是“义”。

“六经皆史”说一方面反映了中国史学与经学的密切关系，另一方面也是史学家密切经史关系的一面旗帜。其实，从历史编纂学的角度讲，六经中，除了《尚书》《春秋》，其他几部经书《易》《诗》《礼》《乐》很难说是史书，因为它们并不具备史书的基本要素。但如果从历史意识、史学思想的萌芽来看，中国史学的起源，就得追溯到六经那里。《尚书》关于历史盛衰的总结意识，《周易》的变通思想，《周礼》的政教礼治观念，《春秋》的笔法、义例及编年叙事方法等，无不对后世史学产生深远的影响。六经中包含中国先民成熟的历史意识、历史观念，中国史学的萌芽实在是与六经分不开的。儒家经典也是历代史学家阐发史学思想，进行史学批评的根据。如刘

① 《日知录》卷一，《孔子论易》。

② 章学诚：《文史通义·言公上》。

知幾、章学诚这两位以史学批评而垂世的史学家，对其涉及的史书的批评可谓是严苛，但他们却都推崇孔子。刘知幾在《史通·自叙》中说出他著《史通》的意图和顾虑，他称赞孔子的撰修工作，说此后“史籍愈多，苟非命世大才，孰能刊正其失？嗟予小子，敢当此任！……但以无夫子之名，而辄行夫子之事，将恐致惊末俗，取咎时人，徒有其劳，而莫之见赏。所以每握管叹息，迟回者久之。非欲之而不能，实能之而不敢也”。对孔子可谓是崇拜之至。中国古代史学家表述史学思想往往以儒家经典为根据，采取“我注六经”的方式，自然，这里面也不可避免的有“六经注我”。然无论是“我注六经”，还是“六经注我”，都不可能脱离六经。中国的史学思想就是在这种矛盾中不断向前发展的。中国史学的这种发展特点，既有积极的一面，也有消极的一面。积极的一面是它使中国史学保持了良好的继承性。中国史学发展的连续不断，与此密切相关。消极的方面是中国史学的包袱太沉重，史学的变革总是难以突破固有的躯壳，天长日久，又走上孟子所说的“一治一乱”的循环老路。于是孔子的六经就不断地成为“拨乱世，反之正”的思想工具。

由于六经与中国史学有如此密切的关系，决定了中国史学带有鲜明的儒家思想的特点。如中国史书在写历史时注重历史变通，这与《周易》中讲“变”、讲“通”是一脉相承的。《系辞》说：“是故阖户谓之坤，辟户谓之乾。一阖一辟谓之变，往来不穷谓之通”，“穷则变，变则通，通则久”，“通其变，使民不倦”。《周易》对司马迁的史学思想具有重要影响，司马迁说他著史是为了“见盛观衰”。司马迁在《史记》中写了许多社会变革，指出只有因势而变，承敝通变，才能获得成功。在《高祖本纪》中，他说：“故汉兴，承敝易变，使民不倦，得天统矣。”在《平准书》中又说：“汤武承敝易变，使民不倦，各兢兢所以为治，而稍陵迟衰微”。儒家经学重视经世致用，中国史学也把经世致用作为最高宗旨。儒家经学重人事、富有理性，中国史学也具有浓厚的人本主义的特点。儒家经典的其他思想，也深深地影响着中国史学。中国史学具有鲜明的儒家思想的烙印。

论中国传统史学直书精神的形成和特点

——兼谈直书与“名教”之关系

中国史学的历史源远流长，崇尚直书，鞭笞曲笔，是中国史学的一个基本价值取向。但直书的内涵是随着历史的发展不断充实的，而且它与名教总是紧密地联系在一起。中国传统史学的直书精神有自己的特点，值得深入探讨。

一、秉笔直书　善恶必记

梁启超谈中国史学史，在讲到古代的史官时，说过这样的话：“国家法律尊重史官独立，或社会意识维持史官尊严，所以好的政治家不愿侵犯，坏的政治家不敢侵犯，侵犯也侵犯不了。这种好制度不知从何时起，但从春秋以后，一般人暗中都很尊重这无形的纪律”。① 的确是这样，中国在久远的古代就有比较完备的史官制度，形成了优秀的撰史传统。中国史学发达，与其史官建置之早、史官制度的完备以及史官的恪尽职守都是分不开的。

关于中国的史官制度，刘知幾说：“盖史之建官，其来尚矣。昔轩辕氏受命，仓颉、沮诵实居其职。至于三代，其数渐繁。”②仓颉、沮诵是否真有其人，无法考辨，但在先秦的史籍里，已有关于史官制度的记述。《周礼》《礼记》中有大史、小史、内史、外史、御史、左史、右史之名。这些史官还有不同的职掌。“大史掌建邦之六典”；“小史掌邦国之志”；“内史掌王之八枋之法，以诏王治”，“内史掌书王命”；“外史掌书外令，掌四方之志”，“若以书使于四方，则书其令”；“御史掌邦国都鄙及万民之治

---

① 梁启超：《中国历史研究法补编》，见《饮冰室合集》专集之九十九，154页，北京，中华书局，1989。

② 《史通·史官建置》。

令”，“掌赞书”。[①] “动则左史书之，言则右史书之。”[②]《礼记·曲礼》曰：“史载笔，士载言。”杜预说：“大事书之于策，小事简牍而已。”[③]《大戴礼·保傅》曰：“太子既冠，成人，免于保傅之严，则有司过之史”。[④] 至于诸侯各国，也都有自己的史官。如晋国有史官董狐、史墨，齐国有齐太史、南史氏，楚国有左史倚相。在诸史官中，大概太史的地位最重要。“昭二年，晋韩宣子来聘，观书于太史氏，见《易象》与《鲁春秋》，曰：‘周礼尽在鲁矣。’”“至秦有天下，太史令胡母敬作《博学章》”。[⑤] 史官的职责，是记载国君、公、侯乃至大夫的言行，据《韩诗外传》：“赵简子有臣曰周舍，立于门下三日三夜。简子使人问之，曰：‘子欲见寡人何事？’周舍对曰：‘愿为谔谔之臣，墨笔操牍，从君之后，司君之过而书之，日有记也，月有成也，岁有效也。’”[⑥]并且由于分工的不同，记载的内容和形式也不同。史官在履行自己的职责时，也遵循一定的原则。这种制度直到战国时期仍然保留着，《史记·孟尝君传》：“孟尝君待客坐语，而屏风后常有侍史，主记君所与客语”。刘知幾在《史通·史官建置》中也说：“赵鞅，晋之一大夫尔，有直臣书过，操简笔于门下。田文，齐之一公子尔，每坐对宾客，侍史记于屏风。”战国时期的国君还利用史官“君举必书”的规则，来进行政治斗争。如《史记》中记述的：赵王与秦王会渑池，秦王酒酣，请赵王奏瑟。赵王鼓瑟。秦御史前书曰“某年月日，秦王与赵王会饮，令赵王鼓瑟”。蔺相如奉盆缶跪请秦王。秦王不怿，为一击缶。相如召赵御史书曰“某年月日，秦王为赵王击缶”。[⑦] 汉代，这种制度虽不再坚持，大概也没完全废除。汉武帝时，有《禁中起居注》，可能出于宫中女史之手。从司马谈司马迁父子的职掌看，古史官制度在汉代还有相当的影响，刘知幾说：“武帝又置太史公，位在丞相上，以司马谈为之。汉法，天下计书先上太史，副

① 《周礼·春官》。

② 《礼记·玉藻》。《汉书·艺文志》的说法与之相反：“左史记言，右史记事；事为《春秋》，言为《尚书》”。

③ 杜预：《春秋经传集解序》。

④ 王聘珍：《大戴礼记解诂》，52页，北京，中华书局，1983。

⑤ 《史通·史官建置》。

⑥ 《韩诗外传》，248页，北京，中华书局，1980。

⑦ 《史记·廉颇蔺相如列传》。

上丞相。”[①]据《汉书·百官公卿表》，汉无太史公，而有太史令，太史令职位六百石，位卑于丞相，但在朝会时，由于他的特殊职责，座位仍在丞相之上则是可能的。如司马谈随皇帝泰山封禅，司马迁随皇帝到各地巡游，说明他们还具有古史官的职掌。王莽改制，实行复古政策，居摄元年，王莽“置柱下五史，秩如御史，听政事，侍旁记疏言行”。[②] 可见，古史官制度还有多么深的影响。刘知幾说：“古者人君，外朝则有国史，内朝则有女史，内之与外，其任皆同。故晋献惑乱，骊姬夜泣，床笫之私，房中之事，不得掩焉。”[③]东汉时，以他官如兰台令史撰修国史。三国魏明帝置著作郎，隶属中书，相当于周之左史。晋时，又隶属秘书，有著作郎一人，专掌史任，佐著作郎八人。宋、齐以后，改佐著作郎为著作佐郎。齐、梁、陈又置修史学士，十六国、北朝，大都设有史职。北齐、北周时，有著作、起居的分职。隋朝时，以著作如外史，内史省置起居舍人，职掌如古之内史。唐代正式设立了史馆。“馆宇华丽，酒馔丰厚，得厕其流者，实一时之美事。”[④]此后各朝，史官制度多因唐制而有所损益。

在这种重视修史，不断完善史官制度的过程中，中国史家形成了“据事直书，善恶必记”的价值取向，认为只有这样做，才是尽到了史官的责任，才是一个好的史官。《左传》宣公二年记载的董狐之“书法不隐”，《左传》襄公二十五年记载的齐太史以兄弟三人的生命记载“崔杼弑其君”，表明在中国古代，史官确实把“秉笔直书，善恶必记”作为自己的神圣职责，以至于不惜以生命去捍卫它。董狐、齐太史、南史氏的事迹，广为流传，深入人心，是直笔的楷模。他们在人们的心目中，永远是正义史官的化身，这就是所谓的“辞宗丘明，直归南、董”。[⑤] 他们所表现出的精神以及后人对这种精神的诠释，远远超过了其事迹本身的意义。许慎《说文解字》对“史”这样解释道：“史，记事者也，从又持中。中，正也。”现在一般认为，这种解释并不正确。“中”，在古代是指的简册。许慎把“中”训为

---

① 《史通·史官建置》。刘知幾这个话的根据是《史记·太史公自序·集解》如淳注引《汉仪注》，见《史记》，3287页，北京，中华书局，1982。

② 《汉书·王莽传》。

③ 《史通·史官建置》。

④ 同上。

⑤ 《文心雕龙·史传》。

"正"，是从抽象的意义上对"史"作的解释。虽然，从训诂上说，这是错误的，但却准确地揭示了"史"的本质内涵，把中国史官的正直精神表达出来了。刘知幾论直书，用"正直""良直""直词""直道"等褒扬；论曲笔，则用"舞词""臆说""谀言""曲词""诬书""妄说""谤议"等鞭笞。于是，坚持直书，反对曲笔，就成为公认的评价史书优劣的一项重要标准，刘知幾说："君子以博闻多识为工，良史以实录直书为贵"。[①] 就是说，史家以直书为荣，以曲笔为耻。唐朝史馆制度趋于完备，史官不仅有明确的职责，而且建立起履行自己职责的行为规范、道德规范。唐太宗与谏议大夫、兼知起居事褚遂良的一段对话很能说明这一点："太宗尝问曰：'卿知起居，记录何事，大抵人君得观之否?'遂良对曰：'今之起居，古左右史，书人君言事，且记善恶，以为鉴诫，庶几人主不为非法。不闻帝王躬自观史。'太宗曰：'朕有不善，卿必记之耶?'遂良曰：'守道不如守官，臣职当载笔，君举必记'"。[②] 史官杜正伦也对唐太宗说过："君举必书，言存左史。臣职当修起居注，不敢不尽愚直"。[③] 还有，唐代史官刘允济说："史官善恶必书，言成轨范，使骄主贼臣，有所知惧。此亦权重，理合贫而乐道也。昔班生受金，陈寿求米，仆视之如浮云耳。但百僚善恶必书，足为千载不朽之美谈，岂不盛哉!"[④]吴兢修《则天实录》，不为人情权势所动，坚持直书，为人称赞："昔董狐古之良史，即今是焉。"[⑤]这些事例都说明，中国的史官，非常明确自己的神圣使命，那就是要"秉笔直书，善恶必记"。

中国史家具有强烈的社会责任感，司马氏父子的对话很典型地反映这一点。司马谈临终前对其子司马迁说："……自获麟以来四百有余岁，而诸侯相兼，史记放绝。今汉兴，海内一统，明主贤君忠臣死义之士，余为太史而弗论载，废天下之史文，余甚惧焉，汝其念哉!"司马迁接受父亲临终受命，说"小子不敏，请悉论先人所次旧闻，弗敢阙"。他在回答壶遂对他的问难时，同样表达了他对史学事业的神圣使命感，说"余尝掌其官，

① 《史通·惑经》。

② 《旧唐书》卷八十，《褚遂良传》。

③ 《旧唐书》卷七十，《杜正伦传》。

④ 《唐会要》卷六十三，《修史官》。

⑤ 《唐会要》卷六十四，《史馆杂录下》。

废明圣盛德不载，灭功臣世家贤大夫之业不述，堕先人所言，罪莫大焉”。[1] 司马迁因为李陵辩护，遭受腐刑，他之所以选择了忍辱苟活，就是为了要完成《史记》，是史家的神圣使命感给了他生活下去的勇气。《史记》文直、事核，“不虚美，不隐恶，故谓之实录”[2]，千百年来，为人们所称颂。

“秉笔直书，善恶必记”是中国古代史学的一个优良传统。所谓“宁为兰摧玉折，不作瓦砾长存”，这正是中国古代史家直书精神的光辉写照。

二、从“书法不隐”到“史德”之提出

先秦时，孔子称赞记下“赵盾弑其君”的晋太史董狐“书法不隐”。又《左传》襄公二十五年载，齐太史书“崔杼弑其君”。为此，齐太史兄弟三人被杀，南史氏不顾生死，继续执简前往。太史这种不怕牺牲，维护史之“书法”的精神为后世所称赞，对中国优秀史学传统的形成产生了重要影响。从《左传》对这两个事件的记载看，所谓的“书法不隐”，与后世讲的据事直书，即事实是什么样就写成什么样[3]，还不完全是一回事。实际上，赵盾并未杀国君，是赵穿杀的。因此，孔子所讲的“书法”，实际是为了维护礼法而产生的一种撰写史书的原则。其依据是周礼，其功能是以“正名分”来维护“礼法”。先秦史官世董典籍，掌书王命。他们习知天文历法、各种礼法制度及其由来，在当时的重大典礼活动如即位、朝聘、策命、盟会、祭祀中，有时充当主持人的角色。他们有维护礼法的职责。他们采用的对事情和人物的评判都是以周礼为标准。当然，“书法不隐”包含求真的成分。《左传》庄公二十三年：鲁庄公“如齐观社”，曹刿谏曰：“不可，……君举必书，书而不法，后世何观?”可见，史家记事的书法与据实而书，既有一定的区别，又有密切的联系。随着时代的变化，后世史家继承了“书法不隐”的求真因素，提出“直书”“实录”的概念。

---

① 《史记·太史公自序》。

② 《汉书·司马迁传》。

③ 相当于西方兰克史学所主张的：“The task of the historian was simply to show how it really was(wie es eigentlich gewesen)”。

东汉班彪、班固父子评论司马迁“其文直，其事核，不虚美，不隐恶，故谓之实录”。出现了“文直”“实录”。杜预在《春秋经传集解序》说，《左传》释《春秋》有五例，其中第四例则是“尽而不汙，直书其事，具文见意”。出现了“直书”。所谓“文直”“直书”，都有如实书写的意思。魏晋南北朝时期，政权更迭频繁，民族矛盾尖锐，门阀观念浓厚，史学上的“曲笔”“虚美”现象严重，这时，史学批评以先秦时期的董狐、齐太史、南史氏为楷模，抨击史学坏风气，使直书具有新的含义。如南齐之崔祖思上书论修史说：“今者著作之官，起居而已，述事之徒，褒谀为体。世无董狐，书法必隐，时阙南史，直笔未闻。”[①]这里的直笔，就不仅具有“实录”之意，而且包含史家不屈于权势、不弊于私欲的刚直不阿的品质，是史学正气的代名词。至隋唐时，直书就作为一个史学理论的问题被提出来了。刘知幾撰《史通》，有“直书”“曲笔”两篇，概述了过去史学发展中两种作史态度的对立，直书、曲笔的表现形式，对两种作史态度产生的根源进行了分析。他还把直书和曲笔问题上升至“道”和“德”之高度，说“夫人禀五常，士兼百行，邪正有别，曲直不同。若邪曲者，人之所贱，而小人之道也；正直者，人之所贵，而君子之德也”。[②] 他提出史家三长论，其中“史识”指“好是正直，善恶必书，使骄主贼臣，所以知惧”，[③] 含有道德方面的修养之意，也就是说，史家要有一种正直勇敢、坚持“真理”的精神，敢于“善恶必书”。要“爱而知其丑，憎而知其善，善恶必书，斯为实录”。[④] 批评某些史家不能“兼善”“忘私”。由此看来，刘知幾对“直笔”的论述，也包含“史德”的内容，只是他还没有把它自觉地明确起来。

刘知幾认为，不畏强暴的实录精神最为可贵。他把史家分为三等，“彰善贬恶，不避强御，若晋之董狐，齐之南史，此其上也。编次勒成，郁为不朽，若鲁之丘明，汉之子长，此其次也。高才博学，名重一时，若周之史佚，楚之倚相，此其下也。苟三者并阙，复何为者哉？”[⑤]这样的分类，虽未必恰当，但可以看出，刘知幾对直书的重视程度。“直书”的提

① 《南齐书》卷二十八，《崔祖思传》。
② 《史通·直书》。
③ 《旧唐书》卷一百二，《刘子玄传》。
④ 《史通·惑经》。
⑤ 《史通·辨职》。

出，反映了史家在主体意识方面的增强。

关于直书，唐代中叶还引发了韩愈与柳宗元的一场讨论，韩愈认为做史官是很危险的事，说：

> 愚以为凡史氏褒贬大法，《春秋》已备之矣。后之作者，在据事迹实录，则善恶自见，然此尚非浅陋偷惰者所能就，况褒贬邪？孔子圣人作《春秋》，辱于鲁、卫、陈、宋、齐、楚，卒不遇而死；齐太史氏兄弟几尽；左丘明纪春秋时事以失明；司马迁做《史记》刑诛；班固瘐死；陈寿起又废，卒亦无所至；王隐谤退死家；习凿齿无一足；崔浩、范晔赤诛；魏收夭绝；宋孝王诛死；足下所称吴兢，亦不闻身贵，而今其后有闻也。夫为史者，不有人祸，则有天刑，岂可不畏惧而轻为之哉！①

韩愈列举的历史上史家因写史书而遭祸的事例虽然不尽合乎事实，但也确实说明了撰著史书特别是做一个正直史学家的艰难。

而柳宗元认为，即使是像韩愈所讲的那样，但作为一个史学家，也依然应该坚持史家的“直道”，而不应该临危退缩，同时又辩驳了韩愈所言之不实，他说：

> 言“不有人祸，则有天刑”。若以罪夫前古之为史者，然亦甚惑。凡居其位思直其道。道苟直，虽死不可回也；如回之，莫若亟去其位。孔子之困于鲁、卫、陈、宋、蔡、齐、楚者，其时暗，诸侯不能行也。其不遇而死，不以作《春秋》故也。当其时，虽不作《春秋》，孔子犹不遇而死也。若周公、史佚，虽记言书事，犹遇且显也。又不得以《春秋》为孔子累。范晔悖乱，虽不为史，其宗族亦赤。司马迁触天子喜怒，班固不检下，崔浩沽其直以斗暴虏，皆非中道。左丘明以疾盲，出于不幸。子夏不为史亦盲，不可以是为戒。其余皆不出此。是退之宜守中道，不忘其直，无以他事自恐。退之之恐，唯在不直，不

---

① 韩愈：《答刘秀才论史书》，见《韩昌黎全集》外集卷二，487页，北京，中国书店，1991。

得中道，刑祸非所恐也。[1]

柳宗元对“直书”的这番议论，其思想境界显然要比韩愈高得多，将“直书”精神又向前推进了一步，对宋元明清史学家关于直书的讨论都产生了重要的影响。

书法不隐、直书，总的来看着眼点还是说的史家的笔法，虽含有道德修养的意思，但毕竟没有明确出来，直到清代章学诚，才明确地提出“史德”，他说：“记诵以为学也，辞采以为才也，击断以为识也，非良史之才、学、识也。虽刘氏之所谓才、学、识，犹未足以尽其理也”。“能具史识者，必知史德。德者何？谓著书者之心术也”。[2] 史德是什么？就是著书者的心术。心术端正不端正，公平不公平，是史德的具体表现。那么怎样做到这一点呢？章氏说：“盖欲为良史者，当慎辨于天人之际，尽其天而不益以人也。尽其天而不益以人，虽未能至，苟允知之，亦足以称著述者之心术矣”。[3] 这里章氏似乎已触及了历史认识的主客体关系问题。天，指历史的本体，即历史认识的对象；人，指人的主观认识。就是说，要使人的主观认识尽量符合客观历史实际，而不是相反。这样做，即使不能完全达到，也是尽到了史家的职责，也是良好史德的表现。为此，他还提出了“气”“情”“性”等认识论要素，认为史家要尽到“史德”，必须在这几个方面加强修养，说“气贵于平”，“情贵于正”。如果“气失”，则宕，则激，则骄；而“情失”，则流，则溺，则偏，其文辞就会“害义而违道”。此外，他还提出“临文主敬”“论古必恕”、知人论世等史学评论的具体方法，对史德的论述，可谓臻于完整。

从强调书法不隐、直书到提出“史德”，表明在历史认识活动中，人们愈来愈重视史家的主导地位。后者是从前者发展来的，是前者的一个飞跃，反映了儒家史学理论在历史认识论方面的发展。在这个飞跃过程中，不仅刘知幾的《史通》含有史家道德的论述，其他一些论述也值得关注。如

① 柳宗元：《与韩愈论史官书》，见《柳河东集》卷三十一，499页，上海，上海人民出版社，1974。

② 《文史通义·史德》。

③ 同上。

刘勰在《文心雕龙·史传》篇提出"素心"说："析理居正，唯素心乎!"这是说，只有心境平和，无私心杂念，对事理的认识才能够正确。元代史家揭傒斯曾论及史家的"心术"问题："诏修辽、金、宋三史，傒斯与为总裁官，丞相问：'修史以何为本?'曰：'用人为本，有学问文章而不知史事者，不可与；有学问文章知史事而心术不正者，不可与。用人之道，又当以心术为本也'。"①与章学诚对"史德"的论述是相通的，只是揭傒斯没有把心术提到史德的高度。明代胡应麟有"公心"之论："才、学、识三长足尽史乎?未也。有公心焉、直笔焉，五者兼之，仲尼是也。董狐、南史制作亡征，维公与直庶几尽矣。秦汉而下，三长不乏，二善靡闻。左、马恢恢，差无异说；班《书》、陈《志》，金粟交关；沈《传》、裴《略》，家门互易，史乎!史乎!"②胡氏认为刘氏的史才三长说还不完备，于是又加了"公心""直笔"。这里显然对刘知幾的史才三长论没有全面理解，可胡应麟把"公心"专门提出来，说明他认识到史家在写历史时有主观因素的干扰，这比刘知幾说的"好是正直，善恶必书"更加具体了，在史学理论上是一个前进。这些都说明，章学诚"史德"之提出，并非突兀其来，在此以前，已有这方面认识的基础了。要之，从书法不隐、直书到"史德"之提出，反映了儒家史学对史家主体自我修养的重视，这也是儒家史学理论的一个特色。

三、"直书"与名教

中国史学强调直书，把"直书"上升到能否实现史学的价值以及史家道德品质评价的高度。这种对直书的强调，是儒家思想在中国史学中的反映，而"直书"也深深地打上了儒学的烙印。

直书与"名教"，是中国传统史学的一个矛盾。在直书和曲笔的问题上，中国史学的态度是极其明确的。但在遇到直书和儒家所倡导的名教发生矛盾时，直书就面临一种进退维谷的境地。在这种情况下，直书要服从名教。刘知幾说："史氏有事涉君亲，必言多隐讳，虽直道不足，而名教

---

① 《元史》卷一八一，《揭傒斯传》。

② 胡应麟：《少室山房笔丛》卷十三，《史书占毕一》。

垂焉”。[①] 何谓“名教”？名教就是孔子所说的“君君、臣臣、父父、子子”。以后汉儒又把它具体为“君为臣纲，父为子纲，夫为妻纲”。儒家认为，这种关系是天然的、固定不变的，是圣人根据自然之理而制定的，名教的核心是君臣父子。袁宏说：“夫君臣父子，名教之本也。然则名教之作，何为者也？盖准天地之性，求之自然之理，拟议以制其名，因循以弘其教，辩物成器，以通天下之务者也。是以高下莫尚于天地，故贵贱拟斯以辩物；尊卑莫大于父子，故君臣象兹以成器。”[②]刘知幾认为，史家“直书”，目的是要达到“劝诫”、树风之效，是为了“激扬名教”。他说：“史之为务，申以劝诫，树之风声。其有贼臣逆子、淫君乱主，苟直书其事，不掩其瑕，则秽迹彰于一朝，恶名被于千载”。[③] 他之所以对某些曲笔进行批判，是因为这样的曲笔不能“激扬名教，以劝事君”，于是他感叹道：“古之书事也，令贼臣逆子惧；今之书事也，使忠臣义士羞。若使南、董有灵，必切齿于九泉之下矣。”[④]这说明，刘知幾把是否遵循“名教”，视为史学批评的更为重要的原则。在刘知幾看来，“直书”意味着史家个人的一种为史之德，而“名教”是封建礼法，是社会的根本大法，个人的这种写史的道德，要服从社会的根本礼法。因此，直书必须服从名教。维护名教的曲笔，不是他所鞭笞的“曲笔”，反而是一种“直”的表现：“盖‘子为父隐，直在其中’，《论语》之顺也。”[⑤]他在《杂说下》对这一点似乎说得更明白：“夫所谓直笔者，不掩恶，不虚美，书之有益于褒贬，不书无损于劝诫。但举其宏纲，存其大体而已”。这是说，所谓的“直笔”，即所谓“不掩恶，不虚美”，最终的落脚点是“举其宏纲”，即该书者书，不该书者不书，“非谓丝毫必录，琐细无遗者也”。[⑥] 在《序传》篇中，他就是以这一观点来解释“实录”，来批评司马相如和王充的。他说：“然自叙之为义也，苟能隐己之短，称其所长，斯言不谬，即为实录。”他说司马相如在自序中把“窃妻卓氏”也叙述出来，“虽事或非虚，而理无可取”；王充在《论衡》的自纪中，“述其祖

① 《史通·曲笔》。

② 《后汉纪》卷二十六，“袁宏曰”。

③ 《史通·直书》。

④ 《史通·曲笔》。

⑤ 同上。

⑥ 《史通·杂说下》。

父不肖，为州闾所鄙”，只能“厚辱其先，此何异证父攘羊，学子名母？必责以名教，实三千之罪人也”，“不知则阙，亦何伤乎？”由于坚持“名教”思想，刘知幾在一些史学批评中显得十分迂腐，如他批评《史记》为项羽立“本纪”、为陈涉作“世家”。他的史学变通主张往往为他的义例思想所窒息。

章学诚在论述“史德”的时候，也涉及“名教”。他说“史德”就是著述者之心术，并从逻辑上说明怎样才能“足以称著述者之心术”。他的论述带有明显的心学色彩，当然也就更富有理论性。他认为“好善恶恶之心，惧其似之而非，故贵平日有所养也”。① 如何养心，其依据就是“不背于名教”。他还牵强地列举出一些理由，说明司马迁的《史记》如何“深于《诗》”，如何“不背于名教”，将《史记》中的史学批判精神，以不背于名教的评价予以掩盖，与刘知幾敢于肯定“马迁之述汉非”②相比，章氏在名教问题上显得更加固守。章氏强调史义，把所谓的才、学、识都统一到史义中来，而其史义却不能越出孔子所说的“其义则丘窃取之也”之“义”。可见，章学诚的“史德”论，没有摆脱名教观的局限。

直书与“名教”的这种矛盾，是难以调和的。尽管刘知幾、章学诚极力想把直书和名教统一起来，可还是掩饰不住他们在这个问题上的困惑。刘知幾的《疑古》《惑经》，实际上就是这种困惑的表露。他批评《尚书》“理有难晓”，前后矛盾，批评《春秋》多有“未谕”和“虚美”之处，“真伪莫分，是非相乱”，“国家之事无大小，苟涉嫌疑，动称耻讳，厚诬来世”。还有“一褒一贬，时有弛张；或沿或革，曾无定体”等等。他还对孔子修《春秋》，为贤者讳的书法进行了批评，说“观夫子修《春秋》也，多为贤者讳。狄实灭卫，因桓耻而不书；河阳召王，成文美而称狩。斯则情兼向背，志怀彼我。苟书法其如是也，岂不使为人君者，靡惮宪章，虽玷白圭，无惭良史者乎？”③

刘知幾以明镜照物，空谷传音为例，来说明实录，表现了彻底的直书精神：“盖明镜之照物也，妍媸必露，不以毛嫱之面或有疵瑕，而寝其鉴

① 《文史通义·史德》。

② 《史通·直书》。

③ 《史通·惑经》。

也；虚空之传响也，清浊必闻，不以绵驹之歌时有误曲，而辍其应也。夫史官执简，宜类于斯。苟爱而知其丑，憎而知其善，善恶必书，斯为实录。”①但这种精神，在《史通》中毕竟是次要的，而且“善恶必书”中的善恶，对其判断的标准还是名教，可见，中国传统史学的直书，在理论上未曾突破名教的藩篱，总是戴着“名教”的紧箍咒。

四、名教对中国史学的正负影响

名教对中国史学的影响可谓大矣，我们在上面已经作了论述。中国史学重褒贬，强调史学的劝诫意义，但这只是问题的一个方面，另一方面，中国史学也重事实，在求真求实等方面有很高的要求，并形成了自己特有的方法论体系。这两个方面是相互联系的，是矛盾统一体的两个方面。只看到一个方面，而忽视另一个方面，就不能真正认识中国史学，就可能出现认识上的偏差：或把中国史学看得完美无缺，或是看得一片黑暗。对于史学重名教这一特点，也要历史地看，看看它产生的历史条件，提倡名教的动机，名教在中国历史上正、反两方面的作用，等等。

名教是从孔子的重名分发展而来的。孔子讲的“君君、臣臣、父父、子子”以及在政治生活中强调“正名”即名正言顺，是在春秋末期礼乐崩坏的情况下说的，目的是从积极的方面，维护社会最基本的社会秩序。如果君不像君，臣不像臣，父不像父，子不像子，也就是说都不尽自己应尽的职责，这个社会就乱了，社会怎么发展进步呢？孔子处理社会关系，对待社会矛盾，总是希望用温和的、化解的方式来解决，以不伤彼此的和气。如他关于“直”的谈话，就很令人玩味：“叶公语孔子曰：‘吾党有直躬者，其父攘羊，而子证之。’孔子曰：‘吾党之直者异于是：父为子隐，子为父隐，直在其中矣’”。② 这个对话，绝不能说孔子袒护盗窃，而是说明孔子认为维护父子伦理关系是更加重要的。刘知幾在论述曲笔的时候，对此深有体察，他说：“肇有人伦，是称家国。父父、子子、君君、臣臣，亲疏既辨，等差有别。盖‘子为父隐，直在其中’，《论语》之顺也；略外别内，

① 《史通·惑经》。

② 《论语·子路》。

掩恶扬善，《春秋》之义也。”[1]也就是说，伦理道德，对于一个国家和社会是太重要了，史学要担负维护社会伦理的义务。孔子决不是无原则地迁就坏人坏事，对于破坏礼法的人，他是毫不留情的，《春秋》中不仅有褒奖，而且还有贬斥。惩恶劝善，目的就是使人们严格遵守礼法，即遵从《周礼》。

随着封建大一统的建立和巩固，孔子的名分思想逐步演变为“名教”，这与公羊家对《春秋》的解释是分不开的，董仲舒更是把君臣父子夫妇关系借用天的权威教条化，通过封建皇权法典化，使名教成为维护封建皇权的工具。加之此后封建政权的社会意识对它的宣扬，名教成为维护封建社会秩序影响最广泛的观念形态。名教所涉及的问题是人类社会最基本的关系，即人与人之间的关系，这种关系是从家庭延伸到国家，它遵循儒家的逻辑：“齐家、治国、平天下。”国家就像一个大家庭，皇帝是这个大家庭的家长。在一个小家庭里有父子，在大家庭里则有君臣，君臣关系就像父子关系。所以儒家提倡孝、提倡忠，子对父要孝，臣对君要忠。忠是孝的扩展和延伸。从根本上说，孝是最基本的，对父母不孝，为臣就不可能对君上尽忠。王夫之说：“君臣、父子，人之大伦也。世衰道丧之日，有无君臣而犹有父子者，未有无父子而得有君臣者也。”[2]由于名教对维护封建统治具有这样重要的作用，故每当封建国家面临危机的时候，名教就被大加宣传，名教成了打击“叛臣逆子”的最有力的武器。

名教之所以有久远的生命力，并不仅仅是由于封建统治者的倡导和维护，而且因为它自身具有合乎人类社会发展规律的合理性。如子孝，即晚辈孝敬长辈，这在任何时候都是应该提倡的。君臣之间也要有一定的礼仪，汉初，刘邦当上皇帝，群臣在朝上高声喧哗，毫无节制和礼法，恐怕也是行不通的，故有叔孙通定朝仪。名教有维护封建统治秩序的作用，因为维护封建统治秩序与促进社会发展，具有一定的统一性，所以，对于史学中强调了名教，要辩证地看，历史地看。

儒家史学大都是从拯救国家、促进社会发展的意义上提倡名教的，认为名教有益于褒贬劝善，有益于改善世风。如袁宏著《后汉纪》，力倡“名

① 《史通·曲笔》。

② 《读通鉴论》卷二十八，《五代上之二十》。

教”，认为只有遵循了名教，国家才会安定而不乱，“名教大定而不乱”。刘知幾说国家丧乱时，才能检验忠臣的气节，史的作用就在于“记功司过，彰善瘅恶，得失一朝，荣辱千载”，“激扬名教”。如果做不到这一点，怎么能说是尽到了职责？“苟违斯法，岂曰能官？”①司马光倡导教化。他认为教化是国家之急务，风俗是天下之大事，说：“教化安可慢，风俗安可忽哉？”②如何进行教化？他的回答是提倡名教，遵守名教。关于名教的意义，司马光开篇即云：“天子之职莫大于礼，礼莫大于分，分莫大于名。何谓礼？纲纪是也。何谓分？君臣是也。何谓名？公、侯、卿、大夫是也。”③明末清初的顾炎武，亲眼目睹了明朝的灭亡，他通过对历史经验教训的总结，认识到“人心风俗”对社会治乱兴衰的影响，主张重视“清议”和“名教”。他说：“天下风俗最坏之地，清议尚存，犹足以维持一二。至于清议亡而干戈至矣”。“设乡校，存清议于州里，以佐刑罚之穷”。④ 而“名教”的作用虽然“不能使天下之人以义为利，而犹使人以名为利，虽非纯王之风，亦可以救积洿之俗矣”。“故名胜于利，则小人之道消；利胜于名，则贪暴之风扇”。如果不崇名教，使得社会风气不正，那么，“为人君者谓尧、舜不足法，桀、纣不足畏；为人臣者谓八元不足尚，四凶不足耻，天下岂复有善人乎？人不爱名，则圣人之权去矣”。⑤ 他还特别强调了“礼义廉耻”的作用，认为它们是“国之四维，四维不张，国乃灭亡”。“礼义，治人之大法；廉耻，立人之大节。盖不廉则无所不取，不耻则无所不为。人而如此，则祸败乱亡，亦无所不至。”⑥他一再引用孔子的话“行己有耻”，说它是儒家思想的精髓。

台湾学者杜维运在比较中西方史学的不同特点时，对中国史学作了高度的评价，他说：“《春秋》书法，使中国的褒贬史学应运而出……被认为有乖直笔而受尽訾议的‘为尊者讳，为亲者讳，为贤者讳’，站在以维持人类文明为任务的褒贬史学立场来看，是未可厚非的。《春秋》为贤者讳，齐

① 《史通·曲笔》。

② 《资治通鉴》，2173～2174页，北京，中华书局，1956。

③ 《资治通鉴》，2页，北京，中华书局，1956。

④ 《日知录》卷十三，《清议》。

⑤ 《日知录》卷十三，《名教》。

⑥ 《日知录》卷十三，《廉耻》。

桓晋文，皆录其功，以其功足以使人慕；一定搜出齐桓晋文的过失而痛斥之，以讦为直，则将率天下而无可师法称颂之人，世风之靡，又岂堪想象？以讦为直，不为尊者亲者讳，则人心又怎能问？所以《春秋》书法褒贬之学，使中国的史学，到达一最高境界，人类文明，赖以维持。孔子以后的中国史学家，大致皆尊奉孔子之教不渝。这是西方古代史学所未曾到达的一个境界。到达此境界，历史才有真价值。”①

杜氏把中国史学重视名教当作一个优点，与西方史家进行论战，确有一定的道理。但他对名教的负面影响没有涉及。笔者曾就此问题请教过杜维运先生，杜先生说，过去在国外，与外国史学家争论，是故意肯定被西方人批评的中国史学中的一些独特之点。其实，杜维运先生对名教的消极面是有认识的，当我针对他与西方史家论战的观点，问他名教对中国史学是否有不良影响时，他承认这是他立论的一个软肋②。直书和名教难以完全统一起来，直书在名教的怪圈内打转转，就不可能是彻底意义上的直书。名教是封建等级制度的产物，越到封建社会后期，就越失去它的合理性。它要求子绝对地服从父，臣绝对地服从君，妇绝对地服从夫，即所谓的“三纲”。这就禁锢了人的自由，否定了人的平等权利。特别是宋儒，将它推向极端，鼓吹“饿死事小，失节事大”，他们把社会的这种伦理关系说成是“天理”，要“存天理，灭人欲”。于是，名教观成为维护腐朽统治的工具。在中国封建社会后期，虽然史学家们没有放弃维护名教，但从史学方法上，却在不断冲击着名教的桎梏，在倡导直书的时候，自觉不自觉地把名教放在了一边。李贽，这位被正统儒者称为“叛逆”的思想家，勇敢地提出，不能“咸以孔子之是非为是非”，“昨日是而今日非矣，今日非而后日又是矣”③，向“名教”发起了挑战。顾炎武虽然在政治思想上有着浓厚的名教观念，但在史学方法上，却能摆脱名教的影响。他认为撰史要在历史资料上下工夫，“采铜于山”，获取第一手资料；对于不能断定真伪又相互矛盾的资料，应“两造异同之论，一切存之”④；要以求信为原则，“信则书

① 杜维运：《中西古代史学比较》，126～127页，台北，东大图书公司，1988。

② 2005年9月19日杜维运先生与北京师范大学史学所教师座谈。

③ 《藏书》，《世纪列传总目前论》。

④ 《亭林文集》卷四，《与次耕书》。

之，疑则阙之”①；要据事直书，以公允之心对待史料，而反对“褊心之辈，谬加笔削”。② 顾氏的治学方法对清代学术影响很大，清代不少大学者都主张直录其事，不事褒贬，一定意义上淡化了名教对史学的影响。

可见，中国传统史学的“直书”，在封建社会后期，也在悄悄地向着突破名教的方向努力。

① 《日知录》卷四，《所见异辞》。

② 《日知录》卷十八，《三朝要典》。

儒家史学的二重性

儒家史学代表了中国传统史学的主流。探讨儒家史学的特点，对于揭示中国传统史学的特质和发展规律，树立对待传统史学遗产的正确态度，都是十分必要的。吴怀祺先生曾发表《论中国封建史学的二重性》①，对我很有教益。本文在这一思想启发下，试对儒家史学的二重性再作探讨。

一、"子不语怪、力、乱、神"与人本主义的史学传统

儒家史学的特质是人本主义史学，它关怀的是人，它关注的问题是国家、社会的治乱兴衰等问题。儒家的人本主义史学传统是儒家的思想体系所决定的，其创始人孔子，即为这种史学特质的形成奠定了基础。

孔子讲求实际，重视现实，对于迷信、虚妄、怪诞，他不感兴趣。《论语》载有许多孔子这方面的言论。如《述而》篇："子不语怪、力、乱、神。"意思说孔子不谈论怪异、勇力、叛乱和鬼神之类的话题。他的弟子子贡说："夫子之文章，可得而闻也；夫子之言性与天道，不可得而闻也"②。意思是说，孔子关于文献方面的学问，能够听到，而关于人性和天道的言论，则不能够听到。不能听到，说明孔子在弟子面前没有谈论过。这很能证明"子不语怪、力、乱、神"之不虚。季路与孔子的对话，也可以进一步证实这一点："季路问事鬼神。子曰：'未能事人，焉能事鬼？'曰：'敢问死。'曰：'未知生，焉知死？'"③这是对鬼神之论的漠视，孔子关心的是人世间的事，与佛教宣扬生死轮回、死后进天堂或入地狱的说教有很大的不同。他所重视的是"民、食、丧、祭"④。"樊迟问知。子曰：'务民之义，敬鬼神而远之，可谓知矣'"。⑤ 就是说要在人事上下工夫，对鬼神不可不

① 载《史学理论》，1987(4)。

② 《论语·公冶长》。

③ 《论语·先进》。

④ 《论语·尧曰》。

⑤ 《论语·雍也》。

信，但不能依靠，认为这样可以说是智了。“敬鬼神而远之”，表明孔子虽然没有否定鬼神的存在，但很少从正面说明鬼神的存在。他说的天，很多情况是指的自然的天，有时是一种超自然的决定人们命运的力量。在评论历史问题、社会问题时，他更注重的是人的因素：“子言卫灵公之无道也。康子曰：‘夫如是，奚而不丧？’孔子曰：‘仲叔圉治宾客，祝鮀治宗庙，王孙贾治军旅。夫如是，奚其丧？’”[①]这是说，卫灵公虽然无道，但由于有仲叔圉、祝鮀、王孙贾等人的辅佐，卫国并没有败亡。在孔子看来，一国的兴衰，还是由人事决定的，卫国之所以没有灭亡，是因为还有贤人主政。由此可见，孔子认识历史，理性精神占主导，对自己不了解不能够说清楚的则不妄加评说。所谓的“畏天命，畏大人”，并非真的承认天命的存在，主要是表示阙疑或存而不论的态度。孔子是不迷信的，庄子说：“六合之外，圣人存而不论”。[②]《春秋》着重记载人事，它记水、旱、雪、霜、地震等自然灾害等，都是作为人事有关的自然现象来处理的。即使偶尔记载一下奇异的现象，也是“纪异而说不书”。[③]“《春秋》经世先王之志，圣人议而不辩”。[④]

《春秋》对人事的记载，注意惩恶劝善，孟子说：“世衰道微，邪说暴行有作，臣弑其君者有之，子弑其父者有之。孔子惧，作《春秋》”。“孔子成《春秋》而乱臣贼子惧”。[⑤]不仅如此，《春秋》也注意总结得失成败。《史记》评论《春秋》“王道备，人事浃”，“《春秋》文成数万，其指数千。万物之散聚皆在《春秋》。《春秋》之中，弑君三十六，亡国五十二，诸侯奔走不得保其社稷者不可胜数”。所以，司马迁说：“有国者不可以不知《春秋》”，“为人臣者不可以不知《春秋》”。司马迁也正是这样继承了孔子的人本主义史学精神来撰著《史记》的。他要“述往事，思来者”。他具有自觉的历史意识和史学发展意识，认为写作历史，就是为现在和未来的人提供经验教训。他还认识到，因为古今的具体的历史形势不同，历史经验不能照搬：“居今之世，志古之道，所以自镜也，未必尽同。帝王者各殊礼而异务，

① 《论语·宪问》。

② 《庄子·齐物论》。

③ 《史记·天官书》。

④ 《庄子·齐物论》。

⑤ 《孟子·滕文公下》。

要以成功为统纪，岂可绲乎？”[①]《史记》中具有丰富的唯物主义的思想因素，如它揭示人们的行为动机来自对物质利益的追求，“天下熙熙，皆为利来；天下攘攘，皆为利往”；他引用管子的话说人们的道德水平及个人修养为物质条件所制约，“‘仓廪实而知礼节，衣食足而知荣辱。’礼生于有而废于无”。[②] 这些深刻的思想对此后的中国史学产生了重要的影响，使史家在探讨历史变化的原因时，一直把关注的重点放在世俗的现实社会中。班固写《汉书》，宣扬汉绍尧运，并构建出刘氏政权的神授体系，颇有神学之说教，但剥去这一神学的外壳，《汉书》仍然充满人文主义精神。班固对《汉书》的总结，说明了《汉书》的记述范围和治史旨趣。他说：“凡《汉书》，叙帝皇，列官司，建侯王。准天地，统阴阳，阐元极，步三光。分州域，物土疆，穷人理，该万方。纬六经，缀道纲，总百氏，赞篇章。函雅故，通古今，正文字，惟学林”。[③] 这是说，《汉书》主要记载政治活动和社会生活的各个方面，而对于当时影响很大的谶纬则避而不谈。他把孔子作为学者来看待，与谶纬把孔子说成是巫师神异之人的做法在学风上是根本对立的。《汉书》继承了《史记》的实录精神，较为完整地记载了西汉一代之历史，进一步确立了中国史学的优良传统。刘勰在《文心雕龙·史传》篇说：“史之为任，乃弥纶一代，负海内之责，而赢是非之尤。”刘氏给史学赋予以伟大的使命，一代之命运，操之于史书。刘知幾总结史学的得失，把史学的功用说得更加具体：“史之为用，其利甚博，乃生人之急务，为国家之要道”。[④] 也就是说，历史学的功用无论对个人还是对国家都是不可或缺的，它为社会带来的益处是极其广泛的。北宋思想家张载说：“为天地立心，为生民立命，为往圣继绝学，为万世开太平。”这几句话很能反映儒家史学的价值观。在繁富的儒家史学著作中，字里行间都洋溢着儒家经邦济世，为民立命，为万事开太平的远大理想。王夫之尊崇张载，对之评价说：“张子之学，上承孔孟之志，下救来兹之失，如皎日丽天，无幽不烛，圣人复起，未有能易焉者也。”[⑤]的确，儒家史学的出发点是人、社会、国

① 《史记·高祖功臣侯者年表序》。

② 《史记·货殖列传》。

③ 《汉书·叙传》。

④ 《史通·史官建置》。

⑤ 《张子正蒙注绪论》。

家，归宿点也是人、社会、国家。“天行健，君子自强不息”；“发愤忘食，乐而忘忧，不知老之将至云尔”。这些都是儒家史学家乐观向上、百折不挠人生观的写照。儒家积极入世的人生态度在其史著中充分体现。杜维运在把中国古代史学与西方古代史学进行对比之后，说：“中国的历史记载，全是人事的记载，偶尔涉及天命，也是人事的写照……史学家‘上明三王之道，下辨人事之纪’。史学家也时刻不忘‘究天人之际，通古今之变，成一家之言’，这种历史的人文主义(historical humanism)，弥漫了中国的古代，于是人文主义的史学，变成中国古代史学的一大特色。”[①]杜氏的论断，准确地抓住了中国史学的基本特征。

中国史学是以儒家理念为主导思想的；中国史学的人文主义特征，体现了儒家史学的治史精神。

二、神学史观及对神学史观的批判

神学史观在儒家史学中也有表现，但情况比较复杂。说情况比较复杂，是因为不同时期，在不同的史学家那里，神学史观的表现形式都有所不同；即使在同一位史学家的著作里，既有运用神学史观说明历史问题的情况，也有摆脱神学史观的情况。总的来看，神学史观在儒家史学中并不占主导地位，而且神学史观总要受到同时代或以后史学家的抵制和批判。

在中国史学史上，董仲舒的神学史观是比较典型的。他把儒学和阴阳五行学说相结合，提出“天人感应”的理论。董氏将《春秋》所记的天变灾异加以附会，说这些都是天有目的、有意识地向人间表示喜怒或警告或进行惩罚：“《春秋》之所讥，灾害之所加也。《春秋》之所恶，怪异之所施也。书邦家之过，兼灾异之变”；[②]“小者谓之灾，灾常先至而异乃随之。灾者，天之谴也；异者，天之威也。谴之而不知，乃畏之以威”。“凡灾异之本，尽生于国家之失，国家之失，乃始于萌芽，而天出灾害以谴告之，谴告之而不知变，乃见怪异以惊骇之，惊骇之尚不知畏恐，其殃咎乃至。”[③]他还

① 杜维运：《中西古代史学比较》，131页。

② 董仲舒：《天人三策》，见《汉书·董仲舒传》。

③ 《春秋繁露·必仁且智》。

以阴阳解释“三纲”：“君臣、父子、夫妇之义，皆取诸阴阳之道。”“王道之三纲，可求于天”。① 董仲舒的“天人感应论”具有两面性，一方面，他宣扬了神学史观，将儒家倡导的伦理道德教条化、神秘化，把被统治者受压迫和奴役说成是天意的安排，被统治者应该无条件地服从；另一方面，他的这套理论对统治者也是一种约束和威慑，即统治者也不能肆无忌惮，为所欲为，否则天将以灾异警告之。汉武帝在文化上采取“罢黜百家，独尊儒术”的政策后，董仲舒的理论受到最高统治者的赞赏，为统治者所提倡。在学术界，夏侯胜、京房、刘向、翼奉、李寻等人继承了董仲舒的理论，并通过师承传授，扩大了影响。

西汉后期，儒臣以灾异言政事成为风气；专权的宦官、外戚集团也引灾异争权夺利；皇帝经常由于“灾异”下诏让臣下议政，有时还因灾异而更换大臣。董仲舒的天人感应理论对国家的政治生活产生了极大的影响。儒学与皇权政治开始密切结合。在文化上采取独尊儒术的专制政策，皇帝也加入到讲经的行列，如汉宣帝亲自讲经于石渠阁，“诏诸儒讲五经同异。太子太傅萧望之等平奏其议，上案称制临决焉”，开了皇帝亲自对经义异同作出裁决的先例。东汉明帝于永平十五年(72 年)在辟雍亲自讲五经章句。章帝于建初四年(79 年)召诸儒于白虎观，讲议五经同异，“帝亲称制临决”，如宣帝石渠阁故事。会后，章帝命班固作《白虎通德论》一书，这是一部钦定的哲学、神学、经义的法典。

两汉之际，谶纬泛滥。谶又称图谶、谶记，是一种神秘性的预言，大概起源很早。秦始皇时即有“亡秦者胡”的说法。纬指纬书，是对经书的解释，且把这种解释托于孔子，虽然其中包含某些有关天文、历法的知识，但更多的是神学迷信的东西。谶与纬结合在一起，故曰图谶。图谶的产生与社会矛盾的尖锐、统治危机的加深有密切的关系。西汉成帝时，齐人甘忠可诈造《天官历》《包元太平经》，内有谶言：“汉家逢天地之大终，当更受命于天，天帝使真人赤精子，下教我此道。”②意思是此精子下凡传达天意，汉家要再受命，要有新人当皇帝。王莽废汉自立，大量的利用图谶制造舆论根据。刘秀在剪平诸雄，夺得帝位的过程中，也是不断利用图谶，

---

① 《春秋繁露·基义》。
② 《汉书·李寻传》。

神化自己。在登上帝位时又精心地炮制谶言："刘秀发兵捕不道，卯金修德为天子"，① 意思是说刘秀称帝是天意的安排。建武三十二年(56年)，光武帝"宣布图谶于天下"，② 称"图谶"为"经谶"，使图谶取得与儒家经典相同的地位。东汉初期，图谶深深地影响着国家的政治生活，如大臣的任命，皇帝功德的论定，都要取决于图谶。图谶还与儒家经典相结合，使这时的儒学也打上了图谶的痕迹，东汉章帝亲自裁定的《白虎通义》，把儒家经书的说法与图谶杂糅在一起。这一时期，也有对图谶表示怀疑和反对的，但都遭到打击。如郑兴说自己不信谶，遭到光武帝的斥责；尹敏说："谶书非圣人所作"，光武帝"深非之，虽竟不罪，而亦以此沉滞"。③ 桓谭上书批驳图谶，光武帝大怒，说他"非圣无法，将下斩之"。桓谭"叩头流血，良久乃得解"。④

王充也是反对图谶的，他说"孔子将死，遗谶书曰：'不知何一男子，自谓秦始皇，上我之堂，踞我之床，颠倒我衣裳，至沙丘而亡'"之类，都是不可相信的，说"此皆虚也"，"谶书秘文，远见未然；空虚暗昧，豫睹未有；达闻暂见，卓谲怪神，若非庸口所能言"。⑤ 但王充在《论衡》中也有多处讲到光武帝、明帝、章帝时的祥瑞，表明这位古代著名的唯物主义思想家也受到当时盛行的迷信之影响。

儒学一旦与封建皇权结合紧密，就往往成为维护封建皇权的工具，求真求实为趋炎附势、造假虚妄所取代，儒学自身的学术价值受到极大的损害。谶纬迷信之类，不是因为整个社会认识水平的局限而出现的错误认识，而是由于统治集团的需要，一些儒生为了迎合时尚而有意杜撰出来的，它不能代表儒学的主流，充其量是儒学的旁道邪门。在史学上，谶纬迷信、灾异之论总是受到继承孔子史学思想的正直史家的批判。

刘知幾在《史通》中对五行学说进行了批驳。自董仲舒、刘向刘歆父子以阴阳五行解释历史，班固在《汉书》中又撰《五行志》，总集各家之说，开了史书写"五行志"的先例。以后不少纪传体史书都设置"五行志"，在客观

① 《后汉书·光武帝纪》。

② 同上。

③ 《后汉书·尹敏传》。

④ 《后汉书·桓谭传》。

⑤ 《论衡·实知》。

上起到了宣扬灾异迷信的作用。《史通》中有专论《五行志错误》《五行志杂驳》，用文献学的方法揭露了《五行志》对灾祥征应的牵强附会，指出《五行志》的论点与所用以说明的史事是互相矛盾的，认为以五行去解释历史缺乏可靠的根据。他反对天命史观，说“五行灾异”是“诡妄”之论，① “祥瑞符命”是“欺惑”之说，主张“夫论成败者，固当以人事为主，必推命而言，则其理悖矣。”②

欧阳修也对灾祥说作了批判，他谴责董仲舒和刘向、歆父子宣扬五行灾异说是一种离经叛道的行为：“盖自汉儒董仲舒，刘向与其子歆之徒，皆以《春秋》《洪范》为学，而失圣人之本意。至其不通也，父子之言自相戾，可胜叹哉！”③他还上书宋朝廷，建议召集名儒重新审定孔颖达、贾公彦、杨士勋等的九经义疏，清除其中的谶纬邪说，以维护儒经的纯洁性。④他反对某些史家“举天地万物动植，无大小，皆推其类而附之于五物，曰五行之属。”⑤他说《春秋》记“灾异而不著其事应，盖慎之也”，认为这是编纂史书的好范例，而不赞成后世史家“曲说以妄意天”。他自己著史恪守《春秋》天人分记之法，在本纪中只述人事，自然灾害现象则归入《五行志·司天考》。

司马光认为，读书行事应当“直取其合人情物理，目前可用者从之。前贤高奇之论，皆如面墙”。他对于历史上各种阴阳术数、宗教鬼神等不合理的事情，采取了怀疑的态度。如他不采用正统论，因为正统论的理论根据是阴阳家的五德终始论。对于古代史家争论不休的正闰之说，他不屑一顾，说：“光学疏识浅，于正闰之际，尤所未达，故于所修《通鉴》，叙前世帝王，但以授受相承，借其年以记事尔，亦非有所取舍抑扬也。”⑥历史上有关灾异、符瑞、图谶、占卜一类的事情，大都与阴阳家之说有关，纪传体中的五行志对此记载很多，而司马光则“疾阴阳家邪说以惑众，为世患”，予以坚决反对。司马光还对佛教和道教持排斥态度，说它们的理

① 《史通·书志》。
② 《史通·杂说上》。
③ 《新唐书·五行一》。
④ 《奏议集》卷一六，《论删去九经正义中谶纬札子》。
⑤ 《新唐书·五行一》。
⑥ 《传家集》卷六一，《答郭长官纯书》。

论荒诞："其微言不能出吾书，其诞吾不信也"。[①]"窃以释老之教，无益治世，而聚匿游惰，耗蠹良民，此明识所共知。"[②]

郑樵把阴阳五行之论斥为"欺天之学"："仲尼既没，先儒驾以妖妄之说而欺后世。……说《洪范》者，皆谓箕子本《河图》《洛书》以明五行之旨，刘向创释其《传》于前，诸史因之而为《志》于后，析天下灾祥之变，而推之于金、木、水、火、土之域，乃以时事之吉凶而曲为之配，此之谓欺天之学。"[③]他也揭示了这种学说的起源和发展，说："董仲舒以阴阳之学倡为此说，本于《春秋》，牵合附会。历世史官，自愚其心目，俛首以受笼罩而欺天下"。[④] 他认为"民事必本于时，时序必本于天"。[⑤] 他撰《天文略》"正欲学者识垂象以授民时之意，而杜绝其妖妄之源焉"。[⑥] 而写《灾祥略》则是"专以记实迹，削去五行相应之说，所以绝其妖"。[⑦]

他还批判寓褒贬于一字之间的"欺人之学"，说"凡说《春秋》者，皆谓孔子寓褒贬于一字之间，以阴中时人，使人不可晓解。三传唱之于前，诸儒从之于后，尽推己意，而诬以圣人之意。此之谓欺人之学"。[⑧] 认为"史册以详文该事，善恶已彰，无待美刺"，"纪传之中，既载善恶，足为鉴戒，何必于纪传之后，更加褒贬。"[⑨]《通志·总序》列举了大量的事例，说明任情褒贬的做法造成的混乱和谬误。

马端临在对待历史的态度上，于反对神秘的五行说和反对违反据实记录的褒贬观点方面，继承了先前史学家的优良传统，与郑樵在思想上有相通之处。他在《文献通考》自序中说：

> 《记》曰："国家将兴，必有祯祥；国家将亡，必有妖孽"。盖天地之间，有妖必有祥，因其气之所感，而证应随之。自伏胜作《五行

---

① 《宋史》卷三三六，《司马光传》。
② 《传家集》卷二六，《论寺额札子》。
③ 《通志·灾祥略第一·灾祥序》。
④ 《通志·总序》。
⑤ 同上。
⑥ 《通志·天文略第一·天文序》。
⑦ 《通志·灾祥略第一·灾祥序》。
⑧ 《通志·灾祥略》。
⑨ 《通志·总序》。

传》，班孟坚而下踵其说，附以各代证应，为《五行志》，始言妖而不言祥。然则阴阳五行之气，独能为妖孽而不能为祯祥乎？其亦不达理矣。

虽然，妖祥之说固未易言也。治世则凤凰见，故有虞之时，有来仪之祥。然汉桓帝元嘉之初，灵帝光和之际，凤凰亦屡见矣，而桓、灵非治安之时也。诛杀过当，其应为恒寒，故秦始皇时有四月雨雪之异。然汉文帝之四年，亦以六月雨雪矣，而汉文帝非淫刑之主也。斩蛇夜哭，在秦则为妖，在汉则为祥，而概谓之龙蛇之孽，可乎？僵树虫文，在汉昭帝则为妖，在宣帝则为祥，而概谓之木不曲直，可乎？前史于此不得其说，于是穿凿附会，强求证应，而罙有所不通。

这段话看起来很平实，却极有说服力。它首先叙述了传统的说法，并用历史事实分析了这种说法的矛盾，揭露了所谓天人感应之论的荒谬。他与欧阳修一样，对历史上有关反常事物的记载，汇集在一起，不曰妖，不曰祥，而名之曰“物异”。马端临的《文献通考》，旨趣在存文献，考辨文献。他的许多按语，反映了他对阴阳五行、天人相感的怀疑。

明末清初的顾炎武，不相信“天道”，在《日知录》中，他举出许多事例，说明天道不可相信，如在《春秋言天之学》中，他说：“天文、五行之学愈疏，则多中；愈密，则愈多不中。”他对史书所记载的灾祥符瑞持怀疑的态度，说“昔人所言兴亡祸福之故，不必尽验。《左氏》但记其信而有征者尔，而亦不尽信也”。①

儒家史学有神学史观的因素，宣扬神学史观的史书历代都有，但反对神学史观的也相应而起。即使在神学史观处于支配地位的时代，反对神学史观的儒家史学家也不乏其人，他们发扬孔子求实重人事的治史精神，以孔子不言怪力乱神、不言性与天道等为根据，与之进行斗争，保持了儒家史学的人本主义特质。特别是一些影响大的史学家，在自己的著述中，总是自觉地与神学史观保持距离，使儒家史学的优秀传统不断地得以发扬光大。因此，儒家史学在大多数情况下，神学史观并不占主导地位，而是处于被批判的境地。

---

① 《日知录》卷四，《左氏不必尽信》。

三、儒家史学的二重性

所谓“二重性”，就是相互对立的两种属性共同存在于一个事物之中。在史学内部，存在着真实和虚妄、神学史观和反神学史观、直书与曲笔、历史循环论和历史进化思想的对立和斗争，史学的这两个方面就是史学的二重性。儒家史学具有这种二重性，因为在儒家史学中，相互对立的两个方面又相互依存，共同存在于儒家的史学活动和史学著作中，即使是在一个史学家的著作里，这种现象也是屡见不鲜。

班固评价《史记》，一方面批评司马迁是非颇谬于圣人，即所表现的史义与圣人不合，“论大道则先黄老而后六经，序游侠则退处士而进奸雄，述货殖则崇势利而羞贱贫”。一方面称赞他的实录精神，“然自刘向、扬雄博极群书，皆称迁有良史之材，服其善序事理，辨而不华，质而不俚，其文直，其事核，不虚美，不隐恶，故谓之实录。”①这里且不说班固的评论是否正确，单从其批评的两个方面就可以看出，在班固那里，撰著史书，有两个标准，一个是是否符合圣人之义，一个是是否如实地反映历史。第一个标准虽然打着孔子的旗帜，实际上是一个史义的问题即作者在史书中所要表达的思想，这一点，孔子作《春秋》时，就提出来了。刘知幾所说的“史识”，章学诚所说的“史意”，都从史学理论上进一步阐述了这个问题。第二个标准是关于史书记载的真实性问题，这是历史学必然涉及的问题，就是说，史书是记载历史的，是否如实地记载，关系着史书的可信程度，是决定史书的学术价值和学术生命力的最重要的因素。儒家史学重视这个问题。所谓的书法不隐、实录、直书、史德等都是围绕着这个问题而言的。这两个标准应该是统一的，但在儒家史学中，却总是表现出统一中的“不统一”。这是儒家史学二重性的表现。

班固对《史记》的批评，恰恰反映了《汉书》史学二重性的特点。班固的父亲班彪著《王命论》，说“刘氏承尧之祚”，“唐据火德，而汉绍之”，宣扬“神器有命，不可以智力求也。”这一思想对班固的影响是很大的，《汉书》将这篇文章全文收入，并提出“汉绍尧运，以建帝业”，“皇矣汉祖，纂尧

---

① 《汉书·司马迁传》。

之绪，实天生德，聪明神武”。[1] 明确地表达了宣汉的观点。班固还宣扬王者受命于天，说“天之所大奉使之王者，必有非人力所能致而自至者，此受命之符也。”[2]他接受了董仲舒天人感应的理论，用这种理论来解释历史，特别是他运用天命史观，采取了曲解历史的方式说明汉家政权的合理性时。《汉书》的“纪”，都是一片赞美声，极少看到关于皇帝的微词。这样做的目的都是为了宣扬汉德。但另一方面，班固也写出了汉室的腐朽和汉朝的残暴统治。在《食货志》中，他收录了大量的文献材料，反映汉朝衰败的真相；在大量的传记中，他也注意借别人之议论，反映汉朝统治者生活的奢侈腐化，统治的黑暗等。他创立《艺文志》，辨章学术，考镜源流，展示了学术文化的变迁。他的十志，写出了西汉历史的横断面，具有博洽的特点。他在许多方面继承了《史记》，如在反映多民族的统一上，《汉书》与《史记》一样，显示出视野的开阔。也就是说，班固在对汉家虚美隐恶的同时，又有很强的实录精神。《汉书》是在封建政权控制学术、政治思想神学化的大背景下产生的作品。它的二重性特点，适应了封建统治阶级的二重性需求。它的出世，为历代正史提供了范本。

儒家史学的优秀之作，大都表现出很强的实录精神，在历史资料、历史编纂学、历史文学等方面取得了重要成就，具有较高的学术价值。但是，对天人关系的问题，却始终没有完全解决。尽管许多著名史家不同意董仲舒的天人感应之说，对祥瑞灾异持批判态度，但终究不能科学地说明天人关系，往往自觉不自觉地又陷入天人相感的泥潭。如欧阳修虽然批评了灾祥谶纬之论，却不敢否定它，而是尽力找到天人联系的结合点，说“盖圣人不绝天于人，亦不以天参人。绝天于人则天道废；以天参人则人事惑。故常存而不究也”。[3] 这表明，欧阳修并没有否定天道的存在，因为他不相信天道干预人事，于是他采取“存而不究”的态度，这实质上是一种逃避矛盾的做法。他又说：“未有人心悦于下，而天意怒于上者；未有人理逆于下，而天道顺于上者。”[4]天道和人事是如此的互动，也就承认了天

① 《汉书·叙传》。

② 《汉书·董仲舒传》

③ 《新五代史·司天考第二》。

④ 同上。

人感应论。司马光反对灾异迷信，在《通鉴》中，不采阴阳五行、正统闰统之论，具有很强的求实精神，但在天人关系问题上，他也是矛盾的。一方面，他把“天”作为自然之天，说“天力之所不及者，人也，故有耕耘敛藏。人力之所不及者，天也，故有水旱螟蝗”。① 另一方面，他又把天作为有意识的东西，说：“天者，万物之父也。父之命，子不敢逆；君之言，臣不敢违。父曰前，子不敢不前；……违天之命者，天得而刑之；顺天之命者，天得而赏之。……智愚勇怯、贵贱贫富，天之分也。君明、臣忠、父慈、子孝，人之分也。僭天之分，必有天灾；失人之分，必有人殃。”②这样，又最终承认人类的一切活动都受天的意志的支配。再如赵匡胤夺取后周政权，做了大宋的皇帝，如果用纲常礼教来评判，就是不忠。对于这个问题，司马光不得不求助于天命史观，说“盖太平之业，天将启圣人而授之，固非人谋之所能及也”。③

王应麟在其史评中，认为民心是治乱兴亡的决定因素，说“民心之得失，此兴亡之大几也。林少颖云：民之思汉，则王莽不能胁之使忘。民之忘汉，则先主不能强之使思。唐与政云：民心思汉，王郎假之而有余；民心去汉，孔明扶之而不足”。④ 可是，对天道他也不否定。如他说：“秦昭王五十一年灭周，是岁汉高祖生于丰沛，天道之倚伏，可畏哉！”⑤秦灭周与刘邦出生是同一年，这纯属偶然，但在王应麟看来则是天意的安排。

顾炎武对天道说深表怀疑，列举许多历史事实说明天道不可相信，但另一方面，对“天人感应”理论又有保留，认为天道与历史的盛衰还是有联系的。如在《日知录》的《日食》条中，他说：“刘向言：春秋二百四十二年，日食三十六。今连三年比食，自建始以来，二十八岁间而八食，率二岁六月而一发，古今罕见，异有大小稀稠，占有舒疾缓急。余所见崇祯之世十七年而食，与汉成略同，而急稠过之矣。然则谓日食为一定之数，无关人事者，岂非溺于畴人之术，而不觉其自蹈于邪臣之说乎？”⑥他把春秋、西

① 《迂书·天人》。

② 《迂书·士则》。

③ 《稽古录》卷十五，“臣光曰”。

④ 《困学纪闻》卷八，《孟子》。

⑤ 《困学纪闻》卷十一，《考史》。

⑥ 《日知录》卷三十。

汉末的天象与当时的乱世联系起来，认为天象影响历史的盛衰。顾炎武接触过西洋天文学，曾从静乐的李鲈学习过西方天文，了解西洋天文学关于“日食”“月食”的解释：“日食，月掩日也；月食，地掩月也。今西洋天文说如此。”[①]但西方的天文理论并没有改变他对“天人关系”的看法，他认为西方天文学传入中国之前，中国就有此论：“自其法未入中国，而已有此论”。[②] 所以，尽管他了解西方关于日食月食的理论，但并不完全相信，依然被正统的“天人感应”说所束缚，并结合自己的亲身经历，愈加证实“天人感应”的可信性。《日知录》中的《岁星》《五星聚》谈到了星象对人的福祸的影响；《黄河清》说明了黄河水由浊变清与皇位变动的关系；《人事感天》说的是人事的变化引起天象的变化。所有这些，都表明顾炎武受天人感应思想的影响颇深，对天道观的否定是不彻底、不坚决的。

在直笔和曲笔问题上，儒家史学的直笔论最终没有越出“名教”的藩篱，对于维护名教的“曲笔”，在儒家史学看来不是曲笔，而是直笔的表现。于是就出现这样的矛盾：提倡和褒扬直笔，在名教面前又默许曲笔的存在。

那么，为什么会产生史学的这种二重特点呢？

儒家史学的二重性与统治者对史学的需要和史学怎样满足统治者的需求是密切相关的。儒家史学的特点是积极参与社会，关心政治生活，以惩恶劝善、考察历史盛衰，为统治者提供资鉴为宗旨。所以，儒家史学的二重性，首先是由统治者对史学的二重性需求所决定的。统治者要维护自己的统治，使社会长治久安，对历史经验是重视的，特别是刚刚建立的新王朝，总是急切地从前朝的失败中汲取教训。如刘邦建汉之初，儒生陆贾劝说刘邦马上得天下，不可马上治天下。刘邦听后觉得有理，于是就接受建议，说“试为我著秦所以失天下，吾所以得之者何，及古成败之国”。陆贾粗略地论述了有关盛衰存亡的道理，成十二篇，“每奏一篇，高帝未尝不称善，左右呼万岁，号其书曰《新语》”。[③] 唐太宗说过这样的名言：“以铜为镜，可以正衣冠；以古为镜，可以知兴替；以人为镜，可以明得失。朕

① 《日知录》卷三十，《月食》。

② 同上。

③ 《史记·郦生陆贾列传》。

常保此三镜，以防己过。”[①]贞观三年(629 年)，唐太宗于禁中设立史馆，修梁、陈、齐、周、隋“五代史”。贞观十年，五代史同时修成。唐太宗说“朕睹前代史书，彰善瘅恶，足为将来之戒”。他批评秦始皇、隋炀帝志存隐恶，泯灭史籍，决定“览前王之得失，为在身之龟鉴。”[②]《隋书》总结隋朝灭亡的教训，说“隋之得失存亡，大较与秦相类”。[③] 在历史的转折时期，成功的政治家总是表现出对史学的关注，他们在平定天下、治理国家时，迫不及待地从历史中汲取经验教训，他们所需要的历史书(指写的历史)，是真实而客观地忠于历史的史书，而不是胡编乱造的粗俗之作。于是他们就对史书编纂提出“书法无隐”，直书其事等要求。武德五年(622 年)，唐高祖李渊下诏，命萧瑀等人修前代史，并提出修史原则：“务加详核，博采旧闻，义在不刊，书法无隐”。[④]

唐太宗曾对房玄龄说：“史官执笔，何烦有隐。宜即改削浮词，直书其事。”[⑤]为了用历史的成败来教育诸王，唐太宗命魏徵“录古来帝王子弟成败事，名为《自古诸侯王善恶录》，以赐诸王”。[⑥] 明朝的崇祯皇帝在讲官李明睿的奏疏上加批语，说：“纂修实录之法，唯在据事直书，则是非互见”。[⑦] 在历史兴亡面前，玩弄历史是要受到历史的惩罚的，统治者要真诚地吸取历史经验教训，就必须尊重历史。历史证明，谁不尊重历史，逆历史潮流而动，谁就被历史的车轮碾碎，为历史的潮流所吞没。强调史书编纂的据事直书，正是统治阶级正确地总结历史，更好地巩固统治的需要。

另一方面，历代封建君主，为了稳固自己的统治，也需要从理论上论证自己存在的合法性，宣扬自己的神圣性。天命观、神学观由于能有效地维护封建君主的权威，历来为统治者所提倡和支持。历史著作运用神学史观，宣扬皇权神授，以曲解历史的方式为封建统治服务也是统治者对史学的要求。

① 《旧唐书·魏徵传》。
② 《册府元龟·国史部·恩奖》。
③ 《隋书》卷七十一，“史臣曰”。
④ 《唐大诏令集》卷八十一。
⑤ 《贞观政要》卷七，《文史》。
⑥ 《贞观政要》卷四，《教戒太子诸王》。
⑦ 《日知录》卷十八，《三朝要典》。

统治者对史学的双重要求是儒家史学二重性形成的外因。

其次，认识的局限性使儒家史学没有突破神学史观。儒家史学家中不乏敢于面对现实、实事求是的人，他们在历史研究中敢于否定自我，不断纠正自己的错误。但是在历史观方面，他们陷入神学史观，有时并不是为了适合统治者的需要，而是由于认识上的困惑造成的。孔子不谈论鬼神，但他也没有否定鬼神的存在，而是“敬鬼神而远之”。刘知幾对阴阳灾异之论持批判态度，反对把神奇传说与史事牵强附会地联系，但他也不否认有证验的灾祥，“夫灾祥之作，以表吉凶，此理昭昭，不易诬也。然则麒麟斗而日月蚀，鲸鲵死而彗星出，河变应于千年，山崩由于朽壤。又语曰：太岁在酉，乞浆得酒；太岁在巳，贩妻鬻子。则知吉凶递代，如盈缩循环。此乃关诸天道，不复系乎人事”。① 在这些问题上，更准确地说，他是一个不可知论者，“怪力乱神，宣尼不语；而事鬼求福，墨生所信。故圣人于其间，若存若亡而已”。② 可见，这种不可知论主要是科学认识的局限造成的，在当时的历史条件下恰恰是进步的表现。顾炎武揭示了天道的不可相信，但对自然界中发生的许多事件又解释不了，于是又回到了天人感应的看法上去。当然，他在天人关系方面的局限与他的阶级立场、政治观点有关，但这不是主要的，主要还是科学发展水平低的原因。

儒家史学的二重性与儒家思想的特质有关。儒家史学关注社会政治，关注人生，社会的局限性、封建统治者的局限性不可能不反映到史学领域中来，儒家史学反映统治者的二重性要求是必然的。而认识水平的限制又不能使之克服受封建统治者的影响所带来的弊端，因此，这种二重性是不可避免的。儒家史学的二重性是历史的产物，在长期的历史过程中，它的内涵也在不断发生变化，反映出时代的特点。说儒家史学具有二重性，决不是对儒家史学的否定，而是以辩证的观点对其特点的揭示。认识到这一点，对于批判地继承我国的史学遗产，吸收精华，剔除糟粕，具有十分重要的理论意义。

---

① 《史通·书志》。

② 《史通·书事》。

下　篇

20 世纪史学研究

20世纪中国史学思潮发展大势略论[①]

20世纪的中国历史学，是一笔丰厚的史学遗产，对这笔遗产进行总结，无论是对史学史研究，还是对开辟21世纪史学新局面，都具有重要的意义。本文对20世纪中国史学思潮的发展大势，略陈一孔之见，敬请方家教正。

一

1900年到辛亥革命，史学界产生了革命性的变化，可以认为是20世纪中国史学发展的第一个阶段。这一阶段，“新史学”思潮犹如飓风，不仅震撼了史学界，也使整个社会感到了它的力量。

以康有为、梁启超为代表的资产阶级改良派，在戊戌变法时，已经接触到了西学。严复翻译的赫胥黎的《天演论》，对康、梁都有影响。但那时，在他们思想中占主导地位的还是中国传统的“变易史观”。他们宣传变法，基本上还是以此为根据，并假托孔子，使维新变法戴上神圣的光环。当封建顽固派无情地摧毁他们的变法运动，并对他们施以血腥镇压时，他们被迫流亡到日本。在日本，他们接触到更多的西方史学思想。“畴昔所见之籍，纷触于目；畴昔所未穷之理，腾跃于脑，如幽室见日，枯腹得酒”。[②] 日本的所见所闻，对他们影响很大，特别是梁启超，思想有较大的变化，已明显地与日益落伍于时代的康有为存在思想分歧。他公开表示不同意康有为“保孔教”的思想，认为“欲救今日之中国，莫急于以新学说变其思想(欧洲之兴全在此)，然初时不可不有所破坏。孔学之不适于新世界者多矣，而更提倡之，是北行南辕也”。[③]

梁启超已感觉到从思想上来改造国民的必要性。过去他把一切希望寄

① 此文系与王记录同志合作。

② 梁启超：《论学日本文之益》，见《饮冰室合集》文集之四，北京，中华书局，1984。

③ 丁文江，赵丰田：《梁启超年谱长编》，277～278页，上海，上海人民出版社，1983。

托到一个皇帝身上，企图通过几道诏书解决中国的问题。变法的失败，使他有所醒悟。1901 年的《中国史叙论》，是他著“新史”的导论。1902 年的《新史学》，提出“史界革命不起，则我国遂不可救。悠悠万事，唯此为大”，更是公开打起了与旧史学决裂的大旗。他对封建旧史学进行了猛烈的批判，指出旧史学有“四弊”“二病”；同时，他也受到日本和西方史学理论的影响，提出“新史学”的基本理论。把《新史学》与日本浮田和民的《史学原论》相对比，可以看出，《史学原论》是“新史学”理论的重要来源。

“新史学”那时已经形成一种思潮，并非梁氏一人的史学思想。1900 年，章太炎著《訄书》，其中《哀清史》第五十九附有《中国通史略例》最早提出要编修一部不同于旧史的新的中国通史。1902 年，在梁启超发表《新史学》之后不久，汪荣宝又发表《史学概论》。篇幅虽然不大，但涉及面很宽，20 世纪二三十年代出版的许多史学概论，基本上是在这个框架上发展的，可见影响之大。1903 年，浮田和民的《史学原论》先后有六种译本①。1907 年，吴渊民编译了《史学通义》，张玉涛译述了坪井九马三的《史学研究法》部分章节，吕瑞廷、赵澂璧编《新体中国历史》。1909 年，曹佐熙著有《史学通论》。这些史学理论著作的出版，都对“新史学”思潮的发展产生了影响。“新史学”不仅表现在理论上，而且表现在著史的实践上。受“新史学”思想的影响，当时编著的中国历史书影响较大的有如下几种。

(1)《历代史略》，约出版于 1901 年 10 月至 1903 年 5 月，由柳诒徵增辑日本那可通世《支那通史》而成，江楚编译局出版。

(2)《中国历史》，曾鲲化著，1903 年出版上卷，1904 年续出中卷。

(3)《中国历史教科书》，1903 年商务印书馆编印，著者为涉园主人。

(4)《中国历史》，陈庆年著，1904 年出版。

(5)《中国历史教科书》，夏曾佑著，三册，分别于 1904 年、1905 年、1906 年出版。

(6)《中国历史教科书》，刘师培著，出版于 1905 年至 1906 年。

(7)《中国历史讲义》，徐念慈编，1908 年出版。

这些教科书大都是在清政府改书院为学堂，制定新的学堂章程后，为满足新式学堂教授中国历史的需要而编写的。新史学诞生于清政府统治的最后

① 俞旦初：《二十世纪初年中国的新史学思潮初考》，载《史学史研究》，1982(3)。

10 年，虽然当时它以批判中国封建传统史学的面目而出现，但也逐步得到清朝政府的默认，允许这些教科书出版和使用即说明这一点。从根本上说，新史学脱胎于中国社会、中国史学自身，是中国封建史学蜕变的结果。正是由于中国社会矛盾的日益加深，中华民族亡国灭种的危机日益严重，才促使爱国的知识分子走上维新变法的道路，迫使他们思考拯救中国的方案。爱国主义是“新史学”的灵魂，无论是资产阶级改良派，还是资产阶级革命派，他们都是从拯救中华民族的愿望出发，把史学当作唤起民众、变革现实的思想武器。他们或以介绍弱小民族的亡国史使国人警觉，或以中外改革史、革命史给国人以激励。当他们发现中国传统史学不能适应改革现实的要求，而恰恰具有维护封建专制统治的滞后性时，他们便大胆地借用西方的进步史学理论，对中国封建史学进行猛烈的批判和改造。20 世纪初期的“新史学”家，大都是在中国传统史学方面有高深造诣的人，因此，他们能够击中封建旧史学的要害。当然，他们在对封建史学进行批判时，也不免否定过头，对西方史学理论，也有很明显的生搬硬套的痕迹，但总的来看，还是有所鉴别的，与全盘否定中国史学、主张全盘西化是不相同的。

20 世纪初期的“新史学”派，尽管各人的情况有很大不同，并且资产阶级革命派和改良派还以史学为工具，进行了长达数年的论战，但毕竟表现出共同的特征：(1)认为历史是不断进化的，不是循环的、退落的；(2)史学的意义是研究历史发展的“公理公例”；(3)坚决摈弃旧史学以王朝更替和一姓兴衰为核心的做法，而主张以“叙述人群进化之现象”为主旨，写民史、社会制度史、文化史等；(4)注意史学和其他学科的关系，认为史学研究要借助他种学科。这四点特征奠定了 20 世纪中国新史学的基础。

“新史学”尽管还有不少缺陷，但毕竟为传统史学向近代史学的转变奠定了基础，其功绩是不可磨灭的。由于当时的形势是救亡图存，史学为政治服务的倾向很明显，所以在构建史学理论时，不免出现一些不够科学严谨的地方，而且当时史家的认识水平还不够高，对外国史学理论还缺乏深刻的理解，故“新史学”的早期理论中有消化不良的成分，这些都有待于在以后的发展中逐步解决。

在早期“新史学”思潮中，梁启超无疑是一面旗帜。因为第一，他最早响亮地提出“史界革命”的口号，猛烈而系统地批判了封建旧史学，比较完整地提出了新史学的理论。第二，他在维新变法时期已名声大噪；他旧学基础深厚，文章酣畅淋漓，气势磅礴，在当时文坛独领风骚；在对待新思想方面，他比较开通。而原来比他名声更大的康有为，思想日趋保守；以翻译《天演论》著名的严复，在史学上无多建树，皆不堪擎起“新史学”的大旗。第三，在革命派人士中，孙中山一直致力于革命的实际工作，于学术研究无暇多顾。章太炎在旧学上根基深厚，然主要致力于经学、音韵，且文字古奥，对西学虽有独到的批判借鉴之态度，但不如梁启超主张大胆吸收对青年人更有感召力。而多数青年学子，处于成长阶段，学识还难于与梁氏相匹。① 故从各方面看，梁启超最适宜充当“新史学”的奠基人，而且事实上，他也确实在新史学的奠基工作中起到了主导作用。

二

从辛亥革命到1937年抗日战争全面爆发，是中国史学发展的第二阶段，是新史学思想丰富、完善和分化的时期。

自1911年至1916年，由于早期新史学家对袁世凯抱有幻想，他们或拥护袁的统治，或加入到袁的政府，在改革或革命方面，失去了当年的锐气。这时他们在学术研究方面也做了一些工作，有些是与现实关系不大的纯学术工作，有些是为了政府工作需要而研究历史。梁启超做了几年的财政总长，偏重于经济史研究，在史学思想方面，无多建树。1914年2月，袁世凯通令全国，一律举行祀孔典礼，一时间出现一股尊孔读经的逆流。3月，清史馆设立。这一时期，是史学思想平淡无奇的一段。

1916年后，留美、留日、留欧的学生先后归国，带来了欧风美雨，史学界再度活跃起来，特别是“五四”运动，迅速掀起新文化热潮，把新史学推向第二个高峰。胡适宣传杜威的实验主义，并将实验主义运用于史学研究，提出“大胆地假设，小心地求证”的治史方法。他于1919年2月发表《中国哲学史大纲》一书，为用实验主义研究历史做了示范，在当时影响很大。他还提出“整理国故，再造文明”的口号，对形成“实验主义史学”起到了奠基作用。以顾颉刚为首的“古史辨”派应该说是直接受胡适史学思想的

① 蒋俊：《中国史学近代化进程》，20页，济南，齐鲁书社，1995。

影响而产生的一个学派。当然，还有一些其他原因，此不赘述。

李大钊是从日本归来的留学生。1919 年，他在《新青年》发表《我的马克思主义观》，第一次系统地介绍了马克思主义的三个组成部分。以后，他又发表了一系列马克思主义史学理论方面的文章。还在几个大学讲授史学思想史、唯物史观、经济史、法律史等课程。1924 年，他出版《史学要论》，第一次用马克思主义的唯物史观对有关史学的基本问题进行了论述。该书奠定了中国马克思主义史学的理论基础。

何炳松与胡适一样是从美国归来的留学生，他介绍了美国鲁滨逊的《新史学》。他与胡适有相同的地方，但在许多方面也有自己独到的见解。

20 年代前后，梁启超、胡适等人还邀请了美国杜威、英国罗素、德国杜里舒、印度泰戈尔等人来华讲学，传播历史哲学观点。

梁启超，1918 年退出政坛，重新回到书斋。1919 年至 1920 年，他游历了欧洲，归国后，潜心著述。虽然性格方面的驱使，使他并不甘寂寞，不时发表一些对时政的评论，主要精力还是用在学术上。这一时期，他发表的史学方面的著作主要有：《清代学术概论》《中国历史研究法》《中国近三百年学术史》《中国历史研究法补编》《古书真伪及其年代》等。与他在 20 世纪初的史学思想相比，这时期他在历史观上似乎退落、保守了，但还不能简单地说是倒退。因为总的来看，他的认识更加深刻了。如对传统史学的看法，对西方史学理论的吸收，他能以辩证的观点来看待，与世纪之初的"卤莽疏阔"相比，显然是成熟了。20 世纪初的史学思想，有些的确超出了他的历史局限和认识水平。以后他不得不重新反思，回到他的历史观规定的范围之内，在这里面将认识深化、细密。所以，20 世纪 20 年代梁启超的史学思想，应该说是他 20 世纪初"新史学"思想的继续发展，只是此时新史学思想已经丰富多彩了。梁氏的思想不过是新史学百花园里的一个花圃，失去了往日独领风骚的地位。

王国维是一个处于新旧之间的史学大师。20 世纪初，他曾游学日本，受到了西方史学思想和哲学思想的影响。早年治物理学、哲学、文学，先后完成《人间词话》《宋元戏曲考》等名著，对美学理论多有发明。辛亥革命后，主要精力用在史学上，对甲骨文、金文、简牍及古器物的考释做出了巨大贡献，并总结治学方法，形成著名的"古史新证"理论。由于王国维与清皇室错综复杂的关系，所以，在"新史学"对封建史学进行批判时，他保持沉默，没有响应和投身于这股新思潮当中。但他还是受到了影响，并自觉地运用新理论、新方法来从事研究。甲骨文、金文、简牍是20世纪发现的新材料，而王氏所用的方法又是最新的史学方法，他的学术自然是20世纪新史学的一个组成部分。他倡导学术的目的是追求真理，并主张学术独立于政治。这样，他既对清朝的文化专制主义不满，也不赞同"新史学"把史学作为救世的工具。他在感情上是怀旧的，在治学上是求新的。他是社会大变动时期新旧矛盾交汇于一身的学者。"古史新证"理论至20年代完全成熟，从学术价值来看，与其他新史学理论相比毫不逊色，虽然他与"新史学"思潮缺乏直接联系，但由于具备新史学的特质，所以它依然是20年代"新史学"大花园里的一个花圃。

陈垣，青年时代参加过科举考试，1907年至1911年，学习医学，接受了近代科学的洗礼，同时受革命思想的影响，进行反清宣传。他没有在学校和国外接受系统的近代史学方法训练，而是靠自学成才，以自己的勤奋和好学深思打下了深厚的史学功底。他1913年定居北京，1922年任北京大学研究所国学门导师。陈垣的治学特色，香港学者许冠三概括为"以土法为本，以洋法为鉴"。这一概括，深得刘乃和先生的赞许。陈垣与王国维在学术精神上相似的地方很多。治史特色为考史，在考史中重"通识"，都认为只有新材料、新方法才能得到新成果。王氏的"二重证据法"，与陈氏的"类例"思想，虽然具有一定的时代特征，但传统史学的色彩更为浓重，是传统史学在新思潮洗礼下的新生。

傅斯年、陈寅恪与陈垣、王国维、胡适在学术上有交往，彼此也互相吸收、互相影响，在治学方法上也表现出相同的旨趣。相比之下，傅斯年与陈寅恪在历史语言研究所共事的时间较长，且都在德国留学过。许冠三在《新史学九十年》中，将他们二人合为一章，称为"史料派"。蒋俊在《中国史学近代化进程》一书中也把他们放在一起，称作史料建设派。更多的人把"二陈"放在一起。所以，如何把握这几大家的学术联系和学术特点，还需要做具体深入地研究。顾颉刚在20年代以"疑古"而闻名史界，以致形成了以他为核心的"疑古辨派"。1923年，他提出了"层累地造成的中国古史"的观点，对有关古史的荒谬传说起了廓清的作用。这对当时的学术界是一个很大的震动。

总之，胡、王、二陈、傅、顾等人是20世纪新史学发展到第二阶段，新考据学派(相对于乾嘉考据学)中的杰出代表，他们在历史考据方面取得了辉煌的成就。这一方面得益于西洋的科学的治学方法的应用，一方面又适逢新史料的大量发现。新考据学派是新史学在二三十年代的一支重要生力军。

20年代末30年代初，在中国史学界还出现了一场关于中国社会史的大论战。这场论战的出现，有一定的政治原因，一定意义上说是当时政治在史学领域的反映。1927年，国共合作破裂。今后中国将向何处去？国共双方的看法是不同的。国民党从维护自身统治的利益出发，认为中国封建制度已经消灭了，也不存在外国侵略势力，中国已经是完全的资本主义社会了。而共产党则认为中国的社会性质没有改变，依然是半殖民地半封建社会。由此引发了史学界对中国社会史的大讨论。另一方面，争论的出现，也有史学自身的原因，它反映出马克思主义史学理论在中国史学界产生了重大的影响。"五四"运动后，马克思主义史学不断发展壮大，引起了各种唯心史观的非议，以社会史问题为契机而展开争论是不可避免的。争论促成了以《中国古代社会研究》为代表的一批马克思主义史学著作的问世，扩大了马克思主义史学的影响，锻炼和培养了马克思主义史学队伍。从此，马克思主义史学正式形成。中国社会史大论战，是中国新史学经过一定发展后分化的标志。

在这次社会史大讨论中，新考据学派如傅斯年、顾颉刚等人没有参加论战，他们以求真为目的，反映出他们与从事社会史研究的史家之不同的治学旨趣。但是，1931年"九·一八"事变后，随着民族危机的日益加重，他们不能安然于书斋、静心于故纸堆了。傅斯年打破了自己"只整理史料不著史"的常规，写了《东北史纲》(第一卷)，并计划撰著《中国民族革命史》。在《东北史纲》中，他以翔实的历史事实，论述了东北自古就是我国的领土，对日本帝国主义御用历史学家的种种谬论，予以坚决驳斥。1934年，顾颉刚创办《禹贡》学会，研究边疆地理。他说："当承平之世，学术不急于求用，无妨采取'为学问而学问'之态度，其效果如何可以弗问；……及至国势凌夷，局天蹐地之日，所学必求致用，非但以供当前之因应而已，又当责以弘大之后效"。"以我国今日所处地位之危险，学术上实不容更有浪费，故定其价值之高下必以需用与否为衡量标准”。[①] 他主编《禹贡》半月刊，目的就是为挽救国家危亡而尽学者之力。新考据学派由考史到经世，反映出他们的史学思想随着社会现实的变化而变化。

这阶段，史学发展还有一个突出的现象是史学理论日益活跃，特别是20世纪30年代初到抗战爆发这段时间，在20年代梁启超、李大钊、胡适、何炳松等人的史学理论的基础上，又出版了大量史学理论著作，大致可分为两部分。一部分是翻译之作：朗格诺瓦和瑟诺博司合著的《史学原论》(1926年)、绍特韦尔的《西洋史学史》(1929年)、班兹的《史学》(1930年)、《新史学与社会科学》(1934年)、施亨利的《历史之科学与哲学》(1930年)、瑟诺博司的《社会科学与历史方法》(1933年)、弗领(Fred Morrow Fling)的《历史方法概论》(1933年)和《历史研究法》(1933年)、弗林特的(Robert Flint)的《历史哲学概论》(1934年)、司各特的《史学概论》(1933年)、伯伦汉的《史学方法论》(1937年)等。此外，介绍外国著名的史学思想家的文章也发表很多。这些史学思想家有黑格尔、孔德、克罗齐、柯林武德、斯宾格勒、汤因比、柏烈得莱等人，其中，以克罗齐为代表的新黑格尔学派及斯宾格勒等人代表的文化形态史观影响较大。另一部分是国人著述的史学理论著作。据不完全统计，这一时期出版的《史学概论》著作多达30余种，其中较著名的有：卢绍稷的《史学概要》(1930年)、吴贯因的《史之梯》(1930年)、罗元琨的《史学概要》(1931年)、周容的《史学通论》(1933年)、刘静白的《何炳松历史学批判》(1933年)、卫聚贤的《历史统计学》(1934年)、胡哲敷的《史学概论》(1935年)、李则纲的《史学通论》(1935年)。还有一些通史和专史类著作，在导论和后记里面也专门讨论史学理论的内容，反映了这一时期，人们对史学理论的自觉和重视。以上所列国人所著的史学理论著作，总的来看，已比梁启超的《中国历史研究法》和何炳松的《历史研究法》更加条理和完整，对史学的基本理论问题如历史学的性质、历史认识的特点、历史学的功能、史学与其他学科的关系等都展开了讨论，认识更加细致深入了。对西方史学理论的介绍直接译自原著，很少通过日文间接翻译。国人自己著述的史学理论，注重结合本国历史的事例，克服了世纪之初许多生搬硬套的缺陷，有民族特色的史学理论逐步形成。

① 顾颉刚：《〈禹贡〉学会研究边疆计划书》，载《史学史研究》，1981(1)。

另外，中国史学史开始萌芽。梁启超在《中国历史研究法补编》中提到专史的做法，其中就有“史学史的做法”。他本人在学术史方面也率先垂范，写了《清代学术概论》《中国近三百年学术史》等著作，极大地促进了中国史学史的研究。这时期史学史的研究还局限于单篇论文，对史学史较为系统的论述一般附属于史学概论类著作中，独立的史学史专著尚未出现。

三

从 1937 年 7 月到 1949 年 10 月，历经抗日战争和解放战争。这一时期，是 20 世纪中国史学发展的第三阶段。中国史学，无论哪一个学派，都经受了战争的洗礼和考验。

“七七”事变，抗日战争全面爆发。抗战时期，中国史学分为三个区域：沦陷区、国统区和解放区。在沦陷区，爱国史家拒绝日本帝国主义和敌伪政权的威逼、利诱，埋头研究我国历史，将对祖国的炽热情感以著史的形式表达出来。他们在史著中通过表彰古代反对异族野蛮统治的爱国志士，抒发他们不屈的气节，激励一切沦陷区人民不做亡国奴。陈垣先生是沦陷区的代表。国统区汇聚了许多逃亡的大学教授，很多大学和研究所也迁到后方。在战时兵荒马乱的形势下，史学界依然坚持学术研究。他们坚信，只要史学存在，就有民族精神在，就能够将侵略者赶出去。以傅斯年为首的中央研究院史语所，在转移和保护我国珍贵文物和重要史籍方面，做了大量的工作。在极其艰苦的情况下，他们继续坚持考古发掘，并取得很大成绩。顾颉刚等人除了继续从事学术研究，还利用史学进行爱国主义宣传，编写了大量的通俗读物。战争，给史学家留下了深深的烙印。这种烙印，在他们的史著中，大都能体现出来。随着战局的稳定，史学继续沿着原来的轨迹前进。在理论方面，历史理论日益发达。民生史观、文化形态史观、生机史观、英雄史观、政治史观、道德史观、函变史观等都纷纷呈现。这些史观的产生，有一定的政治倾向，但学术本身的发展联系也不能忽视，因为在新史学发展的第二阶段，在广泛吸收和介绍西方史学理论时，这些史观就已萌芽。战争的爆发，更刺激人们思考，历史是如何发展的？发展的动力是什么？如何改变中国的落后挨打局面？战争刺激人们更多地去从事理论探讨，加速了历史理论的多样化。作为对史学自身进行研究的学科——史学史，这一时期获得空前的发展。30年代末到40年代，发表了大量的史学史方面的论文，而注意总结当代史学则是史学史研究的突出现象，反映了史家对当代史学的关注。其中较有代表性的有：1939年金毓黻的《吾国最近史学之趋势》、1940年曾繁康的《中国现代史学界的检讨》、1941年周予同的《五十年来中国之新史学》、1941年金灿然的《中国历史学的简单回顾与展望》、1943年张绍良的《近三十年中国史学的发展》(为纪念中国史学会成立而作)、1946年齐思和的《现代中国史学评论》等。这些论文都对20世纪以来的史学进行了研究，指出新史学以来的史学成就、史学特点、代表性人物，并对史学的发展方向和情景进行了展望。这期间对中国古代史学史的研究也取得很大的进展，涉及各个朝代的重要史家和史著。系统的中国史学史专著也出现了，它们是1941年魏应麒的《中国史学史》、1944年金毓黻的《中国史学史》、1946年顾颉刚的《当代中国史学》等。这些史学史研究成果的取得表明，自20世纪初产生的新史学，其史学思想这时已基本成熟。

令人瞩目的是，马克思主义史学，在经过社会史大论战之后，发展非常迅速，到抗战时期，已经成为最有影响的一支史学队伍。在国统区，翦伯赞在重庆开始撰写《中国史纲》，出版后，在史学界和社会上都有很大反响。郭沫若在重庆，写作了大量的历史剧及重要史著如《青铜时代》《十批判书》《甲申三百年祭》等。侯外庐完成的《中国古代思想学说史》《中国近世思想学说史》，在思想史方面，取得很高的成就。在解放区，史学更是受到重视。毛泽东把学习历史作为革命能否取得胜利的一个必要条件，认为历史学习对于掌握中国的国情，对于把马克思主义与中国革命的具体实践相结合，形成良好的学风都是极有意义的。在毛泽东的倡导下，延安成立了专门的历史研究机构——中央研究院中国历史研究室。范文澜是延安解放区史学界的代表。他著的《中国通史简编》是当时观点新颖、资料丰富、文笔优美的作品，出版后深受解放区干部群众的欢迎，在国统区也有很大的影响。

抗战期间，国共两党并没有停止摩擦。政治斗争也反映到史学领域里来，以致史学界成为政治斗争的重要阵地。典型地表现在：蒋介石著有《中国之命运》(其实是陶希圣著，蒋署名)，毛泽东则有《中国革命和中国共产党》；蒋廷黻著有《中国近代史》，范文澜也有《中国近代史》。前二者为两党领袖，他们都以历史为根据，论述中国的现实和未来。后二者是与两党政治关系密切的职业史学家。他们依据不同的历史观，对中国近代史作了各自的解释和评述。史观和政见的不同，使得他们对历史人物、历史事件、历史过程的评价和认识有不少的差别。

抗战胜利后不到一年，又爆发了全国规模的国共大战。国统区进步史家参加到反腐败、争民主的斗争行列。吴晗写了大量论文及史著《朱元璋传》，对国民党的腐朽、专制给予揭露和鞭挞。翦伯赞发表《桃花扇底看南朝》《南明史上的弘光时代》等论文，揭露国民党政府的腐朽统治。吕振羽的《中国民族简史》，胡绳的《帝国主义与中国政治》，也是当时的力作。一些附和国民党的学者，以赞美中国的传统文化和古代政体为名，为国民党的一党专政大唱赞歌。还有的学者则鼓吹"第三条道路"。史学界的斗争，反映了当时的社会矛盾。

综上所述，新史学在第三阶段呈现多元化发展势态，包括唯物史观在内的各种史观，在史学领域都有基地。史学理论的繁荣和史学史学科的发展，标志着中国历史学近代化的基本完成。由于战争的原因，史学分成三大区域，各个区域均有特色。马克思主义史学，以其完备的理论形态，求真和致用相结合的学风，积极参与抗战和革命斗争，队伍日益壮大，成为最有影响的一个学派，为中国新史学发展到更高阶段，奠定了基础。

四

新中国成立后，中国历史学进入了崭新的阶段。马克思主义史学居于主导地位，唯物史观成为历史研究的基本指导思想。全国掀起学习马克思主义的热潮，并开展了轰轰烈烈的知识分子思想改造运动。史学界，大多数史学家自觉接受唯物史观，努力运用马克思主义进行历史研究。由于史学界马克思主义理论水平的普遍提高，过去在中国历史研究中许多没有取得一致意见的问题又重新被提出来。20 世纪 50 代初的所谓"五朵金花"①

① 即中国古代史研究中的五大基本理论问题：中国古代史分期问题、中国封建土地所有制形成问题、中国封建社会农民战争问题、中国资本主义萌芽问题、汉民族形成问题。

就是运用唯物史观于历史研究的第一批成果。马克思主义史学在民主革命阶段取得了伟大的成就，对推动民主革命的发展做出了积极贡献。中国马克思主义自诞生以来就与中国革命的实践活动有着密切的关系，显示出强大的战斗力。由于唯物史观的指导，马克思主义史学在甲骨文、金文、简牍研究、古史分期、经济史、政治史、思想史、社会史及中国通史等领域都取得了举世公认的成就。但出于对现实的关注，民主革命时期的马克思主义史学论著也有一些非历史主义观点，如不恰当地进行古今类比、借古喻今等。解放初期，范文澜、翦伯赞等对自己著作中的一些非历史主义观点都作了真诚的检讨，并认真修正。其后，因政治运动不断，学术问题意识形态化，致使历史研究中非历史主义倾向更加严重。阶级斗争观点被认为是唯物史观的核心而支配整个史学研究。研究封建社会，强调必须站在劳动人民一面，站在无产阶级立场上，以致发展到"见封建就反，见地主就骂"。针对这些明显地背离了马克思主义历史观的学术倾向，翦伯赞1961年发表了《对处理若干历史问题的初步意见》①、1962年发表了《目前史学研究存在的几个问题》。② 在肯定阶级斗争理论是唯物史观的核心的前提下，阐述历史研究，要贯彻马克思主义的历史主义原则。翦老在当时的政治形势下，提出这种观点，并认为要正确看待历史上封建制度、地主阶级、帝王将相的历史作用，的确显示了巨大的勇气。但翦老这种理论自身，就有缺陷，他是在维护阶级斗争理论的前提下，试图用历史主义来限制或弥补那种理论之不足，自身存在弱点和无法解决的逻辑矛盾。后来，关锋、林杰、戚本禹等人就紧紧抓住这些弱点和矛盾，利用极"左"的政治环境，将历史主义置于死地。历史主义和阶级观点的讨论和论战，是贯彻新中国成立后到"文化大革命"前17年史学思潮的一根经线。

"文化大革命"的十年，史学完全失去了它的学科本色，成为政治斗争的工具。一方面，极"左"的史学理论使历史研究整个偏离了正确轨道；另一方面，这种偏离正确轨道的史学与极"左"的政治又紧密地结合在一起，交互作用，恶性发展。"文化大革命"史学，是一种变态史学，但我们对之不能简单地抛弃，在史学史上，应该有它的一席之地，应加强对它进行研

① 《光明日报》，1961-12-22。

② 《江海学刊》，1962(6)。

究。因为其中有很多经验和教训需要认真总结。现在对它的研究，还没有引起人们的重视。

粉碎“四人帮”以后，马克思主义史学重新走上了正确轨道，并开始了新的探索。从1976年10月至1978年12月，是史学界的拨乱反正时期。史学界对“四人帮”在“文化大革命”中的种种谬论进行了批判，特别是针对林彪、“四人帮”大搞“影射史学”，进行了集中的清算。但这时的清算，还没有完全摆脱政治批判的气息，严格的相对独立的史学思潮尚未出现，随着批判的深入，人们开始重新认识新中国成立以后的史学观点。针对“文化大革命”中对60年代初翦伯赞所倡导的历史主义的错误批判，史学界又展开了反批判，“回到60年代初期去”的史学思潮逐步形成。此后，“真理标准”大讨论在全国深入开展，相应的，史学界也开展了“历史发展动力问题”的大讨论。这次大讨论，首先对“在中国封建社会里，只有农民起义，农民的阶级斗争和农民战争才是历史前进的真正动力”的传统动力观提出了质疑。① 以后在讨论中，提出了十几种动力说。尽管分歧很大，但大讨论促进了对马克思主义历史理论的深入探讨，使史学界认识到，传统流行的一些历史理论并不符合马克思的原意，于是，“回到马克思去”又成为一部分人的呼唤。此后，“史学理论”热兴起，西方的史学理论大量被介绍到国内，使国内学者顿感新鲜，史学界又出现20世纪初期那种“饥不择食，生吞活剥”的状况，“老三论”“新三论”、计量史学、比较史学等一时风靡于中青年学者的谈论话题中。然另有一些人则有“回到乾嘉去”的主张，认为要建立纯客观的科学史学。出现这种主张，究其原因是对长期以来“论从史出”“以论代史”及“文化大革命”中影射史学的心理逆反。但这种主张刚露出苗头，尚未见诸报刊，就遭到批评。其中有的批评有说服力，有的则显然还没有从“左”的史学思潮的思维定式中解放出来，很难令人心服。史学史作为对史学自身进行总结和反思的一门学科，在“文化大革命”后得以恢复。十几年来，它以踏实的学风、丰硕的成果，引起整个史学界的关注，它通过对祖国优秀传统史学的深入挖掘和总结，促进了外国史学理论与本国传统史学的结合，冷却了对西方理论的狂热，为建立具有中国特色的史学理论起了积极的作用。白寿彝先生领导的北京师范大学史学研究

① 戎笙：《只有农民战争才是封建社会发展的真正动力吗》，载《历史研究》，1979(4)。

所，在这方面进行了卓有成效的工作。他总主编的多卷本《中国通史》，运用新综合体，多层次、多角度地展示出中国历史的发展过程和规律，把通史编纂带到一个新境界。新时期的中国史学，既不能离开本国的史学传统，也不能封闭于世界史学之外，要在批判继承传统史学的基础上，积极吸收一切优秀的世界史学的理论和方法，建立具有中国气派的富有开放性和开拓性的新型史学。

20 世纪史学的一个很大特征，就是强调史学与其他学科的联系。目前，跨学科研究成为世界史学的趋势，历史研究内容的丰富及研究程度的精细，也要求多学科相互结合，协同攻关，所以，中国史学的进一步发展，又面临新的机遇和挑战。以唯物史观为指导的中国马克思主义史学，今后依然是中国史学的主流，但多种模式、多种史学流派的兴起也是史学发展的必然和史学繁荣的需要。相信在“百家争鸣，百花齐放”的学术方针下，21 世纪的中国历史学百花园，一定会更加绚丽多彩，更加欣欣向荣！

我国20世纪三四十年代的史学评述

在我国20世纪三四十年代，评述20世纪以来中国史学的发展历程是当时史学史研究的一个突出现象，反映了史学界对当代史学的关注。其中代表性的论文有：1939年金毓黻的《吾国最近史学之趋势》①、1940年曾繁康的《中国现代史学界的检讨》②、1941年周予同的《五十年来中国之新史学》③、1941年金灿然的《中国历史学的简单回顾与展望》④、1943年张绍良的《近三十年中国史学的发展(为纪念中国史学会成立而作)》⑤、1946年齐思和的《现代中国史学评论》⑥、《中国史学界的展望》⑦及其1949年的《近百年来中国史学的发展》⑧等。另外，在一些著作的序或引言中，也涉及不少此类内容。由于时代的关系，那时的史学评述在今天看来有着特殊的价值。考察那时的史学评述，有助于我们了解前人的认识成果，对我们进一步研究20世纪前期中国史学的发展，无疑具有重要的启迪意义。

一、对20世纪前期史学流派的划分⑨

上述的史学评述文章或著作，大都从划分史学流派的角度对半个世纪以来的史学进行评论。1936年，冯友兰在马乘风著《中国经济史·冯序》中说“中国现在史学，有信古、疑古、释古三种趋势”，可谓是最早做出这种

① 载《新民族》1939年第2期。据《静晤室日记》云，商务印书馆1944年出版的金著《中国史学史》第十章《最近史学之趋势》即为该文。本文依据该书第十章。

② 载《责善半月刊》第1卷第5期，1940-05。

③ 载《学林》第4期，1941-02。

④ 载《解放日报》，1941-11-20～22日。

⑤ 载《力行月刊》第7卷第4期，1943-04。

⑥ 载《大中》第1卷第1期，1946-01。

⑦ 载《大中》第1卷第5期，1946-05。

⑧ 载《燕京社会科学》第2卷第2期，1949-10。

⑨ 近年出版一些研究近代学术流派、史学流派的论著。这里概述的是20世纪三四十年代人们对史学流派划分的情况，不涉及今人的论著。

划分尝试的。1939年，钱穆在《国史大纲·引论》里，也对20世纪以来的史学进行了评论："略论中国近世史学，可分为三派述之。一曰传统派(亦可谓记诵派)；二曰革新派(亦可谓宣传派)；三曰科学派(亦可谓考订派)"。接着，他对三派分别进行了解释："传统派主于记诵，熟谙典章制度，多识前言往行，亦间为校勘辑补。此派乃承前清中叶以来西洋势力未入中国时之旧规模者也。其次曰革新派，则起于清之季世，为有志功业急于革新之士所提倡。最后曰科学派，乃承以科学方法整理国故之潮流而起"。"革新派"的史学，随时递变，又可分为三期，其初为"政治革命"，继而为"文化革命"，而后又为"经济革命"。在这三期中，"政治革命"，指梁启超倡导的"新史学"时期；"文化革命"指钱玄同、顾颉刚等掀起的"古史辨"时期；"经济革命"指1927年以后的社会经济史研究。周予同在《纬谶中的"皇"与"帝"》中，将中国现代史学分为"泥古""疑古""考古""释古"四派。在《五十年来中国之新史学》中，他又将自己的划分与冯、钱二氏做了对比，说："大概我所谓'泥古派'，就是冯氏的'信古'，略近于钱氏的'传统派'，我所谓的'考古派'，略等于钱氏的'科学派'；冯氏和我所谓'疑古''释古'两派，略等于钱氏的'革新派'中的'文化革命'与'经济革命'两期。虽各个所分派数多寡不同，所定名称详略互异，但大致也还相近"。在此基础上，他又作了完善，认为"详密点说，转变期的中国史学，应该分为'史观'与'史料'两派"。史观派包括儒教史观派、超儒教史观派。儒教史观派又分为受古文学派影响的(属于旧史学)和受今文学派影响的(第一期新史学)两派。超儒教史观派则分为疑古、考古、释古三派，他们都脱离了经学而独立存在。而史料派则是指随着史料的大量发现，主张"史学本是史料学"的一部分学者。周氏的划分，在吸收别人意见的基础上更加详尽了，包括的范围也更加宽泛。注重从经史关系方面考察新史学的产生与发展，区分史学派别，是他划分的显著特点。他的划分也有笼统含糊之处，如史观派和史料派似乎并没有严格的区别，史观派中的有些派别在史学思想上与所谓"史料派"是基本一致的。故如此区分，有失严密。

曾繁康在《中国现代史学界的检讨》中，将中国近世史学归纳为三派：一是考据学派。认为此派的作品，可以顾颉刚先生的《古史辨》为代表；此派的学者，以中央研究院和北平研究院的历史语言研究所及北京、清华等大学为大本营。此派的主要精神为注重实证，不但以书籍上的记载为考据的根据，而且极注重发掘。二是唯物史观的中国历史研究学派。此派从经济社会的立场，以西洋的历史材料，来解释中国历史上的种种现实；其所采择用的方法，便是有名的辩证法。此派的作品，可以从前在上海出版的《新生命》杂志为代表。三是理学派的历史观。此派所有观点，全系宋明以来理学家的观点。此派对于历史的态度，亦系中国旧日史家对于历史的态度。此派的学者，大概说来，应以复性书院的马一浮先生为代表，此外乡曲之老师宿儒，亦多与之抱相同的观点。曾氏所谓的考据学派，包括周予同所谓的"疑古""考古"二派，而理学派的历史观，则与周氏说的"泥古"派有相似之处；曾氏所谓的"唯物史观的中国历史研究学派"以《新生命》杂志为代表，不够全面和准确，对其特点的概述，也欠恰当。因此，他对这一派也就很难有正确的认识。但由于他归纳的标准较为明确，因而他的划分显得更为严整。

齐思和从史学批评的角度指出当时中国史学的两种最重要的派别——掌故派和社会学派。他说："在这种混乱的现象中，有两三种畸形发展，颇占势力。一种是琐碎考订的发达，我们可称他为掌故派。他们大抵知道用纪传的方法改修旧史或纂修新史是不行了，于是乃选择一个窄深冷僻的题目作一到穷源溯流的探讨。考证则细入毫芒，征引则繁富博赡。……此外另有一派又走向另一极端，他们因厌弃掌故派的繁琐苛碎的考订，遂要研究中国整个社会的进展，我们可称他们为社会史派。"①掌故派和社会学派，可以说是齐氏对当时史学弊端概括出的两个典型，虽不是正面的归纳，但也反映一定的事实。

金毓黻的《吾国最近史学之趋势》和金灿然的《中国历史学的简单回顾与展望》，虽然没有学派的划分，但在对史学趋向的概述中也包含这方面的内容。如金毓黻说："最近史学之趋势，可分为两端言之，一曰史料收集与整理，一曰新史学之建设及新史之编纂。"也就是说，近世史学的两种倾向，一是史料建设，一种是史学编纂，二者皆有相对独立的发展过程，前者以发现甲骨文肇始，后者以梁启超倡导"新史学"发端。这样划分基本能反映史学发展的面貌，但由于仅重视史料学和历史编纂学，而忽略了史观在史学中的地位，许多史学现象也不能反映出来，如著名的社会史大论

① 齐思和：《现代中国史学评论》。

战及社会经济史的研究，在金氏文章中就没有提到。郭沫若的史学成就，仅论述了他在甲骨文、金文考释方面的贡献。金灿然对中国近世史学分为资产阶级方法支配下的史学和唯物史观初步运用下的史学。他把前者作为中国史学的第二个阶段，把后者作为第三个阶段。第一个阶段是封建时代的史学。也就是说，他侧重从历史观的时代性、阶级性来进行划分。这种划分方法优点在于从总体上反映出史学发展的大势，缺点是有简单化倾向。在史学上贴阶级标签，往往把许多学术问题政治化，以致忽略历史学的学科个性。

于划分史学流派的同时，对新史学以来中国史学的发展过程及发展阶段也有较为细致的探讨。

周予同对新史学的产生给予了剖析，他从经史关系、清代史学的演变来追溯新史学的渊源。他说：上溯现代新史学的渊源，“第一须追念黄宗羲”，“第二须追念钱大昕”，“第三须追念章炳麟”。而给予史学转变以直接动力的是今文经学。受今文经学的启示而使中国史学开始转变的有三个人非常重要，他们是崔适、夏曾佑、梁启超。崔适是清末今文学派最后的经学家，他的《史记探原》，以经今文学的见地推论到史部纪传体第一部——《史记》的本质问题。而夏曾佑在中国史学转变的初期，是将中国正在发展的经今文学、西洋正在发展的进化论和日本正在发展的东洋史研究的体裁相糅合的第一人，“而使中国史学开始转变，开始脱离经学羁绊的则是梁启超。”梁启超之后，使中国史学完全脱离经学的羁绊而独立的是胡适。胡氏及其同派者都继承了宋学的怀疑精神，承受了清末高度发展的汉学今文派的思想体系，采用了汉学古文派的考证方法。他们被称作“疑古派”，代表人物除胡适外，还有顾颉刚、钱玄同等。对于疑古派的研究提出修正意见的是考古派。这派的代表者，在初期有王国维，在后期有李济。这派的起源并不后于疑古派，但他们能卓然自成一派，以与疑古派平分中国现代史学界，却在疑古派形成之后，继疑古派与考古派而崛起的是释古派，初期代表人物是胡汉民，使之发展而与疑古、考古鼎立而三的是郭沫若。“与郭氏同属于释古派而见解却歧异的是陶希圣”。最近几年，即“七七”事变以后，史学界已渐有综合各派或批评各派而另形成最后新史学派的趋势。可见，按照周氏的说法，20 世纪史学到 40 年代，从摆脱经学的羁绊开始，依次经过了“第一派新史学”、疑古、考古、释古等几个阶段。当然，每一个史学流派并没因后起学派的兴起而消失，但大体发展趋势则是这样。

张绍良的《近三十年中国史学的发展》一文，把30年来的中国史学分作两期：(1)“五四”时代中国史的翻案工作。主要指顾颉刚、钱玄同为代表的“古史辨”派。疑古(钱)玄同等所主持的“古史辨”就是考证真伪、疑古翻案，大胆否定封建卫道史的大本营。(2)北伐革命后中国史的整理。指社会史大论战时期的史学。前者是对封建旧史学“烂账”式记录的否定，后者则是国史的整理和重建。也就是说，在建设新史学方面，第一个阶段是破坏旧史学，第二个阶段是建设新史学。

齐思和的《近百年来中国史学的发展》对20世纪以来的史学发展也有阶段划分。他说，到清季史学界又发生了一个革新运动。第一位积极介绍西洋史学，并呼吁改造中国史学的是梁启超。新史学思想的输入引起了改编国史的运动，夏曾佑的中学《中国历史教科书》、刘师培的《中国历史教科书》等都是新史学思想的产物。通史课本的编纂虽然改变了中国史学的体裁，但对于传统史学的内容，却很少改变。到了“五四”前后，中国的思想界发生了一个大的变动，历史学也受到了深刻的影响，“古史辨”运动遂应运而生了。从“五四”到北伐，在时间上，虽然只有七八年，但是中国的学术思想，又走到第二个解放时期。北伐以后中国社会史的研究，特别是唯物史观的社会史，遂更展开。假如“古史辨”运动可以象征“五四”的史学，那么中国社会史论战便可以象征北伐后的史学。这个论战第一声炮是陶希圣的《中国封建社会史》和他的《中国社会之史的分析》。到了郭沫若，中国社会史的研究才真正地走上了学术的道路。

综上所述，三四十年代对20世纪以来史学流派及史学发展阶段的划分，因为角度不同，结论也略有差异，但大体上是相近的，彼此之间可以找到相对应的史学流派和发展阶段。如周予同和齐思和都认识到在清朝末年梁启超倡导的新史学，在史学思想、历史编纂学等方面与旧史学的不同，钱穆把它看做是“革新派”史学的“政治革命”时期。对“五四”时期兴起的疑古派和考古派，上述文章的认识基本一致。周予同还从研究的史料和方法方面解释说，疑古派可称为“记载考证派”，考古派可称为“遗物考证派”，即它们都具有考证的特点，于不同之中，又看到它们的相同之处。钱穆称考古派为“科学派”。齐思和针对这一时期史学所表现出的流弊，批评它们是“掌故派”。总之，不管从正面，还是从反面，都表明这一时期，考证史学占据主导地位。大革命以后，社会史论战兴起，史学特点又出现新的变化。周予同称这一时期的史学为“释古派”；钱穆认为是“革新派”史学的“经济革命”时期；张绍良称此阶段为“中国史的整理”；曾繁康称为“唯物史观的中国历史研究学派”；齐思和针对此一时期的史学流弊，有“社会学派”之批评。这表明，对大革命以后中国史学的主要特点，人们的认识也基本一致。上述文章对史学流派和史学发展阶段的划分，对于我们把握20世纪以来史学发展的脉络还是颇有启发意义的。为了便于下面的论述，我们暂且采纳周予同的划分标准，即把20世纪初到40年代的史学分为“新史学”“疑古派”“考古派”“释古派”，以进一步考察那时对各史学派别产生原因的认识及有关评价等问题。

二、对各史学派别产生原因的分析

1. 关于新史学的产生。周予同着重从文化的背景上剖析中国新史学产生的原因。他说：“至于中国史学的转变，实开始于戊戌政变以后；或者就原因说，开始于鸦片战争以后。而给予中国史学以转变动力的，却是经今文学。”①他通过考证认为，清季经今文学，也受到西洋进化论的影响，所以确切点说，给予转变期的中国新史学以转变动力的今文学，其自身正含有外来文化的因素。从新史学脱离经学的羁绊到“古史辨派”的出现都与今文学有直接的关系。“他们由今文学脱胎出来，而结果却否定今文学，这便是中国现代学术界演变的历程。”②

作为著名的经学史家，周氏对新史学产生的原因，更重视从经史关系的角度来认识，分析细致入微，观点公允，不存门户之见。

齐思和认为新史学的产生与西洋史学思想的输入关系很大。他说，清末因为西籍大量的移译，泰西的思想遂渐渐地输入到中国来了。关于史学方面，我国史家因读了新翻过来的西洋史书，渐感觉到西洋史籍编制的方法，史事的选择，和我国旧的史学，颇有些不同。第一位积极介绍西洋史

① 《五十年来中国之新史学》。
② 同上。

学，并呼吁改造中国史学的是梁启超先生。梁氏以后，向国人介绍西洋史学方法而最有影响的人是胡适先生，此后对于西洋史学理论方法的介绍工作最努力的是何炳松先生。三人均对新史学的形成做出卓越贡献。

周、齐二氏分析“新史学”产生的原因，一个侧重中国学术的背景，一个侧重外国史学的影响，都可谓精辟之论。但他们对中国社会与中国史学的相互关系没有应有的重视，不能不说是一个缺陷。

2. 关于“疑古派”的产生。张绍良在《近三十年中国史学的发展》一文中从社会形势角度分析了“古史辨”产生的原因：“辛亥革命、满清封建专制的民族牢狱打倒，这时封建社会的基础，虽还没有完全颠覆，但社会思想却得到解放。民主思潮随民国成立而益见高涨。民主势力要否定封建的统治，首先必须清算封建士大夫的卫道史。于是顾颉刚、钱玄同等，就沿用欧美近世初期的实验主义，努力于《尚书》《史记》等古史书作真伪疑古翻案的考据。”

1947年，顾颉刚出版了《当代中国史学》，他曾对古史研究产生的背景，作了较为全面的分析，最后他概括为四点，他说：“要而言之，古史研究兴起的背景，是：(一)史学上寻源心理的发达；(二)西洋的科学治学方法和新史观的输入；(三)清代中叶以来疑古学的渐次兴起；(四)考古学的抬头。”①顾颉刚把自己编著《古史辨》视为“古史研究”，这里“古史研究”兴起的背景，也就是“疑古派”产生的背景。顾氏作为“疑古派”主帅，他对本派产生原因的认识，自有第一手资料的价值。

3. 关于考古派的出现。关于考古学，周予同认为它与今文学和宋学已可说毫无关系。早期代表人物王国维在治学方法上，与古文学有一定的联系，但却比史料派前进或深入了一步。他对疑古派也有不满。他只顾自“立”，不愿“破”它。他后期编有讲义《古史新证》，这“新”字正是为了自别于疑古派。他不仅重史料考证，还阐释历史。考古派后期的代表人物李济，是一位纯粹受西洋考古学的训练的学者，他不仅以发掘整理地下的史料为满足，且进而解释地下史料。疑古派偏于破坏伪的古史，而考古派则以建设真的古史为帜志。目的不同，方法各异。但我们也不能不看到二者的联系。“破”是为了“立”，“立”的工作也是由于受了“破”的启示才开展

① 顾颉刚：《当代中国史学》，126页，南京，胜利出版公司，1947。

的，它们的产生，具有同样的社会文化背景。①

4. 关于释古派的产生。对“释古派”产生的原因，有的从社会背景上给予分析，有的从学术自身发展的需要加以阐明，论述比较充分。

金灿然认为，史学史的第三个阶段(即上文提到的“唯物史观初步运用下的史学”)，开始于“五四”时代。在《新青年》上，李大钊已初步用唯物史观来分析中国的伦理关系，后来，随着中国共产党的成立及唯物史观理论的输入，不少人尝试着以之运用于中国历史研究。大革命失败后，更由于中国实践的要求，从社会性质的研究进入到社会史的研究，从而绵亘数年的社会史论战便爆发了。②

张绍良认为，鸦片战争后，中国典型的封建制度开始动摇。随着民主势力的高涨，新兴的市民层，依据其自身的希望，乃对过去的封建卫道历史，大施其翻案的工作，中国的史学从这时起开始转向。可惜，新兴的市民学者，虽对旧的封建卫道史尽了破坏的作用，可是并没有力量建立起完整的系统的中国史。直到北伐战争以后，由于新形势新要求，这一工作才真正开始。北伐革命以后，中国究竟走向哪里去？这并不完全决定于革命者的主观意志和主观力量，而要依据于历史的客观现实。因此，了解中国历史的发展，把握中国历史的动向，成了革命者之当前的急务。过去的中国史，实乃一本糊涂账，而今已到了必须整理的时候了。③

1937年1月和7月，何干之先后出版《中国社会性质问题论战》和《中国社会史问题论战》两本书，分别对两次论战给予了综述，是迄今为止评述当时史学争论最系统的著作。他指出：1927年以后，有所谓中国社会性质、中国社会史性质的论战。1934年至1935年又有所谓农村社会性质的论战。这样的论辩，不用说是“五四”时代资本主义文化运动的继续。社会性质、社会史、农村社会性质的论战，可说是关于一个问题的多方面的探讨。为着彻底认清目下的中国社会，决定我们对未来社会的追求，迫着我们不得不生出清算过去社会的要求。中国社会性质、社会史的论战，正是

① 《五十年来中国之新史学》。
② 《中国历史学的简单回顾与展望》。
③ 《近三十年中国史学的发展》。

这种认识过去、现在与追求未来的准备工夫。① 也就是说，当时的社会史研究，是革命形势的要求。

顾颉刚的《当代中国史学》，在谈到“社会经济史研究的成绩”时，也论述到这次论战的背景。他说，社会经济史的研究，是随着社会革命运动而兴起的。当国民革命军北伐的先后，社会主义勃兴于中国，为探索革命的正确前途，一般革命家都努力于中国社会经济的研究，尤其是集中精力于社会经济史分期的讨论，这样就产生了所谓“中国社会史的论战”。他还指出了其中的代表人物：“研究社会经济史最早的大师，是郭沫若和陶希圣两位先生。事实上也只有他们两位最有成绩。”

齐思和把社会史研究的起源追溯到李大钊，也颇有见地。他说：“中国最初介绍唯物史观的学者是李大钊先生。……尝作《史学要论》《史学思想史》《史观》《唯物史观在现代史学上之价值》等文，介绍唯物史观的精义。到了北伐以后中国社会史的研究，特别是唯物史观的社会史，遂更展开。”②

周予同从治史的目的谈到“释古派”产生的必然性。他说，胡适在《中国哲学史大纲》中曾提出治史的三个目的——明变、求因与批判。但疑古派与考古派究竟大多只做到“明变”的一部分工作，而没有达到“求因”与“批判”两个目的。释古派便是对这种学术上的缺点而企图加以补充。他还论到了“释古派”产生的社会背景，说：“或者更重要的，释古派所以产生或者由于社会的原因。从民国‘五四’以来，中国社会形态极变幻之能事，许多知识分子因不安于现状而探究鸦片战争以后中国现代社会的形态及其本质，因而再追溯产生这现代中国之以往各期的社会的形态及其本质，而且想用一种理论以解释这各期社会形态之所以形成及其转变”。③

“释古派”是20世纪30年代发展起来的，而且是在激烈的学术争论乃至政治斗争中，声震史坛的，对它产生的原因自然更受到史学史研究的重视。以上所引观点，虽然在历史观及对释古派的态度上不尽相同，但对

① 何干之：《中国社会性质问题论战》，见《何干之文集》第1卷，185～186页，北京，北京出版社，1993。

② 《近百年来中国史学的发展》。

③ 《五十年来中国之新史学》。

“释古派”产生的背景有大体一致的认识，那就是它是为弥补“疑古”、“考古”之不足而兴起，又是因中国革命形势发展的要求而展开。

三、对各史学派别的评价

1. 对早期新史学的评价。梁启超倡导的早期新史学，在钱穆那里被称作“革新派”的政治革命时期。钱穆是赞同“革新派”史学的。他说：“惟革新一派，其治史为有意义，能具系统，能努力使史学与当身现实相绾合，能求把握全史，能时时注意及于自己民族国家已往文化成绩之评价。”①可谓推崇备至了。然他对于梁氏之“新史学”，却有明显的批评意味：“其先当前清末叶，当时有志功业之士所渴欲改革者，厥在政体。故彼辈论史，则曰中国自秦以来二千年，皆专制黑暗政体之历史也。彼辈谓‘二十四史’乃帝王之家谱，彼辈于一切史实，皆以专制黑暗一语抹杀。彼辈对当前病证，一切归罪于二千年来之专制。然自专制政体一旦推翻，则此等议论，亦功成身退，为明日之黄花矣。”②也就是说，他对于这一时期新史学之过于否定传统文化，与政治联系过密颇为不满，认为这样的史学已经过时。

齐思和在《中国史学界的展望》谈及这段史学时，说：“自清季以来，许多学者，主张改造中国史学，把中国史学现代化。梁启超先生便是最重要的一位。他主张以西洋史学来改革中国史学，他的主张在当时影响颇大。惜彼不甚谙西史，所主张往往似是而非”。在《近百年来中国史学的发展》中，一方面肯定了梁启超创立“新史学”的重大作用，另一方面又进一步指出他的不足：“可惜梁氏不谙西文，……对新史学的介绍，颇为肤浅空泛，而没有正确的认识。他对于西洋人研究历史的方法，似乎是茫然得很”。“梁氏不明通俗著作与研究著作之别，而号召天下研究整个的通史，结果他自己用了这‘治史所持之器’，并无成绩，而他人用这方法来治史也不会有成绩的”。齐氏在美国留学多年，获得历史学博士学位，对西洋史学造诣颇深。“新史学”作为中西史学交汇的产物，其局限性在齐氏看来是“肤浅”。但梁氏国学根基深厚，他借鉴外国史学并不盲从，还是应该肯定的。

---

① 钱穆：《国史大纲·引论》，重庆，商务印书馆，1939。

② 同上。

周予同对梁启超倡导新史学给予了很高的评价。他说："梁氏虽由经师弟子转变为新史学家，但他的史学思想显然地受了今文学的刺激而接受进化论的史观……就全部思想界说，梁氏是否是'陈涉'，尚有商榷的余地；但就40年前的史学界说，梁氏却确是揭竿而起、登高而呼的草莽英雄陈涉呢！"①他认为梁氏在现代史学史上，具有不可磨灭的功绩。

2. 对疑古派、考古派的评价。对于疑古派、考古派，赞扬者有之，批评者也有之。考古派，在钱穆那里，属于科学派或称考订派。他说："至考订派则震于科学方法之美名，往往割裂史实，为局部窄狭之追究。以活的人事，换为死的材料……彼惟尚实证，夸创获，号客观，既无意于成体之全史，亦不论自己民族国家之文化成绩也。"②可见批评之严厉！

在曾繁康那里，这两派被统称为考据派。曾氏认为："此派的主要精神为注重实证……往往能发前人之所未发，见前人之所未见，极有裨于中国古代的史乘"。"此派自其初起以至于今，虽为时尚不甚久，而其成绩，则甚惊人，对于中国的古代史，已有极丰富而又极宝贵的贡献。"③它的缺点，曾氏认为是对古史破坏有余，而建设不足，不能"建立一个簇新的史学系统"；再者，这派学者往往误认方法为目的，为考据而考据，非为历史而考据，以致破碎支离，博而寡要。

金毓黻对疑古、考古的做法，采取了谨慎的态度。他说："愚终谓古书不可轻信，亦不可轻疑。专从故纸堆中，搜求证据，考论古史，固难断其真伪，即从地下发见之简古文字，片断记载，据以判断古史，亦易陷于谬误。"④然他对顾氏的疑古精神、勇于服善又表示了敬佩，说他"为治史者别开生面，亦可一扫从前拘泥罕通之病"。对疑古、考古在史学上产生的影响也给予了积极的肯定，说"近顷学术治史之术，咸富于疑古之精神，而范以科学之律令，又以考古人类诸学，从事地下发掘，以求解决古史上一切问题，因以改造旧史，别创新史……为我国史界别辟一新纪元者也"。⑤

周予同对疑古派在史学史上的地位给予了肯定："疑古派在中国史学

① 《五十年来中国之新史学》。

② 钱穆：《国史大纲·引论》。

③ 《中国现代史学的检讨》。

④ 金毓黻：《中国史学史》，324～325页。

⑤ 同上书，325页。

史上自有其不可一笔抹杀的业绩，他们继承今文学的思想体系，采用古文学的治学方法，接受宋学的怀疑精神，而使中国的史学完全脱离经学而独立，这在中国学术演进史上是不能不与以特书的”。① 他认为疑古派的缺点是“他们的史料限于记载的书本，他们的研究方法仍不免带有主观的成见，他们的研究范围仅及于秦、汉以前的古史及若干部文学著作，因之他们的成绩不免消极的破坏多于积极的建设”。② 对于考古派，周氏认为它比疑古派更进了一步：“远古的史料，而处以崭新的技术，中国史学到此已完全宣告独立，谁能否认这是中国史学的大进步呢?”周氏也承认考古派的弱点：研究方法比较琐碎，研究范围比较狭窄，但又认为“这种为史学基础做打桩的苦工是值得赞颂的”。③

张绍良肯定了“疑古派”的思想解放意义，说“这般人的反封建历史的破坏工作正代表初期自由主义的战斗性和进步性”。同时又指出它的局限性：“然而这种进步性，亦止于‘破坏’，谈到进一步的建设，则远非实验主义的‘疑古’和‘翻古’所能胜任。几卷‘古史辨’，只不过是‘破’的文集，而胡适之的《中国哲学史大纲》的贫乏，已见他们‘立’的能力的薄弱了。”他认为“中国历史之科学的整理，在北伐革命之前，可以说还没有摸到边际”。④

3. 对释古派的评价。1936 年，冯友兰对“释古”在史学上的意义作了中肯的评价。认为在信古、疑古、释古三种史学趋势中，“释古”一种，应是史学的真正目的，亦是现在中国史学之最新的趋势。但针对社会史论战中所暴露出的问题，他对释古派也提出了批评，指出当时属于释古的史学有两个缺陷：“第一种是：现在属于此派之史学家，往往缺乏疑古的精神。……第二种缺陷是：现在属于释古一派之史学家，往往谈理论太多”。认为讲历史，“应当以事实解释证明理论，而不可以事实迁就理论”。⑤

---

① 《五十年来中国之新史学》。

② 同上。

③ 同上。

④ 《近三十年中国史学的发展》。

⑤ 马乘风：《中国经济史·冯序》，上海，商务印书馆，1937。现在不了解史学史的学者，有的把社会史论战时期的政治色彩大于学术探讨归咎于马克思主义史学家，其实这是一种误解。下面我们不妨多引用当时人的评述，这些人在当时大都不是马克思主义史学家，这样或许对全面认识这个问题更有利些。

1935年，嵇文甫为马乘风《中国经济史》写的序，对那些年的社会经济史研究进行了评述，认为中国社会经济之史的研究，在短短六七年间，约略经历了三个阶段：第一阶段是概说时期，第二是论战时期，第三是搜讨时期。对这一分法，周予同在《五十年来中国之新史学》中表示赞同，说“这话大致是正确的”。嵇文甫说：“中国学者首先发表这类著作的是陶希圣先生和熊得山先生。陶先生的《中国社会之史的分析》《中国社会与中国革命》及熊先生的《中国社会史研究》，可算是这时期最大的产品。”“论战时期。这个时期极热闹。先有‘新思潮’派和‘动力’派的对立，后有《读书杂志》四个专号下的混战。战兴最浓、风头最健的角色，先有朱其华和严灵峰先生，后有李季先生。其他若胡秋原、王礼锡、王宜昌……诸位战士，也都是常显身手的”。这一时期，“嬉笑怒骂之辞多，真讲理论的却甚少”。搜讨时期：“一场混战使大家感觉无知了，于是返回头来，从新做起。郭沫若先生自发表《中国古代社会研究》以后，专向甲骨、金石方面下工夫，如《卜辞汇纂》《金文丛考》，为古史添了许多新材料。吕振羽先生的《史前期中国社会研究》，尽量利用神话和考古学上的知识，对于殷以前社会作大胆的试探。至最近，南有《中国经济》，出了两本中国经济史专号，北有《食货》，尤其专以搜集史料相号召，和从前《读书杂志》上剑拔弩张的气象迥乎不同了”。①

张绍良对社会史论战的评述与嵇文甫基本相同，他也分作三个时期，即(1)概论时期；(2)论战时期；(3)探讨时期。在第一个阶段，“熊得山的《中国社会史研究》、陶希圣的《中国社会之史的分析》，虽已汇集成书，在量一方面，是丰厚些，而内容的质，依然是很穷乏的。至其见解的失当，则更是另一回事。郭沫若的《中国古代社会研究》，在方法上，虽无可非议，但内容上，依然没有做到精确”。张氏对“论战时期”的学风也有批评：“论战的文章，固多根据学理而作理智的论争的，然亦有不少是囿于门户之见而一味漫骂的。”②

周予同对郭沫若在释古派的产生方面所起的作用，给予了很高的评价，说郭沫若在《中国古代社会研究》的序文里所谈的治学方法，“实是释

① 马乘风：《中国经济史·嵇序》。

② 张绍良：《近三十年中国史学的发展》。

古派之坦白的宣言”。对陶希圣的作用也有评述，称他著作多，产量相当丰富，但又指出：“陶氏并不是单纯的客观研究的理论家，所以时被不同派系的人所指责，而且陶氏各书中的见解前后每不一致，所以更予人以指责的机会。”①

顾颉刚对郭沫若的《中国古代社会研究》有这样的评价：“郭先生应用马克思、莫尔甘等的学说，考索中国古代社会的真实情状，成《中国古代社会研究》一书。这是一部极有价值的伟著，书中不免有些宣传的意味，但富有精深独到的见解。中国古代社会的真相，自有此书后，我们才摸着一些边际。”②他对陶希圣也有较高的评价，认为“虽然他的研究还是草创的，但已替中国社会经济史的研究打下了相当的基础”。③

齐思和在肯定了郭沫若、陶希圣对社会史研究的贡献之后，还高度评价了吕振羽、范文澜、翦伯赞的著作。他说：“陶、郭二氏之后，对于中国社会史研究最努力的是吕振羽先生。吕氏自民国二十年来到现在共著成了关于中国社会史六七种著作。他用了唯物辩证法，将中国社会史分期来研究。”“中国社会史之唯物辩法的研究，到了范文澜先生所编著的《中国通史简编》才由初期的创造而开始走进了成熟的时期”。④

以上引文是我们通过论文目录查到的当时人对“释古派”评价的基本材料。文章作者如嵇文甫、张绍良、周予同、顾颉刚、齐思和等人在当时都是很有成就的史学家，在史学界有较高的威望，所以我们在此不惮其烦地大量引用他们的评价文字，目的在于客观、全面地反映当时人的观点。这对于澄清当前一些人在这一问题上的混乱思想或许是有意义的。上述作者在那时并不是马克思主义史学家，但他们对马克思主义史学家的成就一致给予了很高的评价。这就有力地说明了马克思主义史学在民主革命时期所取得的成就是世所公认的，马克思主义史学代表了中国史学的最新发展方向。因此，把民主革命时期的马克思主义史学看作“战时史学”是不能成立的。这几位老史学家，虽然当时并不懂何谓历史主义，但他们研究史学的

① 《五十年来中国之新史学》。

② 《当代中国史学》，100页。

③ 同上书，107页。

④ 《近百年来中国史学的发展》。

平实、公允的实事求是的态度，还是值得今天的史学工作者学习的。

金灿然在《中国历史学的简单回顾与展望》中，指出马克思主义在社会史研究中的重要意义。他说："中国社会史论战的最大特点，便是参加的诸位先生都以掌握马克思主义的方法论自命，这便表示了，在研究中国历史——尤其是社会史上，唯物史观的方法已占了统治的地位。在这个光辉的方法论面前，封建的及资产阶级的历史方法已显得暗淡无光，失却了活力。"他对社会史论战之促进史学进步给予了充分的肯定，说："这场论战的功劳却也不可轻视，而且没有这场论战，我们也不会有今天用科学方法研究中国历史的初步成绩"。

对释古派批评严厉的是钱穆。钱氏主张历史研究要"于客观中求实证，通览全史而觅取其动态"。而革新派则喜为全面的、通古的研究。也就是说，从理论上他对革新派是赞同的。但他对现实中的革新派都不满，特别是对"经济革命论派"(即社会经济史研究)，他的心情更为沉痛，说："使此派论者有踌躇满志之一日，则我国史仍将束高阁、覆酱瓿，而我国人仍将为无国史知识之民族也。"①

周予同认为钱穆对于社会史研究当中出现的弊端的批评虽有合理之处，但却无视释古派的进步，说钱氏对"经济革命论派"的担心，是"未免过虑了"。②

四、对中国史学发展趋势的展望

所谓对中国史学发展趋势的展望，一方面指通过研究中国史学的发展，指出中国史学以后的发展趋势；另一方面，对中国史学今后努力的方向提出建议或要求。20 世纪 30 年代后期至 40 年代的总结性文章已包含相当多这方面的内容。

周予同对抗战以来，中国史学的发展趋势有自己的看法，说"史学发展的几兆，大概不出于撷取疑古、考古、释古三派的优点，加以批判的综

① 《国史大纲·引论》。

② 《五十年来中国之新史学》。

合，而渗透以高度的争取民族解放的信念”。[①]

张绍良提出要站在中国之“独立之国”的立场，来批判一切，摄取一切，从而建立中国的新史学体系，更进而创作新史观的中国史。他还对当时轰动一时的“战国策”派的历史观点提出批评，说“它有意无意地与反动的法西斯主义的历史观结了姻缘”。[②] 指出要警惕号称“正统派”的守旧史家的“复古”倾向。

1947 年，顾颉刚在接受蒋星煜的采访时，认为现代中国史学没有明显的流派。他说：“严格地说，明显的流派是不存在的，以前有人勉强分出疑古派释古派等等，其实疑古是手段释古是目的，这种分法很不合理。又如陶希圣、郭沫若、翦伯赞同是以唯物史观来理解中国历史的，但各人所得的结论距离很远，未便归纳在一个流派里面。”[③]史学流派存在不存在，还可以再讨论；史学流派如何划分，也可以再探讨。但顾氏在这里的回答，至少表明这位“古史辨”的大师，也承认释古是目的，也承认唯物史观在史学研究上的价值了。

就治史方法而论，嵇文甫在总结了社会史大论战的经验教训后指出：“我相信搜集材料在现阶段上极为重要，然而理论的研究亦不容轻视”。“从论战时期遗留下来的许多理论问题，都不是单就中国史籍中搜集些材料就可以解决的”。[④] 也就是说，史料的整理和理论的探讨都很重要，不可偏废。

金灿然在文章中提出马克思主义中国化的问题，他说：“今后研究中国历史的方向何在呢？那便在于历史唯物论的中国化，也就是说，运用历史唯物论的基本原理来分析研究中国固有的历史材料，把历史学带到真正的科学道路上”。[⑤] 他重点提到了范文澜的《中国通史简编》，说这部书在研究中国历史的新方向上打下了一个基石。

金毓黻在《吾国最近史学之趋势》中，强调了专题研究的意义。专题研究，在他那里称“主题研究”。他说：“近顷颇盛行主题研究之法，即取古

① 《五十年来中国之新史学》。

② 《近三十年中国史学的发展》。

③ 《顾颉刚论现代中国史学与史学家》，载《文化先锋》第 6 卷第 16 期，1947-06。

④ 《中国经济史·嵇序》。

⑤ 《中国历史学的简单回顾与展望》。

今或一代之事，析为若干主题，各个而讨论之谓也。主题研究，本取法于纪事本末一体，……此研史最善之法也。……近人之善用此法者，多至不胜枚举，其最著者，为王国维、陈垣二氏。”同时他还正确指出了专题研究和整体研究的关系，说“部分之研究，其手段也；整个之贯通，其目的也。不能因在于手段过程中，得有大量之收获而遂忘其最后之目的，即不应以部分之研究，而忘却整个之贯通”。① 他认为以专题研究为基础而创造贯通之史学，是史学发展的趋势。

1949 年，齐思和也论述了专题研究和集体协作在现代史学建设方面的意义，他说，专门化是科学工作的基础，只有细密的分工，才能有可靠的收获。随着史料的大批量的发现，许多专门化的学科产生了，现代的史学必须建设在许多人的专题研究之上。像司马迁、司马光一人包办全史的时代已经过去了，正如亚里士多德式的科学研究已经过去了一样。②

以上关于中国未来史学发展趋势的认识，都是通过对 20 世纪前期中国史学发展阶段的考察及史学发展之经验教训的总结而得出的，归结起来，可概括如下。

第一，新史学经过 40 多年的发展，渐趋向吸收各派优点、朝综合的方向发展。人们已经认识到，疑古、考古是史学研究的手段，而释古才是史学研究的目的，它们不是相互排斥，而是相辅相成。

第二，史料和理论在历史研究中要相互结合。唯物史观越来越显示出理论的优越性。它在历史研究中的指导意义得到广泛的承认和高度的重视。

第三，专题研究和贯通研究的地位及其辩证关系得到较为正确的认识。20 世纪 40 年代的史学家，已经认识到专题研究在史学走向现代化的作用，并认为专题研究是贯通研究的基础；贯通研究是专题研究的归宿。

20 世纪三四十年代史家对 20 世纪前半期史学的总结和评述，可以成为我们思考未来史学发展的一个参照。

① 《中国史学史》。

② 《近百年来中国史学的发展》。

朱希祖与中国现代史学体系的建立

——以他与北京大学的关系为考察中心

朱希祖在北京大学史学系成立初期担任系主任近十年，对中国史学的近代化和科学化产生了影响。这一阶段也是朱氏学术生涯的重要时期。30年代初，他被迫离开北大。离开的原因，现在的一些研究多根据片面材料得出不准确的看法，以致许多历史事实被弄得混乱不堪。因此，研究他在北大史学系的业绩，无论对理清中国的历史学科之早期发展，还是对评述这位重要史学家的学术贡献，都是很必要的。

一、不是首届系主任，却是主要创办者

朱希祖(1879—1944)，字逖先，浙江海盐人，早年留学日本早稻田大学(1905—1909)，其间曾从章太炎学习音韵、《说文》及史学，是太炎最早的一批门生之一，章太炎的《自定年谱》中有对他的称赞。1913年，他代表浙江省参加教育部组织的国语读音统一会，因所提注音方案获得通过而受到学界瞩目，会议结束即被北京大学聘为预科教授，以后又担任文科教授。北京大学在民国六年以前，没有设立专门的历史学专业。据朱希祖回忆："民国五年秋至六年夏，此学年内，文本科中仅有中国哲学门、中国文学门、英国文学门，三项而已。至六年秋，始于中国文学门内分出一部分教员，及国史编纂处一部分编纂员，组织中国史学门。当时文科学长为陈独秀先生，竭力奖励新文学，整顿中国文学门，本门教员于新文学有不慊者，大都改归中国史学门"。[①] 也就是说，北京大学史学门成立于1917年秋。这是中国大学最早设立的历史学专业。史学门成立的初衷是为开展新文学运动减少一些阻力。但陈独秀对于史学门，也并非不想建设。开始陈独秀想让朱希祖当史学门主任，劝他到日本考察一二年，回来后从事建

① 朱希祖：《北京大学史学系过去之略史与将来之希望》，载《国立北京大学卅一周年纪念刊》，1929。

设、改革。那时朱氏是中国文学门的教授，在新文学与旧文学的斗争中，他旗帜鲜明地支持了新文学，在《新青年》上发表文章《白话文的价值》《非“折中派的文学”》，在《北京大学月刊》发表《文学论》等，想在新文学的建设上有一番作为，不愿进史学门。所以，一段时间，史学门主任空缺，直到1919年“五四”运动后，史学门教授会才选举康宝忠(字心孚)为史学门主任。① 8月，史学门改为“史学系”。② 1919年11月，康宝忠逝世，蔡元培校长“力举”朱希祖担任史学系主任。③ 朱希祖担任北京大学史学系主任之职始于1919年12月。④ 有些文章说朱希祖是北京大学史学系的首届系主任，不够准确。

但朱希祖却是北京大学史学系的主要创办者。从1920年到1931年初，除1927年8月至1929年2月朱氏因不满于奉系军阀改组北京大学而改就清华大学教授外，这期间他一直担任北京大学史学系主任。⑤ 史学门是“中国史学门”的简称，在康宝忠担任史学门主任以前，所开课程都是中国历史的内容。康氏主持以后，才增设西洋历史等课，于是史学系“由一国的史学，而改为世界的史学”。朱希祖称这一变化，是史学系的第一次改革。但所设立的课程，专偏重于历史事实的研究，而没有将社会科学等科目作为史学的基本科学。⑥ 康宝忠，陕西城固人，青年时期在日本早稻田大学留学，研习法政和政治经济学，其间他曾在章太炎开设的国学讲习会听过

---

① 1919年6月11日的《北京大学日刊》第400号有《史学门教授会启事》：“本日(十日)上午十时开史学门教授会成立会。到会之教员七人：钱维骥、崔适、曹位康、钱振椿、叶翰、何炳松、康宝忠。当经议决史学门教授会有组织之必要，即时投票公举主任。投票结果，崔适先生得一票。康宝忠先生得六票，康先生以多数当选为史学门教授会主任。”

② 1919年8月16日的《北京大学日刊》第429号刊登评议会布告：“上星期评议会议决，旧有之中国史学门，依新制以后改称史学系”。

③ 朱希祖：《北京大学史学系过去之略史与将来之希望》，载《国立北京大学卅一周年纪念刊》，1929。

④ 《北京大学日刊》第508号(1919年12月10日)发布《教务长布告》，公布史学系选举主任结果：“朱逖先先生得最多数当选为史学系主任”。

⑤ 朱偰：《先君逖先先生年谱》，见张国华主编：《文史大家朱希祖》，154～163页，上海，学林出版社，2002。

⑥ 朱希祖：《北京大学史学系过去之略史与将来之希望》，载《国立北京大学卅一周年纪念刊》，1929。

课。他在北京大学以讲授社会学而知名。朱希祖在康宝忠改革的基础上继续向前推进，在课程设置、师职培养、历史教学模式等方面，进行了积极的探索，又作了一些改革，在他任系主任期间基本建成了具有现代学术体系的历史学系。那时系主任负责制定本系课程指导书，然后提交教授会讨论通过。聘请教员也是系主任的职责。所以，系主任对一个系的建设作用是举足轻重的。由于康宝忠在位时间很短，因此，北京大学史学系草创时期的办学传统以及治学特色之形成，朱希祖所起的作用最大。他是当之无愧的北京大学史学系的主要创办者。

二、朱希祖的办系思想

朱希祖的办系思想可归纳为以下几点。

1. 以欧美新史学思想为指导，规划史学系课程。

朱氏虽是留日出身，并师从于章太炎，但更主张用欧美新史学思想来改造中国旧史学。其实日本也是通过引进西方史学使其史学近代化的，但它比中国早20年。[①] 20世纪初中国派遣的留学生主要是去日本，他们在日本学的也是西方的东西。所以尽管由于留学背景的不同，在北京大学也出现了留日、留法、留英美派的矛盾，但用欧美学术思想来改造中国学术在当时是留日以及留学欧美学者的共识。也正因为如此，留学欧美的学者，地位比留日学者似乎更高一些。朱氏本人在被推荐做系主任时，也是希望留学欧美的学者担当这个职务，他说："至民国九年，康先生逝世，蔡孑民校长力举希祖为史学系主任，希祖虽尝留学日本，专习史学，然所得甚浅，万不足以当此任，然斯时留学欧美专习史学者，尚无其人，不得已滥竽充数。"[②]北京大学史学系到1920年才有第一届毕业生(那时因为有预科，所以本科年限为3年)，朱希祖向学校建议，选取优秀毕业生到德国留学，专习历史与地理，归国以后，任本系教授。他说，其他各系，都有留学欧美的专门学者主持教务，只有史学系没有，必须弥补这个不足。这

---

① 俞旦初：《爱国主义与中国近代史学》，57页，北京，中国社会科学出版社，1996。

② 朱希祖：《北京大学史学系过去之略史与将来之希望》，载《国立北京大学卅一周年纪念刊》，1929。

个建议得到蔡元培的赞同，于是通过考试，选拔姚从吾、毛准到德国留学。他还建议学校直接聘请西方史学家到史学系任课，由于学校经费短缺，这种愿望往往不能实现。① 这就是说，朱希祖主持史学系，对有欧美留学背景的学者是很重视和欢迎的。

朱希祖提倡以科学方法治史，认为历史学是社会科学之一，治史学，必先通政治学、经济学、社会学等。主张“以文学的史学，改为科学的史学”。“研究历史，应当本于社会的要素，所以研究历史，应当以社会科学为基本学科”。② 他将史学系的课程定为六类：一为史学史及史学原理，二为中外通史，三为断代史，四为辅助学科，五为专门史，六为两种外国语。③ 现征引1926年至1927年《北大史学系课程指导书》之要点，可见朱氏关于史学系课程体系的思想：“(1)现代史学已为科学的史学，除通史、断代史外，学生必须先学习基本科学。所谓基本科学，即人文地理、生物学、人类学及人种学、社会学、政治学、经济学、宪法、社会心理学。这些科学中以政治学、经济学、社会学、社会心理学为最重要。(2)学习了基本科学之史(后)，还应学习史学方法论以及各种专门的学术史，如政治史、法制史等。至于宗教史、文学史、哲学史、美术史等，也当学习，以补通史之不足；但不可躐等以求。(3)中外通史、断代史，皆为必修课。(4)其次要学习史学的重要辅助科学，如考古学、金石学、统计学等。(5)外国语为研究历史的一种工具，应学习、利用。”④他提出这种课程体系，与他接受了德国新史学派的史学思想有关。他说他担任系主任后，看了德国兰普勒希特的《近代历史学》，认为里面最要紧的话就是：“近代的历史学，是社会心理学的学问。现在历史学新旧的论争，就是研究历史，本于社会心的要素？还是本于个人心的要素？稍严密一点说起来，就是历史进程的原动力在全体社会呢？还是在少数英雄？”兰普勒希特的意思，以为历史进程的原动力，自然在全体社会；研究历史，应当本于社会心的要素。所以研究历史，应当以社会科学为基本科学。1924年，何炳松翻译出

① 朱希祖：《北京大学史学系过去之略史与将来之希望》，载《国立北京大学卅一周年纪念刊》，1929。

② 同上。

③ 傅振伦：《蒲梢沧桑——九十忆往》，53页，上海，华东师范大学出版社，1997。

④ 同上书，51页。

版了美国新史学派创始人鲁滨逊的《新史学》，朱希祖为该书作了序，对鲁滨逊的重要观点表示了赞同，并列举《新史学》的一些论断，说："其中尤以'应该将社会科学的结果综合起来，用过去人类的实在生活去试验他们一下'这句话为最简括切实。我读了这几句话，差幸对于北京大学校史学系的课程，改革得尚不算错"。① 鲁滨逊曾留学德国，美国的新史学受到德国新史学的影响，二者有着紧密的联系。朱希祖在这篇序中还作出呼吁，说："美国的学说和德国的学说兼收并蓄，那末可以达到史学完善的目的；而且他们的学说，殊途同归，都归到社会科学那方面去，可见学问是断不可分国界的。我国史学界总应该虚怀善纳，无论哪一国的史学学说，都应当介绍进来"。②

2. 重视史学理论课程的建设。

朱希祖重视史学理论课程，把史学理论作为史学系课程中的一类。他请何炳松讲授史学方法论，何炳松以鲁滨逊的《新史学》为教材，深受学生的欢迎。然后他又鼓励何氏将《新史学》译成中文。他说："我国现在的史学界，实在是陈腐极了，没有一番破坏，断然不能建设。何先生译了 Robinson 这部书，是很合我国史学界的程度，先把消极的方面多说些，把史学界陈腐不堪的地方摧陷廓清了，然后慢慢的想到积极的建设方面去。所以何先生译了这部书，是很有功于我国史学界的"。"何先生译了这部书，为我国史学界的首倡者，我很望留学各国回来的学者，多译这种书，指导吾国史学界"。③ 他还聘请李大钊为史学系教授，在史学系开设了唯物史观研究、史学思想史、史学要论等史学理论课程。"唯物史观研究"包括如下专题：唯物史观在现代史学上的价值；马克思的经济历史观；物质变动与道德变动；原人社会于文字书契上之唯物的反映；东西文明根本之异点；由经济上揭示中国近代思想变动的原因；中国古代经济思想之特点，等等，④ 阐述了唯物史观的基本原理，用历史研究的实例，具体说明唯物史观在现代史学上的价值。"史学思想史"从法国的"波丹(Bodin)的历史思想"

---

① [美]鲁滨逊：《新史学》，何炳松译，4页，上海，商务印书馆，1924。

② 同上书，6页。

③ 同上。

④ 《李大钊史学论集》，石家庄，河北人民出版社，1984。

一直讲到德国的马克思和李凯尔特(Rickert)的历史哲学，核心就是论述唯物史观是如何产生和发展起来的，进而论述它对于历史研究、史学发展的重要意义。《史学要论》是一部以唯物史观为指导研究历史学基本理论的小册子，是中国马克思主义史学的奠基之作，对以后中国史学的发展产生了深远的影响。何炳松与李大钊的史学理论虽然有很大的不同，但朱希祖把他们都请到史学系来，给学生授课，其学术自由、百家争鸣的学术氛围由此可见。以后，朱氏还把这种安排看作史学系发展史上的得意之举，说"曾聘西洋史教授翻译新史学及唯物史观等书，从事鼓吹，此为本系可纪之事二也"。① 何炳松、李大钊之后，陈翰笙、李璜等又接替讲类似的课程。朱希祖本人在史学系开设了"中国史学概论"，主要是讲中国传统史学的理论以及中国史学史。该讲义有不少精深之见，对中国史学史学科的发展有开拓之意义。② "中国史学通论"同样属于史学理论的范畴。朱希祖认为，史学"以搜集材料、考订事实为基础，以探索历史哲学、指挥人事为归宿"。③ 他把许多社会科学列为史学系的必修课，重视开设史学理论课程，目的就是"使学生一改其研究史学之心理，不致专以多识史事为史学"，也就是说，设置这些课程的目的，在于转变我国传统的史学观念。这样做，"由今观之，实为寻常，在当时则视为异常也"。④

3. 注重培养学生的自主学习和自主研究能力。

上述分为六类的史学系课程，每一类又有若干学科，其中有必修课，有选修课。这些课程，每星期安排一至四小时不等。但规定四年必须选够一百学分，才能毕业。以后朱希祖体察到课程太繁，学生无研究的充裕时间，其弊端是"全恃教员的灌注，而无自动的研究"。1929 年，由朱希祖提议，经过教授会批准，对课程体系又作了改革，那就是将四年的课程分两个阶段，前两年学习史学的基本科学以及中外通史；后两年学生可以按照自己的兴趣，专选一课进行专门的研究，其余选择自己所必需的课程听

---

① 朱希祖：《北京大学史学系过去之略史与将来之希望》，载《国立北京大学卅一周年纪念刊》，1929。

② 周文玖：《朱希祖与中国史学》，载《史学史研究》，1998(3)。

③ 朱希祖：《章太炎先生之史学》，载《文史杂志》，1945 年第 11、12 期合刊。

④ 朱希祖：《辩允〈北京大学史学系全体学生驱逐主任朱希祖宣言〉》，载《北京大学日刊》，1930-12-09。

讲。后两年的中国史，分时代教授，外国史分国家或分时代教授。对这些课程，不作预定，有专门的教授，就为其设课；没有专门的教授，则宁缺毋滥。这样做实际是历史教学模式的一次重大改革，就是由“普通史的灌注进而为专门史的研究”。朱希祖之所以进行这样的改革，是因为一方面通过几年的实践，发现课程安排太繁，学生读书的时间少了，学生过于依赖教师的讲授，而自己的研究能力、写作能力没有得到应有的训练；另一方面，也借鉴了国外的历史教学经验，“现代各国讲授史学，半主自动，而不全主他动，自动须由自己研究参考，他动专重讲授灌注。前项课程即不免偏于他动，全赖灌注，故有今年之改革。”①章太炎不主张历史学习依靠口授，而提倡自学。他说：“近代学堂新制，多重口授，口授殊不宜于史学，盖四库之书，史籍最繁，岂口授所可罄哉？且学贵自得，亦非口授所可收效，如二十四史三千余卷，三通六百卷，文不涩奥，学者所可自读，必欲一一口授，则有终身不能尽者，设能自阅，则正史四年可罄，《通鉴》一年可毕；外国道尔顿制，即使学生自习之法，国人虽知其制而行者盖寡，余谓此制施之史学，厥效最伟”。② 朱希祖的课程改革是否受到其师太炎先生的影响，难于确证，但这样变革，的确更加符合造就史学专门人才的规律，对现代的历史系本科和研究生阶段教学仍不失为有益的启示。

从《北京大学日刊》发布的“史学系布告”来看，虽然对史学系的课程安排做了重大改革是在1929年，但提倡自主学习，重视培养学生独立研究、独立撰述的能力，则是朱希祖主持史学系时期始终坚持的。如1923年12月13日的《史学系布告》提出研究中国历史的办法：“一、教员担任指导讲演。其范围由教员自由认定。或为分代的研究，如周史、秦汉史、隋唐史、宋史、清史等是；或为分科的研究，如政治史、经济史、宗教史、教育史等是。各尽所长，不拘体例。且有教员则多方研究。无教员则暂缺，不必一时求全也。二、同学选择研究，各任性之所好，认定研究一种，不宜多选，盖专精则有创获也。不限年级，盖研究性质无有限期。初入学时

① 朱希祖：《辩驳〈北京大学史学系全体学生驱逐主任朱希祖宣言〉》，载《北京大学日刊》，1930-12-09。

② 章太炎：《章太炎讲演集》，170页，石家庄，河北人民出版社，2004。

固可研究；毕业之后亦可继续研究。三、教员对于选定自己担任学科之同学，固宜尽指导之责任；对于其他同学，如有创获心得时，亦可公开讲演，任人来听。且尝撰为文章，登之本校杂志，以饷海内外同志。四、同学选定一科，对于本科必须阅览之书，须专心全阅，庶可洞见本末，详其因果。且每三个月必须撰一论文(不拘体例)，报告指导之教员，请其指正。教员当择优选录，登之本校杂志，以相鼓励。”①从以上的研究办法可以看出，史学系提倡的是一种自由自主的学习和研究，对教师和学生都是如此，教师的研究范围不限，写作运用的体例不限；学生可以自由选定自己感兴趣的专题。有专门研究的教师，则开课，无则宁缺。提倡教师公开演讲或发表自己的研究成果，让更多人受益；要求学生在打牢基础的同时，也要进行写作训练。1925 年 11 月，朱希祖在由学生组织的史学研究会上，仍然强调自动自由研究的重要性。他说：“本系的学生实行作史学上的一种自动的自由研究，这种研究是治历史学的最重要的方法，并且是一种最好的练习。”他认为这种研究，要按照年级分配。一年级的时限最长，研究的范围当然较大，研究外国史的，每人可分任一国，如英吉利、法兰西；研究中国史的，可把中国全史分作几个较大的时代，任择一个时代去研究，如上古史、中古史，或为断代史的研究，如唐史、宋史。二年级的年限亦颇从容，亦可以为比较大的范围之研究，中国史如南北朝的某一代，或明末诸王的某一王；外国史如希腊、罗马，皆可自由认定。三、四年级的年限，相应的比较短了，研究的题目也要相应的缩小。说“如此分工研究，脚踏实地，按部就班地做下去，则本学系对于将来的中国史学界，当有伟大的贡献，这是我们可以预定的。”②

朱希祖对北京大学史学系的学生提出的要求很高，就是希望他们都能在史学领域中成名成家。他说：“希望本系同学于初入系时，必先确定将来为历史著作家？抑为历史哲学家？如欲为历史著作家，则于历史文艺，必先从事研究，将来拟特设历史文艺一课，以资实习，庶几著述国史，翻译外史，文理密察，足以行远。如欲为历史哲学家，则不必为专门史之研究，于普通历史外，须从事社会科学及哲学，博习深思，经纬万有，著书

① 《史学系布告》，载《北京大学日刊》，1923-12-13。

② 《朱逖先主任报告》，载《北京大学日刊》，1925-11-30。

立说，指导人类，蔚为史学正宗。”①从朱希祖所制定的课程体系和所主张的教学方法来看，他对史学系的学生都是作为研究性的人才来进行培养的，这个培养目标，即使现在看来，也是很高的。那时史学系的学生如萧一山、傅振伦等，上学期间，即从事著述，出版许多研究成果，应该说与这种培养模式有很大关系。

在北京大学史学系，学生自己成立了史学会。校长蔡元培、系主任朱希祖以及系里著名教授都参加了成立会，并发表热情洋溢的讲话，勉励和规划北大史学系的学生为中国历史学的发展作出贡献。以后史学会还发起成立史学读书会，“鼓励独立自营之精神，磨练制作深造之才艺”。② 史学会对史学系的课程安排、聘请教员、学术演讲活动、图书资料建设等都可从学生的角度提出建议。有时史学系教授会也吸收史学会的同学参加会议，从而形成了学生参与系务活动的民主风气。

4. 广揽人才，耆儒新进，皆所延聘。

一流的大学，须有一流的师资。朱希祖主持北大史学系，也是广揽人才，学者不分门派，不分新旧，皆所延聘，许多名师曾云集北大史学系，诸如陈汉章、王国维、叶翰、陈援庵、陈寅恪、马叔平、邓之诚、李大钊、何炳松、陈翰笙、李璜、王桐龄、孔繁燏、李季谷、张星烺、罗家伦、陈衡哲等。聘请李大钊讲授唯物史观，在当时是需要气度和胆识的，因为从当时的政治形势和学术主流看，在国立大学的讲台上宣扬唯物史观及其史学理论，还是有不少反对声音的。即使在新文化阵营内部，都有不同意见，如胡适在这方面与李大钊就有争论，他在哲学系宣讲杜威的实验主义，对讲唯物史观颇有微词。陈翰笙也是讲唯物史观的，曾由著名教育家高仁山介绍到史学系任教。老辈学者陈汉章，以知识渊博为人敬佩，朱氏请他在史学系任教。后来有的学生说他学问虽博，但不懂科学方法，陈汉章愤而辞职，朱氏亲自到家多次劝请。从朱氏的日记看，当时聘请教授并非易事，往往出现不是被请者拒聘，就是被聘人答应了而教授会又不通过的现象。如1929年初他复职史学系主任后，提出聘请留美女学者陈衡哲

---

① 朱希祖：《北京大学史学系过去之略史与将来之希望》，载《国立北京大学卅一周年纪念刊》，1929。

② 《发起史学读书会意见书》，载《北京大学日刊》，1922-04-19。

为西洋史教授，经过与陈衡哲做工作，陈氏答应了，但教授会只同意聘其为讲师。为此，朱希祖很是不满，在日记中写道："北大对人待遇不平，史学系某某二教授仅授课二三小时乃为教授，新聘教授至八小时亦不能为教授也。"①并为此向代校长陈大齐提出辞呈，经挽留方同意留任。在朱氏的争取下，陈衡哲方被聘为教授。朱氏还在德国及美国两三次聘定名师，但都是因为国内战争，经费欠发，而没有实现。要之，朱希祖主持史学系，在聘任师资上，能够广揽人才。傅振伦评价说："先师主持北大史学系事，耆儒新进，皆所延聘。……盖无分派系，兼容并收，有蔡孑民先生之风度焉。"②

中国历史学的现代学术体系建设，至20世纪20年代基本完成。中国史学与西方史学接轨，实现了由传统向近代的转化。而在这个转变过程中，朱希祖主持的北京大学史学系是起了开路先锋作用的。20世纪三四十年代，学界在对中国史学自"新史学"以来的发展历程进行总结时，对北京大学史学系这一阶段的作用给予了高度评价。沈兼士说："民初蔡元培长北大，初设史学系，大家都不大重视，凡学生考不上文学系的才入史学系，但这不能不算打定了史学独立的基础"。③ 这个评述，一方面说明了史学系之创立对历史学科发展的意义，另一方面也说明创立史学系的艰辛。顾颉刚也说："国立北京大学的历史系比较办得理想，因为北平随处都是史迹和史籍，这一种气氛很适宜于历史学的研究，而北京大学一向就保持着文史哲三门学科特别有成绩的优良传统。"④顾颉刚毕业于北京大学，当时任中国史学会主席，这一论断，包含对北京大学史学系初创时期成绩的肯定。

三、离开北大史学系原因之辨析

刘浦江先生在《邓广铭与二十世纪的宋代史学》中说："1930年，北大史学系主任朱希祖因采用一中学教师编写的中国近代史教材作为自己的讲

① 朱希祖：《朱希祖日记》1929年3月14日，国家图书馆藏。

② 傅振伦：《先师朱逖先先生行谊》，载《文史杂志》第5卷第11、12期合刊，1945年。

③ 沈兼士：《近三十年来中国史学之趋势》，载《经世日报》，1946-08-14。

④ 蒋星煜：《顾颉刚论现代中国史学与史学家》，载《文化先锋》第6卷第16期，1947年9月。

义，受到学生攻击，因而去职，遂由傅斯年代理系主任。”①桑兵先生的《近代中国学术的地缘与流派》一文，在网上传布很广。该文内有“太炎门生”一节，对太炎在北京大学的弟子无论在学术上还是在办学上，均详引对立面评论，加以贬低，感情色彩太浓，以致把20世纪20年代北大的学术成绩说得暗淡无光。其中也提到朱希祖被迫辞去北大史学系主任的事，认为主要原因是浙人在北大专权，排除异己等。这些文字，虽不是专门论述朱氏离开北大的原因，但在轻描淡写中给人一种已成定论的感觉，似乎无需资料就可以得出这样的结论。这对于一个在中国史学近代化过程中做出了重要贡献的史学家来说，不仅是轻浮，而且也有失公正，因此，有辨析之必要。

朱希祖在当北大史学系主任期间，有过几次辞职。第一次是奉系军阀改组北大，他改就清华大学史学系教授，前面已说到。第二次是北大恢复校名，朱氏重新回到北大史学系后，代校长陈大齐(字百年)让他主持史学系事，他四处聘请教员，感到西洋史教员难聘，又为聘请陈衡哲作西洋史教授，聘任委员会不同意，甚感不平，再次提出辞职。陈大齐亲自到家慰留，虽未收回辞呈，但第二天，学校公布各系主任名单，史学系主任仍是他，他也就没有再坚持辞职。在回访陈大齐时表示允任。② 然过了几个月，在《河北民国日报》出现北大学生写的《警告朱马二教授》。朱指朱希祖，马指马裕藻(字幼渔)，文中有“朱马二教授把持校务，黑幕重重，请学校当局严重取缔”等语。这一次，朱希祖、马裕藻都向代校长陈大齐提出了辞呈，1929年8月5日的《北京大学日刊》均登载了他们的辞职函以及校长的回函。马裕藻的辞职函是：“百年先生：顷阅河北民国日报载有本校学生会诋藻之语，是实藻诚信未孚所致，敬请先生召集国文系教授会改造主任，俾得早卸仔肩，幸甚幸甚。马裕藻上　八月一日。”朱希祖的辞职函是：“百年先生左右：顷见报载警告朱马二教授把持校务，黑幕重重，请学校当局严重取缔等语。希祖对于校务是否把持当在洞见之中，唯诚信不孚不能见谅于学生，以后本系事务自难进行，用敢辞去史学系主任之职，另行改造以利进行。”两人虽不承认把持校务的指责，但都说自己“诚信不

① 刘浦江：《邓广铭与二十世纪的宋代史学》，载《历史研究》，1999(5)。

② 据《朱希祖日记》1929年3月14日、3月15日，国家图书馆藏。

乎”，要求辞职，以另行改选主任。此种做法也不可谓不光明磊落。陈大齐很快回了函，不同意二人辞职，他给朱希祖的回函是：“逖先先生大鉴：手示奉悉，先生主讲北大垂二十年，诸生无不热诚爱戴，若偶因学生误会遽而灰心，将史学系主任辞去，则该系一切进行计画势将停顿。爱校如先生当不忍出此，务请以学校前途为重，概允继续担任史学系主任，无任企祷。”①给马裕藻的回函内容与此基本一样。但这一次朱希祖下决心辞职了，8月5日，他又给陈大齐写了一信，内容是：史学系已经办了的事项，如课程制度改革已由教授会开会通过；续聘和新聘的教授、讲师人员名单；史学系未办的事项，如下学期课程表还未制定出来；教学用书尚未购买；没有联系好的添聘教师尚待联络等。这封信实际是工作交代，以供接任系主任参考。② 尽管如此，这次学校仍没批准辞职，陈大齐、蔡元培先后致书二人，劝说他们继续留任。③ 这样，他们才勉强复职。但事情并没有因此结束，到1930年底，又出现了《北京大学史学系全体学生驱逐主任朱希祖宣言》。因为此《宣言》不是公开发表的，所以，它的完整文本已难以看到了，但从朱希祖在《北京大学日刊》发表的《辩驳〈北京大学史学系全体学生驱逐主任朱希祖宣言〉》中所引的段落，大体可以看出其基本内容。④

朱氏在辩驳文章开头说：“昨日得到《北京大学史学系全体学生驱逐主任朱希祖宣言》一纸，有人言此系不签名氏，等于匿名信；有人言主任系教授公选，驱逐主任，是不信任史学系全体教授，种种议论，余概置不论，仅就其诬蔑太甚及不合事实者，逐条辩驳”。文章驳斥《宣言》中的“三大纲”、“十四条”。三大纲和十四条的关系，就是论点和论据的关系，也就是说，十四条都是说明三大纲的。所谓三大纲，按照朱文所引，分别是：“一、朱希祖决不配干史学系主任”“二、朱希祖擅变课程”“三、朱希祖的疾贤妬（大概是“妒”之误——引者注）能排挤教授”。十四条系朱氏逐条引用的，原文本未必分条罗列。关于第一纲，论据包括两条，是从专业

① 《院长复史学系主任函》，载《北京大学日刊》，1929-08-05。

② 《朱教授致院长函》，载《北京大学日刊》，1929-08-17。

③ 见1929年9月23日《北京大学日刊》2237号，《陈代校长致马朱两教授函》；1929年9月30日载《北京大学日刊》第2243号，《蔡校长致朱逖先先生函》。

④ 朱希祖：《辩驳〈北京大学史学系全体学生驱逐主任朱希祖宣言〉》，载《北京大学日刊》，1930-12-09。

水平上诋其不行的，一是说“他在北大唯一吃饭的工具就是只四十页的《史学概论》讲义……至于内容的好坏简直不值一阅”。二是民国史，说朱氏所发的讲义是“高彦博所编的高中教学书，《中国近百年史纲要》上册辛亥革命章”。关于第二纲，论据包括三条，这三条大概是紧密相连的一整段，朱氏为了对其解释分作了三个层次，分别是史学系的课程原为李守常、陈翰笙在校时所定，是非常完善的；近三年来，课程屡变，一二年级将基础课学完，三四年级修四种专史，这样短的时间，绝不可能修完；为什么西洋史不设专门研究课，中国史为什么只限定秦汉史、魏晋南北朝史、宋史、元史四种？关于第三纲，论据包含九条，这九条其实也应该是一个段落，是朱氏为了逐项辩驳起见而单独引用的。主要是说，朱希祖为了自己的主任位置，竭力排挤比自己学识好的教授，里面提到排挤陈汉章、何炳松、杨栋林；聘请徐曦为教授，是指空欺骗；取消陈垣、顾颉刚、陈寅恪、蒋廷黻在史学系的兼课，排斥陈翰笙等。

朱氏对第一纲的辩驳主要是说自己的《史学概论》讲义怎样运用了西方的科学方法，提出了哪些独创性的观点，对国内外关于历史的观念产生了影响。“民国史”，预科时期往往不能讲及，在本科的课程指导书上主要是要求自主研究，不重讲演，所以将高中所用的《中国近百年史纲要》印发给同学，略为一览，一是补前缺，一是为搜集材料提供目录，开课时也曾当堂声明过。所讲演的内容，用的资料是自己在天津《益世报》发表的文章，并参考日本矢野仁一《近代支那史》的有关章节，“此等史材，何尝出于高彦博之《中国近百年史纲要》中！同学抹杀事实，矫称诬蔑，遗憾莫过于此”。

朱氏对第二纲的辩驳主要是：学生所称道的李守常、陈翰笙在校时所定的史学系课程并非此二先生制定，而是我初当系主任时制定，提交教授会通过的，当时李、陈二先生还未到史学系为教授。说它“非常完善，尚系过誉”，它的缺点是“偏于他动，全赖灌注”。宣言作者既不知弊之所在，而心目中所最崇拜者似仅有李守常、陈翰笙，故不觉而归美于二人。四种断代史并不是要求学生在三、四年级都选，而是只选其中一种，怎么能说“绝不可能”？至于为什么不设西洋史进行研究，为什么不设四种中国断代史以外的断代史，是因为研究史课，必有教授担任，方设此课。所以有些专史，只能暂缺；若有专攻人才，即可添设。

朱氏对第三纲的辩驳最为翔实，表现得更为气愤，所占篇幅最多。他说，陈汉章先生是因为本系一学生谭某詈以不明科学方法愤而辞职，我与叶翰先生往返慰留，亦属无效。何炳松先生是因到浙江省师范学校做校长请假而去的，我屡次去函请其回本系任教授，皆属无效。“杨栋林也是因他事而去，人所共知，不必言也”。聘请徐曦为教授何尝指空欺骗？有刘文典的往返信函为证，有陈校长和我署名的催促电稿为证，同学可以到校长秘书室查对，当初徐曦先生是答应来的，其后何以不来，恐亦受学校经费未稳固之影响。

对于《宣言》中写的他曾说陈垣对于元史并无研究，他更是愤慨，说“此段无中生有，挑拨恶感，最属遗憾”。但他仍对未设陈氏的“元史研究”及“史学名著评论”课作了解释：“陈先生初应允担任‘元史研究’，唯言‘史学名著评论’一课，二三四级学生多已选过，今年暂停，余亦赞成。后过数日，陈先生考虑结果，乃云无暇担任元史，余催请再三，坚持未允，陈先生尚在北平，可面证也。至陈先生对于元史研究，已十余年，搜集史料甚夥，余深佩服，故坚请其担任元史，自请教员，自毁之，断无此理，且现在陈先生已允在本校研究所国学门设‘元史研究’一课，史学系三四年级学生亦可合并研究，此陈校长昨日所得之信，当不误也。”

关于聘请顾颉刚的事，他辩驳说，上年曾请顾先生担任指导史记研究，顾先生因为燕京大学教授不便在外兼课，特允来尽义务。当初听课人多，“终则以研究须费切实工夫，竟畏难而不到一人。顾先生来校不过两三个月，因学生弃置如遗，故尔不再来校。余十分抱歉，今年何能再开口去请？”

关于未聘陈寅恪之事，他说，陈寅恪先生今年改为清华大学教授，清华大学规定，清华大学教授在外兼课不得过两小时，陈先生既然兼中央研究院研究员，自不能再兼北京大学课，所以，史学系哲学系之课皆不就。蒋廷黻也是清华大学教授，至多只能担任两小时，已经请他在本系担任“中国国际关系史”两小时，自难再请其增加钟点。

陈翰笙先生两次教课不终局，是由于高仁山的原因，高仁山被逮，他也远避他方，考试成绩至今未给，何尝由于排挤？“至云余诬蔑陈先生，则所诬者何事？质证者何人？不可随便乱说。”

朱希祖接着说，上述著名教授，数年以来之所以风流云散，或为环境所限，或有特殊原因，历史具在，可由史学系教授讲师及已毕业学生质证，“惟陈汉章顾颉刚两先生之不来，其过实在同学，而不在余矣!”最后他总结道：“上列三大纲十四条，既皆毫无根据，全凭虚构，则所谓驱逐，毋乃不近人情乎？”

这篇文章约有4200字，是一篇说理严密、有根有据的论辩文，恰似他的考据文章之风格。他首先尽可能把对方的观点摆出来，然后逐项解释和辩驳，所提出的证据都比较具体，能够查证，很具说服力。《宣言》中的语言有些颇带侮辱性，如“不配干系主任”，所编讲义“不值一阅”，聘请教授是“指空欺骗”“无学无识的朱希祖”等，但朱氏并未因此失态，仍是采取说理的方式进行辩驳。这篇宣言是否是全体学生所为，是一个疑问；与上年在报上出现的《警告朱马二教授》是否有直接联系，亦难于断定①。但可以肯定的是，起草这样的宣言，一定是有人在其中起了组织和主导之作用。朱氏敢于把一篇匿名的所谓全体学生宣言公布出来，并在《北京大学日刊》上加以辩驳，说明《宣言》中所指责的事项，未必是事实。因此，用《宣言》中指责朱氏的话作为朱氏辞职北大史学系主任的原因，是不妥当的。

朱氏于写这篇辩驳文章同时，又致书代校长陈大齐，坚决要求辞职。从朱氏的几次辞职来看，他并不是那种有“官瘾”的人，也不是那种为了自己的利益或小圈子的利益而千方百计保住自己系主任位置的人，他的辞职都很干脆、坚决，表现出一种峻绝的风骨。

朱氏这篇辩驳文章发表在明处，而《宣言》则在暗处流传。《宣言》的作者一开始就摆出誓将朱氏拉下马的架势，所以不顾师生情面，以致出言不

① 因为从陈百年上年的慰留信看，《警告朱马二教授》主要是受未得到聘任的旧教授的指使：“且察蜚语之起，由于旧教授未能全返，于是有误会先生在内阻挠者，不知散居南北各处之同人，齐曾再三电催返校授课，以各有职守，未便中道违弃，致未能全体返校。复电俱在，不难取证。此乃齐数月来焦虑苦思无方延致之事，又岂他人所能左右？总之，悠悠之口，本不足凭。”并重申“北大精神在于教授治校，此正同人及学生历来所努力维护而不容其破坏者。各系主任胥由教授互选，即所以表示教授治校之精神，故主任之进退，非他人所得而干预，亦不应受他人任何之影响”。(《北京大学日刊》第2237号)《蔡元培致朱逖先先生函》认为学生会的要求不合理：“乃闻先生尚以前学生会之开罪而不肯复就历史系主任之职，良深怅惘，学生会前此之表示，本不合理，先生尽可不必措意，弟致学生会函称‘对于学校当局设身处地知其难处，勿轻发无责任之言论，以取快一时而妨碍大局’即为此等事而发，并曾向学生代表恳切劝告，为具体说明，谅彼等早已觉悟，务请先生不咎其既往，勿再耿耿。”(《北京大学日刊》第2243号)

逊。因此，尽管朱氏的辩驳也是有根有据，起到一定的澄清事实的作用，但却不会动摇对方赶他下台的决心。

从以上朱氏的辩驳来看，朱氏在聘请教授方面，措施似乎不够有力。如聘请徐曦，这么长时间徐曦不到校上课，就应该尽快改聘他人。当然，这里面也可能有实际困难，现在我们难于断言。但若据此说他"指空欺骗"，恐怕不是事实。看来朱氏对自动学习过于看重了，而对学生的师资要求重视不够，这就不免为反对他的人抓住把柄。但是，由于朱氏并未有明显的过失，朱氏的系主任又是由教授会选出的，所以校方没有理由允他辞职，只得一方面做他的工作，进行挽留，另一方面做学生的工作，令其放弃主张。但最后朱氏还是辞职了。不久，改就中央研究院研究员。

这次驱朱事件，表面上是学生与系主任的关系，实际上有派系斗争在其中起了作用。那时北大内部的门派之争，往往是通过学生来进行的。北大的门派比较复杂，有留学背景不同而形成的门派，有地缘不同而出现的派别，有师承不同出现的派别，留学、地缘、师承等相互交错，学术倾向和个人性情也在学者的活动中起着一定的作用。而门派之争往往涉及人事纠葛，有些内幕都是鲜著之于文字的。如《胡适日记》对许多事记载得都很详细，但对北大门派之争却写得非常简略、含蓄，往往是"某某来谈北大事"或"与某某谈北大事"一笔带过，所谈内容则不记。所以，要理清当时驱朱的具体情景实在很难。在1931年1月30日的胡适日记中，有"下午又作一书，说北大事须是有计划、有条理的改革，不可听学生自动驱逐教员主任"。① 此时胡适辞去上海中国公学校长，刚到北京不久，正是逐朱风潮发生之时。看来胡适对学生的做法也不赞同。其时的胡适，并没有在北大正式任职，但他对北大的影响却是大的，蒋梦麟等人时时就北大事请教于他，留美派已在北大占据上风。

朱希祖1932年秋南下广州，任中山大学史学系教授、文史学研究所所长。1934年春又到南京中央大学任史学系主任。1934年10月，他在南京遇到北大旧同事林损(字公渎)，于当日日记中抒发感慨："忆民国六年夏秋之际，蔡孑民长校，余等在教员休息室戏谈，谓余与独秀为老兔，胡适之、刘叔雅、林公渎、刘半农为小兔，盖余与独秀皆大胡等十二岁，均卯

① 《胡适日记全编》第六册，53页，合肥，安徽教育出版社，2001。

年生也。今独秀左倾下狱，半农新逝，叔雅出至清华大学，余出至中山及中央大学，公渎又新被排斥至中央大学，独适之则握北京大学文科全权矣。故人星散，故与公渎遇，不无感慨系之”。[①] 对于这次林损离开北大，傅斯年则拍手称快，他写信给胡适，说得知“国文系事根本解决，至慰”，并大骂马裕藻，希望将马氏也一起扫除。[②] 意气门派之争，显而易见。

朱氏辞去北大史学系主任后，此职由傅斯年代理，以后傅氏推荐留美学者西洋史专家陈受颐担任史学系主任。傅斯年当时是中央研究院历史语言研究所所长，在北京大学史学系兼课，他处事能力很强，有号召力，与蒋梦麟、胡适关系密切，在北大作用颇巨，能为胡适做开路先锋。从朱氏的日记看，朱氏的辞职，与傅斯年有很大的关系。笔者在朱氏后人处得到朱希祖 1938 年 8 月 7 日日记，其中云：“大儿新作《后九迁记》一篇，读之颇感慨。盖前在北平草厂大坑购屋三十余间，以为可以一劳永逸不再迁，故当时撰《九迁记》一篇。……不料民国十九、二十两年，遭傅斯年逢蒙之祸，北京大学及中央研究院两被夺位。二十一年夏，不得已出居广州，播迁失所。迄今又遇国难，奔走蜀道，几又将九迁矣。余老而益奋，不稍介意，然读此记，亦不能无动于衷也。书籍既分散于南北，饥驱又偏走于东西，著作不能手着，皆蒙此影响也。摧毁学术是谁之过欤？既欲窃据学者高位，又欲奔走势利之门而为政客，妒才嫉能，将终为小人而已矣”。[③] 撇开这里面的个人恩怨，就朱氏所说是傅斯年夺其位，笔者专门向与傅斯年有过密切接触的何兹全先生请教。何先生说：“我当时很年轻，具体情况也不清楚，但有一次傅先生与我聊天时曾说起这事，说他鼓动学生赶走了朱希祖，陈受颐当史学系主任也是他推荐的，并夸陈受颐的学问好。傅先生谈起这件事时很得意。”何先生认为，朱希祖日记中这样说，应该是可信的。

就学术组织而言，傅斯年的能力强是得到公认的，但若因此而驱逐朱氏，无论如何，都有些不近情理。在傅斯年的文字中，并未发现他对朱氏

---

① 朱偰：《先君逖先先生年谱》，见张国华主编：《文史大家朱希祖》，154～163 页，上海，学林出版社，2002。

② 耿云志：《胡适年谱》，219～220 页，成都，四川人民出版社，1989。

③ 本则日记由朱希祖之孙朱元曙先生提供。

进行人身攻击的话。朱希祖是傅斯年的老师，以后两人关于明成祖生母问题有过争论，但在文章中傅氏仍说“亚里士多德有云：‘吾爱柏拉图甚于余物，吾爱真理甚于吾师’”①，即奉朱氏为自己尊敬的老师，即是说，从学术论争的文字中看不出二人有什么芥蒂②。然而，人事纠葛是复杂的，当事人不愿公布出来，不愿著录于文字，后人很难而且亦无需在这上面过于深究。朱希祖的辞职，应该说，主要是门派矛盾或人事矛盾造成的。现在看来，这里面的谁是谁非也许不再重要，但是若用学生攻击朱氏的话或矛盾另一方的意气之语作为他辞职的原因，既不符合实际，又不公平。这是本文在此不惮详引材料，斤斤致辩于这个问题的意义所在。

朱希祖愤慨地离开了北京大学史学系，这对一个在北大任职近20年的教授来说，是痛心的事情，但他对北京大学史学系的创办之功以及对中国史学近代化转型的贡献，应该予以充分的肯定。

① 傅斯年：《跋〈明成祖生母问题汇证〉并答朱希祖先生》，载《历史语言研究所集刊》，第6本第1分，1936。

② 1944年7月5日，朱希祖在重庆逝世。傅斯年以学生身份专门写信给朱希祖的长子朱偰和女婿罗香林，表达慰问之情，内云“逖先先生在史学上之建树当世无多，诚足以上追前贤，下示来许”。见《罗香林论学书札》，379页，广州，广东人民出版社，2009。

李大钊与中国马克思主义史学

李大钊(1889—1927)，字守常，河北乐亭人。李大钊不仅是一位走在时代变革最前列的革命家，而且是一位博古通今、融贯中西的著名学者。“铁肩担道义，妙手著文章”是他的人生誓言。他的文章、著作、讲义既反映了时代的最强音，又不乏科学著作的深沉、质朴和缜密。他是当之无愧的中国马克思主义史学奠基人。

一、《史学要论》的理论贡献

《史学要论》对史学理论的首要贡献，是把历史和历史记录进行了明确的区分。

语言学中的“历史”一词有多种含义，所用的时地不同，意义也各异。有时专指“过去的”，有时更含有“可记忆的”“显著的、卓越的、可传于后世的”意义。但在史学理论中，“历史”应该有其科学、准确的含义。遗憾的是，“历史”和历史记录在传统史学中一直没有自觉的理论意义上的区分，刘知幾、章学诚乃至以后的梁启超都没有做到这一点。李大钊是把历史和历史记录区分开来的第一人。

历史是什么？李大钊认为，历史是人类生活的行程，是人类生活的连续，是有生命的东西，是活的东西。像《史记》、二十四史等等卷帙，全是这活的历史一部分的缩影，而不是这活的历史的本体。也就是说，前者是客观的，后者则是人们的主观对客观的反映。这样就把历史和历史记录作了明确的区分。这个区分是正确说明史学要义的前提，他为人们对史学一系列问题的理论思考打下了基础。既然一个是客观的，一个是主观的，这里面首先就有一个主观是否与客观相符的问题，这是一个认识论问题。对此，李大钊于《史学要论》中作了精辟论述。

历史是指活的人类生活的本体，它具有这样的特点：它一旦发生，就是“一趟过去，不可复返的”。李大钊用了两个概念来说明历史认识的特点：实在的事实和历史的事实，或者说是“实在的过去，历史的过去”。实在的事实，“是死了，去了；过去的事，是做了，完了；过去的人，是一瞑长逝，万劫不返了；在他们有何变动，是永不可能了”。① 即历史一经发生，就成为一种过去了的客观存在，不再发生变化了。所谓历史的事实，就是解喻中的事实，即人们对实在的事实的认识和理解。“解喻是活的，是含有进步性的；所以历史的事实，亦是活的，含有进步性的”。② 历史的事实，是“实在的事实”的副产品，是“实在的事实”在人们头脑中的反映。实在的孔子死了，不能复生了，他的生涯、境遇、行为，丝毫不能变动了，可是那历史的孔子，自从实在的孔子死去的那一天，便已活现于人们的想象中，潜藏于人们的记忆中。历史的事实，需要不断地改作，因为历史的事实本身，就是一个新史产生者。唐代人们心目中的孔子不同于汉代，而宋代人们心目中的孔子又不同于唐代。从发展的观点看，一个时代有一个时代比较进步的历史观，一个时代有一个时代比较进步的知识，史观与知识不断地进步，人们对于实在事实的解喻自然要不断地变动。改作的历史，随着史观与知识的进步，必然更接近历史实际。人们对历史的认识是没有穷尽的，人们可以不断地接近历史的真实，但永远不能达到历史的绝对真实。

李大钊对历史和历史记录的这一区分，在史学理论上具有重要意义。首先，它动摇了过去被神化了的所谓二十四史、《资治通鉴》等史书的权威，它们都不是历史的本相，而不过是对历史的记录，都有各自的局限性。这就冲破了过去对权威史书的迷信，解放了人们的思想。其次，历史不怕改作，而且必须改作。指出历史认识是不断进步的，为人们树立科学的历史认识论打下了理论基础。

对历史学学科特点的揭示和定性，是《史学要论》对史学理论的第二个贡献。

历史学的特点是什么？它能不能成为一门科学？李大钊给予了肯定的回答。在区分了历史和历史记录之后，李大钊给“历史”下了这样一个定义：“历史是在不断的变革中的人生及为其产物的文化”。③ 就是说，历史

① 《李大钊史学论集》，202页，石家庄，河北人民出版社，1984。

② 同上书，201页。

③ 同上书，204页。

的内容范围很广，整个的人类生活并为其产物的文化都属于历史的范畴。因为人类的社会生活及其产物的文化是不断变化的、进步的，所以历史的本质特点是“社会的变革”。李大钊的这一定义，既明确了“历史”的外延，又揭示了历史的本质。而历史学则是研究社会的变革的学问，“即是研究在不断的变革中的人生及为其产物的文化的学问”。①

从史学史上看，史学“当初只是沿革的研究，直到今日，才渐知为推理的研究”。② 人们习惯地认为史学是以事实的研究，也就是以沿革的研究为目的，实际上，这不是史学研究的最终目的。史学由个个事实的确定，进而求其综合。史学研究和其他学科一样，大致包括三个层次：“先注意个个特殊事实而确定之，记述之；渐进而注意到事实的相互关系，就个个情形理解之，说明之；再进而于理解说明个个事实以外，又从而概括之，推论之，构成一般关于其研究的系统的理论。”③就史学而论，第一个层次是考证史实。这个层次最能反映史学的实证特点。第二个层次是根据考证出的单个的事实，去寻找事实间的相互联系，以描绘或再现历史过程。这个层次，使历史含有艺术的性质。第三个层次是通过大量的历史现象，归纳推论出历史变化的一般理法。从这个层次看，史学的性质，与其他科学全无异趣。李大钊认为，史学现在正处在幼稚时期，刚刚达到就各个事实而为解释说明的地步，与那些已经达到概括为理论的研究的科学不同。但这种不同，是程度上不同，是史学的幼稚，不是史学的特色。从性质上说，史学与其他科学全无二致。

史学在某种程度上含有艺术的性质，有人据此否定历史的科学性质，李大钊认为这是不对的。因为在一定程度上含有艺术性质的，亦不独限于史学，其他学科如地质学、古生物学等，又何尝不是这样？

另有人怀疑史学的科学性质，是因为史学是研究人事现象的，“人类的心理有甚不定的要素存在，其理法不易寻测，其真实的因果关系，不易爬梳”。④ 李大钊对这种观点没有简单地排斥，且认为他们的怀疑，“亦未

① 《李大钊史学论集》，206页。

② 同上书，207页。

③ 同上书，209～210页。

④ 同上书，210页。

尝无几分真理”。但李大钊认为，这只是学科的不同特点罢了，不能因此否定史学的科学性质。所谓科学性质，“亦只是就其大体而言”。“各种科学，随着他的对象的不同，不能不多少具有其特色；而况人事科学与自然科学不可全然同视，人事科学的史学与自然科学自异其趣”。[①] 就是说，不能拿自然科学的特点和标准来衡量历史学。李大钊也认识到寻求历史的理法的困难，“人事现象的复杂，于研究上特感困难，亦诚为事实”。[②] 但历史的理法是确实存在的，因为“世界一切现象，无能逃于理法的支配者”。[③] 人事界的规律，也有它的理法。既然有“理法”存在，史学的科学性质就不容否定。

基于这样的认识，李大钊认为，史学家的任务，一方面努力以求记述历史的整理；另一方面也不可不努力于历史理论的研求。由于当时历史学的状况基本上是全力于记述历史的整理，而很少涉及一般史实理论的研究，所以李大钊在发展理论的历史学方面着墨较多。尽管如此，李大钊并不认为考证史实不重要，在许多情况下，他一再强调这一工作的基础地位，“必个个事实的考察，比较的充分实行，而后关于普遍的理法的发现，始能比较的明确”。[④] 即是说，历史事实的考订，不是可有可无的，它是历史科学成立的第一步，历史科学家不可忽视之，非但不能忽视，且需下一番苦工夫。

在先秦，文史难分。秦汉以后，才文史分途，但仍提倡撰史要有文采，刘知幾所谓“史家三长”之“史才”即是这个意思。然而历史学的根本属性还不在这里，而在于求真、求实，故李大钊说：“其实研究历史的学者，不必为文豪，为诗人；而且就史实为科学的研究，与其要诗人狂热的情感，毋宁要科学家冷静的头脑。”[⑤]史学对于人生态度的一个重要影响，就是能够陶冶人们科学的情操，因为“所谓科学的态度，有二要点：一为尊疑，一为重据。史学家即以此二者为可宝贵的信条”。[⑥] 如此看来，无论就

① 《李大钊史学论集》，211 页。
② 同上。
③ 同上。
④ 同上书，212 页。
⑤ 同上书，234 页。
⑥ 同上书，244 页。

其表现形态，还是它对人生的影响，史学无不要求具有科学的品格。

李大钊还从史学思想上论证了史学的科学性。欧洲中世纪在史学上占统治地位的是神学史观，文艺复兴后，随着自然科学的发展，西方的思想家都在努力探求历史运动的法则，努力使史学走上科学的轨道。自康德始，中经孔道西、圣西门、孔德、韦柯、马克思等，虽然他们运用的方法和得出的结论不完全相同，但他们都在朝这一方向努力，并发现了一定的历史法则，于是史学被“提到与自然科学同等的地位，历史学遂得在科学系统中占有相当的位置”。① 在李大钊看来，史学能够成为一门科学，这是历史进步的结果，也是史学自身发展的必然。

在今人对历史学的反思中，时常出现怀疑史学的实证特点和科学性质的思想情感。他们认为历史需要不断地解喻，不同的人对同一历史事实会产生不同的解喻，即使是同一个人，今天的解喻和昨天的解喻也可能出现差异，于是他们就认为历史无真理可言。这种观点过分地夸大了历史认识的相对性，陷入了相对主义。其实，历史认识的这些特点，李大钊在七八十年前就看到了，而他为什么依然坚信并论证历史学的科学性质？因为他有辩证的历史观，他认为历史学会随着历史的进步而进步。他对历史认识的不断变化并不大惊小怪，更不悲观失望，相反，他还坚定地说：“一切的历史，不但不怕随时改作，并且都要随时改作。改作的历史，比以前的比较近真”。② 提倡对历史进行改作，并不意味着鄙视前人的成果，在这一点上，李大钊也有很公允的论述：“Grote 作的希腊史，比 Herodotus 的希腊史真确的多……这不是 Grote 的天才比 Herodotus 的天才高；亦不是 Herodotus 比 Grote 爱说谎；时代所限，无可如何。”“我们固然不能轻于盲拜古人，然亦不可轻于嘲笑古人”。③ 历史认识的真理性虽然是相对的，但每个时代的认识，都包含绝对真理的颗粒。对历史学的科学性质不敢自信的人们，从认识根源讲，是缺乏辩证的历史观。他们在观察问题时，不能用历史的发展的观点，没有开阔的视野，而是坐在书斋里，杞人忧天，或者玩弄文字游戏，故作高深之笔。

---

① 《李大钊史学论集》，229 页。

② 同上书，203 页。

③ 同上。

《史学要论》对史学理论的第三个贡献是将历史学置于科学的地位，在新史观的指导下，重新构建了历史学系统。

李大钊对历史学系统的论述是建立在“史学”要义的基础之上的。史学的任务，一是揭示和描绘历史的发展过程，这是“历史的研究的特色”；二是“于全般的历史事实中间，寻求一个普遍的理法”。普遍的理法的寻求在历史学中的地位更加重要，是历史学走向科学的关键。由于这样两个任务，李大钊把历史学分为两大部，即记述的历史和历史理论。

历史学研究的内容，是人类的活动，以“在不断的变革中的人生及为其产物的文化”为研究对象，即一是研究人类的生活，二是研究作为人类生活的产物的文化。任何人都是生活在一定的社会关系中的个体，具有多种属性。他要为自己而生存，还要为各种层次的社会组织而生存，而个人和这些不同层次的社会组织都是客观存在且具有相对的独立性，故作为研究人生的历史学，就要研究个人史和各个层次的社会团体史。李大钊把这不同层次的社会组织由小到大，分为氏族、社团、国民、民族、人类。广义的历史学包括个人和这些社会组织的记述的历史和历史理论。这一部分史学也被称作普通历史学。同时，历史学还是研究“为其产物的文化的学问”。这部分内容，李大钊把它归为特殊历史学。作为人类活动产物的文化包括政治、经济、法律、伦理、宗教、文学、哲学、美术、教育等，特殊历史学也包括两部分，即这些文化的记述部分和理论部分。记述部分分别是政治史、经济史、法律史……理论部分分别为政治学、经济学、法律学……普通历史学和特殊历史学组成最广义的历史学。

李大钊这里说的“最广义的历史学”，相当于马克思、恩格斯在《德意志意识形态》中所说的“我们仅仅知道一门唯一的科学——历史科学”。这里的“历史科学”就具有很广泛的意义，包括各门学科及这些学科所涉及内容的历史。因《德意志意识形态》出版较晚，这时李大钊不可能读到此书，但他们在运用概念上竟如此相似，反映了李大钊在建构史学系统方面已经准确地把握了唯物史观的思想方法。

李大钊建构的最广义的历史学体系，其依据是他对“历史”概念的认识。他认为把人类的生活整个的纵着看，便是历史；横着看，便是社会。历史与社会，同其内容，同其实质，只是观察的角度不同罢了。这一认识，得益于马克思主义的历史观。李大钊所说的“最广义的历史学”，实际上超过了我们通常所说的史学范畴。通常所说的史学，相当于他说的“广义的历史学”，包括个人和各类社会组织的记述部分和理论部分。

李大钊构建的历史学体系，从理论上指明了史学走向科学的途径。当然，以后史学的发展，并没有像他所设想的那样，记述的历史和历史理论截然分离，而是在记述中有论述，论述中有记述。世界上的事物没有纯而又纯的，并且理论和实际总有一定的距离。李大钊构建的史学体系，意义并不在于它在实践中是否得到了完全的实行，而在于他描绘出了历史科学的框架，提出了历史科学的法则，从理论上指明了史学走向科学的途径，对于传统史学向历史科学的转变，具有重要的意义。

李大钊还用感情奔放的笔，论证了历史学的价值，认为现代史学于人生态度有极大的影响。第一，史学能够陶炼人们科学的态度。所谓科学的态度，一是尊疑，一是重据，而史学即以此二者为可宝贵的信条。史学这种求真的态度，“熏陶渐渍，深入于人的心性，则可造成一种认真的习性”，以这种态度求学，则真理可明；以这种态度做事，则功业可就。“这种科学的态度，造成我们脚踏实地的人生观”。第二，现代史学能够使人有一种“乐天努进的人生观”。现代史学揭示了这样一个真理：“世界是进步的，历史是前进的”。这样，人们在这进步的世界中、历史中，“既不应该悲观，也不应该拜古”，而只应该欢天喜地地在这只容一趟过的大路上向前行走，前途有我们的光明，将来有我们的黄金世界。第三，现代史学能够引导人们在历史中发现自己的力量。与旧历史观认为历史是神造的，是天命的不同，新的历史观揭示了过去的历史，就是像我们这样的人人共同造出来的，现在乃至将来，亦还是如此。

有人认为，学习历史使人迂腐，使人保守，而李大钊则说：“研究历史的趣味的盛行，是一个时代正在生长成熟、正在寻求聪明而且感奋的对于人生的大观的征兆。这种智力的老成，并于奋勇冒险的精神，不但未有以消阻，而且反有以增进。”他认为，“立在过去的世界上，寻出来的新世界，是真的，实的，脚踏实地可以达到的”。他把历史比作“时”在人生世界上建筑起来的一座高楼，登之愈高，无限的未来世界，才能看得愈加清楚。

李大钊对现代史学于社会、于人生的影响的论述，毫无书生呆板之习气，与许多世俗之见也大相异趣。这些思想显示了科学历史观的蓬勃朝气和无限生命力。今天读之，依然感到振奋人心。

《史学要论》是第一部运用马克思主义阐发史学基本问题的光辉著作，也是20世纪早期重要的史学理论著作之一。它所展示的理论水平以及论证上的严密，超出了那个时代的同类著作，因此，它一问世就引起世人瞩目。30年代，刘静白评价道："李守常到底是新一世纪底人，而且又受过进步思想底熏陶，所以在各方面都表现出优越性来。""他这种立于理论研究底意味上的这种精神底试探，把历史学高调起来，确是值得我们注意"。①《史学要论》为中国马克思主义史学的产生奠定了基石。

二、李大钊的史学思想史研究

1919年，李大钊发表《我的马克思主义观》。这是中国第一篇全面系统地介绍马克思主义的文章。此后，他又发表了《物质变动与道德变动》《由经济上解释中国近代思想变动的原因》。这是李大钊运用唯物史观研究历史的初步尝试，显示出唯物史观对科学地解释历史的巨大作用。李大钊特别重视史观在历史研究中的意义，认为实在的事实是死的，一成不变的，而对它的认识是活的，是不断变化的，这是因为史观在其中起着重要作用。只有科学的历史观才能使历史认识更加符合历史实际。要树立科学的历史观，清除各种谬误的历史观，必须对历史观的发展变化有一个认识，因为"历史观本身亦有其历史"。正是基于这种认识，在"五四"时期新旧史观激烈斗争的背景下，李大钊对历史观的历史进行了研究。

1920年，李大钊在北京大学史学系开设了"史学思想史"。②《史学思想史》(讲义)以欧洲近世重要史学家的思想说明了历史观的变化和发展，从思想史上论述了唯物史观是科学的、进步的历史观。这个课程虽然不是中国史学史，但它研究的是史学的灵魂——历史观、历史思想的历史，所以，在"中国史学史"的早期开展方面具有重要意义，对以后的中国史学史研究产生了深远的影响。

---

① 刘静白：《何炳松历史学批判·绪论》，上海，辛垦书店，1933。

② 这门课属于当时北京大学史学系规定的必修课"欧美史学原理"的内容。据傅振伦回忆说，李大钊之后，陈翰笙又接替讲类似的课程(傅振伦：《学习的回忆》，见《中国当代社会科学家》，第五辑，北京，书目文献出版社，1983)。

《史学思想史》由以下内容组成：史观；“今”与“古”；鲍丹的历史思想；鲁雷的历史思想；孟德斯鸠的历史思想；韦柯及其历史思想；孔道西的历史思想；桑西门的历史思想；马克思的历史哲学与理恺尔的历史哲学；唯物史观在现代史学上的价值；唯物史观在现代社会学上的价值。由这些内容可以看出，李大钊论述的主要内容是近世欧洲的史学思想史，其核心的问题就是唯物史观是如何产生和发展起来的，进而论述它对于历史研究、史学发展的重要意义。

第一篇《史观》是该讲义的总论，阐明了讲义所要论述的中心问题，即回答什么是历史和历史观的问题。李大钊的回答，本身就反映了一种新的历史观。李大钊指出，历史观本身也有它的历史，而且其历史有一定的倾向。“大体言之，由神权的历史观进而为人生的历史观，由精神的历史观进而为物质的历史观，由个人的历史观进而为社会的历史观，由退落的或循环的历史观进而为进步的历史观。神权的、精神的、个人的历史观，多带退落的或循环的历史观的倾向；而人生的、物质的、社会的历史观，则多带进步的历史观的倾向。神权的、精神的、个人的、退落的或循环的历史观可称为旧史观，而人生的、物质的、社会的、进步的历史观则可称为新史观”。[①] 史观的进步对人们正确认识历史具有重要的作用。实在的事实是一成不变的，如滔滔逝水，只在历史长途中一淌过去，有何变动，是永不可能了，而历史事实的知识则是随时变动的；同一史实，一人的解释与他人的解释不同，一时代的解释与他时代的解释不同，甚至同一人，对同一史实的解释，昨日的见解与今日的见解不同。此无他，实在的事实是死的，一成不变的，而解喻是活的，与时俱变的。因为历史观是随时变化的，是生动无已的，是含有进步性的。如孔子的生平事迹，旧史观则必置之于天纵的地位，必注意于西狩获麟一类的神话。若依新史观为他作传，则必把此类荒诞神话一概删除，而特注意于产生他的思想的社会背景。所以历史不怕重作，且必要重作。依据进步的史观重作的历史，补正了依据退落的或循环的史观作成的历史不少。历史观的更新，恰如更上一层，以观环列的光景，所造愈高，所观愈广。

① 《李大钊史学论集》，70页。

李大钊在论述了史观的进步导致史学的进步之后，提出改造旧史学的任务，说："根据新史观、新史料，把旧历史一一改作，是现代史学者的责任"。[①] 他批判中国旧史学道："一部整个的中国史，迄兹以前，遂全为是等史观所支配，以潜入于人心，深固而不可拔除。"针对旧史观依然有复活反动的势头，李大钊强调了当前树立新史观的意义："时至今日，循环的、退落的、精神的、'唯心的'历史，犹有复活反动的倾势。吾侪治史学于今日的中国，新史观的树立，对于旧史观的抗辩，其兴味正自深切，其责任正自重大。"[②]

总论之后，李大钊以七个专题，论述了鲍丹、鲁雷、孟德斯鸠、韦柯、孔道西、桑西门、马克思、理恺尔[③]八个西方学者的历史思想，涉及30多位西方史家。这八位学者是从16世纪的鲍丹，一直到19世纪的马克思和理恺尔。他们对唯物史观和科学历史学的形成皆有贡献，李大钊努力挖掘他们的进步思想，肯定他们的功绩，给予他们一定的地位。

如评价鲍丹说："鲍丹的新历史观，在史学上的贡献，如此其大，我们不能抹杀他的伟大的功绩，而于研索唯物史观起源的时(候)，尤不可遗忘了此人"。[④] 评价鲁雷：鲁雷对于"史学上的贡献，有三要点，全与鲍丹相同。就是一、世界未曾退落；二、现代不劣于古典的古代；三、全世界的人种正在形成一个世界共和国(Mundane republic)"。[⑤] 评价孟德斯鸠："历史行程，全为普遍原因所决定，全为广布而永存的倾向所决定，全为广而深的潜流所决定；而为单独的事变，有限的议论，特殊的制定，任何偶然的、孤立的各个事物，所影响者，实微乎其微，只在次副的附属的程级而已。这是一个开一新纪元的原则。此原则的承认，是历史科学可能的一个根本的条件"。"孟氏以其透辟的观察，澈悟此原则；以其后来未或能

① 《李大钊史学论集》，71～72页。

② 同上书，72页。

③ 现译名与之有所不同，鲍丹(Bodin)，现译作波丹；韦柯(Vico)，现译作维科；孔道西(Condorcet)，现译作孔多塞；桑西门(Saint Simon)，现译作圣西门；理恺尔(Rickert)，现译作李凯尔特。此处从李大钊的翻译。

④ 《李大钊史学论集》，85页。

⑤ 同上书，87页。

越过的天才与诚实表明之，于历史科学实为一崇高的贡献”。[①] 评价韦柯："他的研究方法，既为经验的归纳法，故其锐利的观察力，往往带唯物的倾向。此点与黑格尔全然相反，颇有马克思派的倾向，以唯物史观的原理或仅由物质的方面解释欲望说的原理为主”。“韦柯是社会学的先驱者，是历史哲学的建设者，是唯物史观的提倡者”。[②] 评价孔道西："自孔道西依着器械论的典型想把历史作成一科学，而期发见出一普遍的力，把那变幻无极的历史现象一以贯之，更进而开了唯物史观的端绪。故孔道西可以算是唯物史观的开创者”。[③] 评价桑西门："他于是确立一种历史的法则，认历史过程，唯有经由产业组织的变化，才能理解；将来的社会，亦惟依产业发达的倾向，才能测度；这就是他的经济的历史观。后来承此绪余而建立唯物史观的学说者，厥为马克思。”[④]评价马克思："自有马氏的唯物史观，才把历史学提到与自然科学同等的地位。此等功绩，实为史学界开一新纪元”。[⑤] 评价理恺尔："他认历史学为一种事实学，于详明史学的特性上，亦未尝无相当的理由，然依此绝非能将马克思认历史学为如同自然科学的一种法则学的理论完全推翻者。不过因为有了他的学说在普遍的科学原则之下，史学的特殊性质愈益明瞭，其结果又把历史学对于自然科学的独立的地位愈益提高。在史学上，亦算是可以追纵马氏的一大功绩罢了。”[⑥]

李大钊对上述八个思想家和史学家的历史思想的介绍和评述，都是结合他们的代表作展开的，有材料，有分析，因而很有说服力。他十分注意挖掘西方史家的优秀的思想遗产，即便是那些一闪而过的思想火花或假说，也对之作出中肯的评析，肯定它的价值，又如实地指出其局限性。他的文风，既没有空洞的颂扬，也没有恶语相向与棍棒相加；既不是一概否定，也不是全盘照搬。这种对西方史学思想遗产的实事求是的态度，就是马克思主义的历史唯物主义态度，是正确对待西方史学遗产的楷模。通过

① 《李大钊史学论集》，103 页。

② 同上书，110 页。

③ 同上书，152 页。

④ 同上书，125 页。

⑤ 同上书，133 页。

⑥ 同上书，136 页。

他的分析和介绍，人们可以清楚地认识到，唯物史观是几代人在斗争中，产生、成长和发展起来的。没有前代人的科学研究，唯物史观的成立是难以想象到的。但是，前几代人所做的仅是拓荒的工作，真正完成唯物史观的完整体系的，只有马克思、恩格斯。正如李大钊说的："至于马克思，用他特有的理论，把从前历史的唯物论者不能解释的地方，与以创见的说明；遂以造成他的特有的唯物史观。而于从前的唯物史观，有伟大的功绩。"①

《史学思想史》(讲义)在当时尽管没有出版，但它的一些篇章在《北大社会科学》等刊物上发表过，在史学界还是产生了影响的，正像李大钊说的："晚近以来，高等教育机关里的史学教授，几无人不被唯物史观的影响，而热心创造一种社会的新生。"②它为中国马克思主义史学的建立，起到了打桩奠基的作用；为以后中国史学史研究的深入开展，提供了某些启示和范例。在中国史学史之专史尚未提出时，李大钊就开出"史学思想史"课程，显示出以唯物史观认识历史学的巨大优势。它是中国人最早探讨西方史学思想史的重要成果，从总结学科发展史的角度来认识，它的意义尤其不可忽略。白寿彝说："李大钊同志对于历史观之历史的阐述，把中国史学史研究推上了一个前所未有的历史时期。"③

李大钊的史学理论建树和史学思想史教学，表明在20世纪20年代，中国马克思主义史家已加入了改造中国旧史学的行列，将20世纪初的史学革命继续向更高层次推进。"史学思想史"则是马克思主义史学参与新史学学科建设的重要反映。因此，完全可以说，李大钊也是揭开20世纪史学史研究序幕的史学家之一。

李大钊还积极参加北京大学史学系的学科建设，与系主任朱希祖共同将史学史定为基础课程，并亲自讲授。在北京大学，除了任史学系教授，他还被政治系、经济系聘为教授。此外他还在女子高等师范、师范大学、朝阳大学、中国大学等校兼课，讲授的课程有唯物史观研究、史学思想史、社会学、社会主义史、社会主义与社会运动、社会立法、女权运动史等。

---

① 《李大钊史学论集》，152页。

② 同上书，149页。

③ 白寿彝：《中国史学史》第一册，172页，上海，上海人民出版社，1986。

李大钊对史学倾注了大量的心血，即使身处危难关头，依然系情于史学事业的发展。在《狱中自述》的最后，他这样写道："钊夙研史，平生搜集东西书籍颇不少，如已没收，尚希保存，以利文化"。① 他对历史学的研究，基于"感于国势之危迫，急思深研政理，求得挽救民族、振奋国群之良策"。② 他这种以挽救民族、振兴中华为己任的优秀学风和文风，为以后的马克思主义史学家作出了表率，指示了方向；他在史学理论、史学思想史方面的精湛成果，为中国马克思主义史学的产生奠定了必要的基础，即使在今天，仍然闪耀着真理的光辉。

① 李守常：《史学要论》，386 页。

② 同上书，380 页。

中国马克思主义史学的学术品格[①]

——以郭、范、翦、吕、侯为对象的研究

郭沫若、范文澜、翦伯赞、吕振羽、侯外庐是学术界公认的老一代马克思主义史学家的杰出代表，他们被称为中国马克思主义史学五大家。[②]这五位史学家，既有各自的学术个性，同时由于都自觉地将唯物史观作为自己研究工作的指南，又表现出一定的学术共性。中国马克思主义史学的产生、发展以及所遭受的挫折，在这五位史学家身上都有生动的体现。因此，从五大家身上，我们不仅可以看到中国马克思主义史学的发展轨迹和特点，更能够真切地体会中国马克思主义史学的学术品格。

一、积极参与改造中国社会的实践性

五大家中，年纪最长者是郭沫若。他1892年出生在四川乐山，卒于粉碎“四人帮”后的1978年，享年八十六岁，最为高寿。比他小一岁的是范文澜，他1893年出生于文化渊薮的浙江绍兴，1969年去世。年龄排第三的是翦伯赞，他1898年出生于湖南桃源县，维吾尔族，因遭残酷迫害于1968年悲愤自杀。年龄排在第四位的是吕振羽，他1900年出生于湖南邵阳金秤，[③] 1980年辞世。年龄最小的是侯外庐，他1903年出生于山西平遥，1987年去世。也就是说他们出生于19世纪末20世纪初，正值中国被外国列强肆意宰割的年代。翦伯赞、范文澜在“文化大革命”中去世，郭、吕、侯三位都生活到粉碎“四人帮”之后。

---

① 此文系与王昌沛同志合作。

② 中国社会科学院历史研究所史学史研究室1996年出版《新史学五大家》，“五大家”即指这五位史学家，该书对五人的排序是郭、吕、范、翦、侯，不知是否有深意，本文借用这个用法，在行文中基本按照年龄大小依次表述。

③ 关于吕振羽的生年，有两种说法：一种说法是1900年；另一种说法是1901年。朱政惠教授在《吕振羽学术思想评传》中对两种说法均作了说明，采纳1900年说，认为该说依据《吕氏三修族谱》，资料更加有力。

从学术背景看，这五位史学家除侯外庐外，都不是历史学科班出身。郭沫若1914年赴日本留学，在九州帝国大学学习的是医科；范文澜1914年进入北京大学中国文学门，是黄侃、刘师培的高足；翦伯赞学习的是经济，就读于武昌商业专门学校，毕业时写下了5万字的《中国币制史》的毕业论文。吕振羽大学期间学习的是机电，他1921年考入在长沙的湖南省工业专科学校，后改为湖南大学工科，1926年毕业。侯外庐1923年考取了北京师范大学和北京法政大学，在这两所学校同时就读，在师范大学学习历史，在法政大学学习法律。1926年因逃避北洋军阀迫害而离开北京，第二年远赴法国。从与国外的学术交流看，除了范文澜，其他四位都有出国学习的经历，郭沫若在日本留学时间很长，在那里不仅学习现代医学，还广泛地学习了西方语言、文学艺术、西方哲学以及马克思主义。翦伯赞1924年夏去美国入加利福尼亚大学学习经济，一年半后回国；1934年5月，他作为南京政府司法院副院长覃振的秘书，与覃振一起出国，一路考察了安南(今越南)、新加坡、锡兰(今斯里兰卡)、埃及、法国、荷兰、比利时、德国、波兰、捷克、奥国、意大利、瑞士、美国、日本等，历时近一年。吕振羽1928年9月东渡日本，入日本明治大学读经济学课程，次年3月回国。侯外庐1927年夏去法国，1930年回国，在法国期间，一边学习唯物史观、经济学、德文等课程，一边翻译《资本论》。出国学习的这四位，只有郭沫若拿到学位，其他三位在国外大学都是自费攻读，生活相对艰辛。他们或短期学习，或者只是选修一些课程，一开始就没抱着读学位之目的。在国外的学习和见闻，对他们以后的历史研究，应该说，是有影响的，郭沫若曾说过："在日本的学生时代的十年期间，取得了医学士学位，虽然我并没有行医，也没有继续研究医学，我却懂得了近代的科学研究方法。"①

在大学时代，五大家都是爱国救国的热血青年，从事了反帝反封建的文化运动及一些革命斗争。吕振羽大学期间认识了革命者夏明翰，参与领导驱逐反动校长的学生运动，听李达讲授唯物史观、社会学等课程。翦伯赞参加了1926年3月18日向段祺瑞政府的请愿，亲历了"三·一八"惨案。

① 郭沫若：《后记——我怎样写〈青铜时代〉和〈十批判书〉》，见《中国古代社会研究》(外二种)，1041页，石家庄，河北教育出版社，2000。

侯外庐在大学期间与李大钊有直接的接触，受到李大钊的教诲和影响，在李大钊的支持下，创办进步刊物《下层》，并因此被军阀政府列入黑名单。郭、翦、吕除了自己的专业，都有文史方面的深厚修养。如郭沫若在“五四”时期发表了大量新诗，1921年出版中国第一本新诗集《女神》，组织“创造社”，开展新文学运动。

五大家走上历史研究之路，与中国革命的形势紧密相关。1926年北伐战争开始，郭沫若、吕振羽、翦伯赞都参加了北伐战争。1927年蒋介石发动了“四·一二”政变，革命形势急转直下，变得险恶起来。政变前郭沫若已经看出苗头，写下《请看今日之蒋介石》，遭到通缉，被迫流亡日本。翦伯赞和吕振羽也不得不离开北伐队伍，回到书斋。侯外庐远走巴黎，就近学习和翻译马克思主义经典著作。范文澜“五卅”运动期间积极参加反帝游行，并加入中国共产党。也就是说，大革命之后，他们均不约而同地走上了历史研究之路。究其原因，就是郭沫若在其1930年出版的《中国古代社会研究》序言中写的：“对于未来社会的待望逼迫着我们不能不生出清算过往社会的要求。古人说：‘前事不忘，后事之师。’认清楚过往的来程也正好决定我们未来的去向。”当时的社会形势，迫切需要对历史进行反思。五大家从不同的专业汇集到历史研究的道路上，与他们积极主动地参加中国革命，关注中国前途，是紧密相连的。

1926年至1927年的这次大革命，是国共合作的产物，但在此期间，国共分裂了。对右派国民党来说，这次革命胜利了，推翻了北洋军阀政府，建立了国民党政府。对共产党来说，这次革命失败了，在推翻北洋军阀政府之前，蒋介石就分裂革命，屠杀共产党人；这次革命没有完成反帝反封建的民族民主革命，国民党建立的一党专政的政权，不过是新军阀代替旧军阀，中国的社会性质、社会状况一点也没有改变。当时的思想文化界，发出了“中国向何出去”的疑问。郭沫若的《中国古代社会研究》出版后，很快在历史学界掀起一股飓风，赞成者反对者均有，并形成一场关于中国社会性质和中国社会史的大论战。与此相关的还有中国古代社会性质，马克思提到的“亚细亚生产方式”等问题。大论战促成了中国马克思主义史学的产生。《中国古代社会研究》是中国马克思主义史学的开山之作，此后，郭沫若又在甲骨文、金文的考释方面取得了震惊学界的业绩，陆续推出《甲骨文字研究》《卜辞通纂》《两周金文辞大系图录考释》等九部著作。

吕振羽、翦伯赞也是通过参加中国社会史论战而享誉史学界的。20世纪30年代，吕振羽撰写了一系列的论文，如《秦代经济研究》《殷代奴隶制度研究》《周秦诸子的经济思想》《西周时代的中国社会》《给陶希圣的关于历史唯物主义的信》等，还出版了《史前期中国社会研究》《中国政治思想史》《殷周时代的中国社会》三部专著，展示了他在中国古代社会史、经济史、政治思想史三个领域的研究成就。翦伯赞对中国社会史论战中的重大问题发表了自己的意见，并对论战中的错误观点及各种唯心论作了尖锐的批判。自1936年，它即开始撰写《历史哲学教程》一书，阐明历史唯物主义的基本原理，对陶希圣、李季、严灵峰、胡适以及日本人佐野袈裟美等人的观点进行了批驳。该书1938年出版，很快销售一空，在文化界和青年学生中尤受欢迎。范文澜30年代初因宣传进步思想，两次被逮捕。他在大学里主要讲授中国文学史、经学、中国上古史、《文心雕龙》等课程。抗战开始后，他在河南一带投身于游击战争，在极其艰苦的条件下学习马克思主义，运用唯物史观思考中国历史问题。侯外庐1930年从法国归来，因将主要精力用在《资本论》的翻译上，没有来得及参加社会史论战，而是作为一个旁观者时刻关注之，直到1937年"卢沟桥事变"才终止翻译工作，将工作重心转移到历史研究上，1939年发表《社会史导论》。

至20世纪40年代，五大家进入了各自历史研究的鼎盛时期。郭沫若、翦伯赞、吕振羽、侯外庐均在重庆从事历史研究工作；范文澜到了延安，任马列学院历史研究室主任。郭沫若先后出版了《青铜时代》《十批判书》《历史人物》；创作了大量历史剧；研究明史，写了《甲申三百年祭》等轰动当时的著作。翦伯赞写出了《中国史纲》的第一卷(史前史、殷周史)和第二卷(秦汉史)，在明史研究和南明史研究方面，发表了大量论文。吕振羽除了修改增补自己30年代的几部著作外，在戎马倥偬的条件下，撰写了《简明中国通史》《中国民族简史》等著作，在通史和民族史的撰述方面独树一帜。侯外庐的思想史研究成绩斐然，在极其艰苦的条件下，完成了《中国古代思想学说史》《中国近代思想学说史》。范文澜则主编《中国通史简编》，在经学史、文化史等方面显示了深厚的功力。五大家的著作充满朝气，有破有立，于新史学之建设，功不可没。在语言表述、体裁体例等方面，鲜受条条框框的束缚，显示出自由、活泼的特点，其读者群之大，令人称羡。

如果说五大家30年代在史学界已显露锋芒，那么，40年代可谓是硕果累累了，并呈现出各具特色的学术气象。

应该说，在民主革命时代，五大家具有二重身份，他们既是学者，又是革命家，他们的学术活动往往是革命活动的组成部分。他们与中国共产党的领袖人物都有联系。郭沫若、翦伯赞、吕振羽、侯外庐在重庆期间直接受到周恩来的领导。郭沫若的历史剧，翦伯赞关于南明史的史论文章，都是以历史为武器，矛头指向国民党的腐败黑暗统治的。郭沫若的《甲申三百年祭》，在国民党的《中央日报》发表，但很快又遭到国民党的批判和围攻；而延安则高度评价它，把它作为整党整风的文献来学习，毛泽东亲笔写信给郭沫若，说："你的史论、史剧有大益于中国人民，只嫌其少，不嫌其多，精神决不会白费的，希望继续努力。"①

吕振羽在"皖南事变"后奉命到新四军苏北抗日根据地，1942年被任命为刘少奇的政治秘书，陪同刘少奇赴延安。侯外庐在完成《中国古代思想学说史》之后，根据周恩来的建议，直接转向了对近世思想史的研究。范文澜则是延安史学的一面旗帜，他除了写作《中国通史简编》，还在延安中共中央党校讲《中国经学史的演变》，毛泽东亲临听讲，并写信给予肯定和鼓励。② 要之，求真与致用、学术与政治都在他们的历史著述中有所体现，反映出比较明显的时代气息。

五大家在民主革命时期的史学活动和学术成果表明，积极参与改造中国社会的实践性，是中国马克思主义史学的重要学术品格。

二、重在研究历史发展过程及其规律的治学旨趣

以五大家为代表的中国马克思主义史学，其学术的基本特征是重视探讨中国历史的发展过程及其规律。把历史作为一个整体，看成有联系的进步的过程，认为历史的发展具有自己的客观规律性，进而把认识历史规律作为历史研究的最高层次，这些可以说是马克思主义史学的根本观念。近年来，不少文章把马克思主义史学称作"史观派"或"唯物史观派"，称其他史学派别为"史料派""考证派""实证派"等，名目繁多，但似乎都没有说到

① 《毛泽东书信选集》，241～242页，北京，人民出版社，1983。

② 同上书，163页。

本质上。马克思主义史学确实强调“史观”在历史研究中的重要作用，明确提出在唯物史观的指导下进行历史研究，但并不忽视史料、轻视考证。

史料是认识历史的中介，任何历史研究都离不开它，考证史料是历史研究的基础，马克思主义史学对此同样重视。李大钊在其1924年出版的《史学要论》中，就精辟地论述了这一点。他说，史学的任务，一是揭示和描绘历史的发展过程，这是“历史的研究的特色”；二是“于全般的历史事实中间，寻求一个普遍的理法”。①“必个个事实的考察，比较的充分施行；而后关于普遍的理法的发见，始能比较的明确”。②

郭沫若对史料在历史研究中的重要性也有很好的论述。他说：“无论作任何研究，材料的鉴别是最必要的基础阶段。材料不够固然大成问题，而材料的真伪或时代性如未规定清楚，那比缺乏材料还要更加危险。因为材料缺乏，顶多得不出结论而已，而材料不正确便会得出错误的结论。这样的结论比没有更要有害。”③他在历史资料上下的工夫是相当大的，在他出版《中国古代社会研究》之后，将主要精力用于搜集和考释甲骨文、青铜铭文，他做的考证文章很多，在他的史学著作中占有相当的分量。以研究思想史见长的侯外庐，也强调自己谨守考证辨伪的治学方法，说：“考据学是一门专门的学问，我从来反对虚无主义地对待考据学。在这方面，王国维先生和郭沫若同志，都是我的老师”。④ 在马克思主义史学看来，科学的历史理论，与丰富而正确的材料同等重要。郭沫若说：“研究历史，和研究任何学问一样，是不允许轻率从事的：掌握正确的科学的历史观点非常必要，这是先决问题。但有了正确的历史观点，假使没有丰富的正确的材料，材料的时代性不明确，那也得不出正确的结论”。⑤

然而，马克思主义史学没有因为重视史料的辨伪和考证，而把自己局限于史料整理的范围之内。李大钊对史学要义的论述表明了这一点。郭沫

① 李守常：《史学要论》，17页。

② 同上书，19页。

③ 郭沫若：《十批判书·古代研究的自我批判》，见《中国古代社会研究》(外二种)，599～600页。

④ 侯外庐：《韧的追求》，117页，北京，三联书店，1985。

⑤ 郭沫若：《中国古代社会研究·1954年新版引言》，见《中国古代社会研究》(外二种)，4页。

若在《中国古代社会研究·自序》中讲得更加旗帜鲜明："胡适的《中国哲学史大纲》，在中国的新学界上也支配了几年，但那对于中国古代的实际情形，几曾摸着了一些儿边际？社会的来源既未认清，思想的发生自无从说起。所以我们对于他所'整理'过的一些过程，全部都有重新'批判'的必要"。"我们的'批判'有异于他们的'整理'。整理的究极目标是在'实事求是'，我们的批判精神是要在'实事之中求其所以是'"。"'整理'的方法所能做到的是知其然，我们的'批判'精神是要'知其所以然'。'整理'自是'批判'过程所必经的一步，然而它不能成为我们所应该局限的一步"。周予同对这段话评价很高，说郭沫若的这段话"实是释古派之坦白的宣言"。①

尽管以后郭沫若对他的《中国古代社会研究》作了许多修正，他的《十批判书》，第一篇就是《古代研究的自我批判》，但《中国古代社会研究》对历史学的影响却是深远的。即使郭沫若本人，在进行自我批评的同时，依然流露出对该书的自负："本书在思想分析的部分似有它的独到处，在十七年后的我自己也写不出来了。现在读起来，有些地方都还感觉着相当犀利。"②关于这本书在中国现代史学史上的地位，顾颉刚说："郭先生应用马克思、莫尔甘等的学说，考索中国古代社会的真实情状，成《中国古代社会研究》一书。这是一部极有价值的伟著，书中不免有些宣传的意味，但富有精深独到的见解。中国古代社会的真相，自有此书后，我们才摸着一些边际。"③

20 世纪 30 年代末至 40 年代，中国史学界出现了一股总结当代史学的热潮，发表了大量的文章④，马克思主义史学被许多评论者称作"释古派"⑤，得到很高的评价，认为它代表了中国历史学的发展趋势。除了郭沫若，吕振羽、范文澜、翦伯赞的著作也得到了高度称赞。如齐思和说：

① 周予同：《五十年来中国之新史学》，见《周予同经学史论著选集》，556 页，上海，上海人民出版社，1996。

② 郭沫若：《中国古代社会研究·1947 年后记》，见《中国古代社会研究》(外二种)，298 页。

③ 顾颉刚：《当代中国史学》，96～97 页，上海，上海古籍出版社，2002。

④ 周文玖：《我国 20 世纪三四十年代的史学述评》，载《史学理论研究》，1999(2)。

⑤ 被称作"释古派"的学者并不都是马克思主义史学家，因为虽然这些人在学术上也声称信奉唯物史观，但在政治上是反马克思主义的。三十年代的社会史大论战，有政治的原因。

"陶、郭二氏之后，对于中国社会史研究最努力的是吕振羽先生。吕氏自民国二十年来到现在共著成了关于中国社会史六七种著作。他用了唯物辩证法，将中国社会史分期来研究。""中国社会史之唯物辩证法的研究，到了范文澜先生所编著的《中国通史简编》才由初期的创造而开始走进了成熟的时期。范先生对于中国旧学是一位博通的学者，而对于唯物辩证法又有深刻的研究，所以由他来领导这个研究工作自然是最合适的。这部书，对于史料，除了正史之外，以至文集笔记，都尝博观约取；所用的文字，又是由浅入深，使读者易于领悟。每章后，又附有提要，非常易于领悟，绝无公式化，使人如入五里雾中的毛病，称之曰'简编'，可谓名实相符。此外《中国近世史》一书也是用同样方法写成的，是一本最好的教科书。著者武波即是范先生的笔名"。"最近翦伯赞先生的《中国史纲》，很受到学术界的重视。这书已出两本：第一卷，史前史、殷周史。第二卷，秦汉史。他这部书规模甚大，特点是考古材料的大量的应用与中国文化和其他文化的比较。这部书尚在进行中，希望能早日完成"。① 齐思和 1931 年毕业于燕京大学，并于当年到哈佛大学研究生院读研究生，1935 年获得博士学位。写作这些文章时，齐思和还没有接受唯物史观，但他通过对 20 世纪梁启超倡导新史学以来史学发展的考察，肯定了马克思主义史学的成就，认识到马克思主义史学代表了中国史学发展的新趋势。

顾颉刚对于新史观促进了历史学进步予以充分的肯定。他说："过去人认为历史是退步的，愈古的愈好，愈到后世愈不行；到了新史观输入以后，人们才知道历史是进化的；后世的文明远过于古代，这整个改变了国人对于历史的观念。如古史传说的怀疑，各种史实的新解释，都是史观革命的表演"。② 顾颉刚是 20 世纪"古史辨派"的灵魂人物，他的这番话又说明，即使在历史研究中特别重视考据的学者，也认识到历史观念的重要性了，认识到历史观是史学变革和进步的关键。

瞿林东先生指出："20 世纪中国史学最显著的进步，是历史观的进步。输入进化论，是一大进步；输入唯物史观，是更大的进步。"③今天，人们

---

① 齐思和：《近百年来中国史学的发展》，载《燕京社会科学》，第 2 卷第 2 期，1949。

② 顾颉刚：《当代中国史学》，3 页，上海，上海古籍出版社，2002。

③ 瞿林东：《唯物史观与中国史学发展》，载《史学史研究》，2002(1)。

获得关于中国历史整体的贯通的知识以及带有规律性的认识，实事求是地说，主要是马克思主义史学的功绩。这是任何人都否定不了的。马克思主义史学的根本要求和治学特点，决定了它在揭示中国历史的过程和规律方面，有自己独特的地位。

三、政治沉浮与马克思主义史学品德的高洁和坚贞

新中国成立后，马克思主义史学成为主流史学，五大家因其运用唯物史观研究历史早、成果丰硕而受到尊重，在史学界享有很高的威信。在新中国成立的第一届历史学会上，郭沫若当选为历史学会会长，其他几位也被选为副会长或常务理事。他们在中国科学院历史研究所或高校系统，都担任了领导职务。

社会环境变了，历史学需要有一个新的进步。过去马克思主义史学处于被压制的状态，受到种种限制，现在马克思主义史学得以提倡，能够充分发展；过去是民族民主革命的时代，史学家在治学的同时，不得不为救国救民而奔走呼号，现在是和平建设的年代，史学家可以专心致志于学术研究。在新时代，五大家对自己过去的史学工作还作了反省，如范文澜对在延安时期写的《中国通史简编》做自我批评，认为里面有非历史主义观点。“借吴蜀联合拒魏来类比抗日统一战线，借孙权来类比国民党反动派破坏统一战线”，以至于“把孙权描写成几乎是黑暗的人物”。“借武则天来斥责特务统治，着重写了特务的残暴，而且把宫廷私事也写了出来，意在增加对特务统治的鄙视”。“又有些地方因‘借古说今’而损害了实事求是的历史观点。本来‘借古说今’并不是绝对不可以，但如果简单地借古人古事来类比今人今事，这就不是‘一切以条件、地方以及时间为转移’的历史的观察社会现象的态度，而是古今不分，漫谈时事了”。① 翦伯赞也有自我批评，说“我在解放以前，也常用以古喻今的方法去影射当时的反动派，其实这样以古喻今的办法，不但不能帮助人们对现实政治的理解，而且相反地模糊了人们对现实政治的认识。特别是今天的现实与过去历史上的现实，已经起了本质上的变革，把过去历史上的现实和今天的现实等同起

① 范文澜：《关于〈中国通史简编〉》，载《新建设》，第4卷第2期，1951-05。

来，那不是把历史上的现实现代化使之符合于今天的现实，就是把今天的现实古典化去迁就历史上的现实，两者都是非历史主义的，因而都是错误的”。① 范文澜、翦伯赞等在新中国成立前借评论历史来批评现实的做法虽然不尽合乎科学原则，但与“文化大革命”中的“影射史学”还是有本质的区别的。他们的自我批评，现在看来对自己否定过多，因为他们新中国成立前的大量史论还是很有学术价值的，对此要有公允的认识。然而，从他们严格的自我批评中可以看出，他们对自己提出了更高的要求。他们决心写出更加严整、更加科学的历史著作来。

20 世纪 50 年代及 60 年代初期，五大家先后进入了他们的壮年和老年期，作为史学工作者，这个阶段还是能够取得比较辉煌史学成果的年龄段，但从学术的创新性来看，在这一时期，他们的学术业绩没有超过三四十年代。这样说，并无意于低估他们此时的学术贡献，如翦伯赞主编《中国史纲要》，范文澜修订《中国通史简编》，侯外庐主编《中国思想通史》，郭沫若从事的《管子集校》、考古学及历史人物的研究，吕振羽对自己旧著的修订以及发表的数量众多的论文等，就水平或严谨性而言，都高于他们此前的著作，值得肯定。然而，如果用发展的观点，与他们过去的成绩进行比较的话，我们觉得这些学术业绩的特色还不够鲜明，特别是在思想和文风方面，不如过去犀利和活泼。分析其中的原因，大概有这样几点。

第一，新中国成立后，五大家在改造旧知识分子的思想过程中居于优越的地位，他们批判他人的旧思想，也不免感情、意气用事②，有批评过头之处，如对所谓“资产阶级史学”的批判，对胡适等人的批判，把人家许多好的治学方法、学术思想也否定了，不自觉地产生了自满心态，以致有些故步自封。

第二，行政事务和政治运动，使学术研究程度不同地受到影响。五大家都被安排到领导岗位，行政事务繁忙。郭沫若担任政务院副总理，以后

① 翦伯赞：《关于历史人物评论中的若干问题》，载《新建设》，1952 年 9 月号，总第 48 期。

② 如范文澜在《历史研究必须厚今薄古》(载 1958 年 4 月 28 日《人民日报》)说：“郭老曾用不多的功夫，研究甲骨文、金文，把这个阵地占领过来，不然的话，资产阶级搞这一部分的学者，不知道要表现多大的骄气。这个经验是值得学习的”。令人感到有与所谓“资产阶级”学者斗气的意味。

又担任人大常委会副委员长，此外还有其他许多或实或虚的头衔；范文澜任中国科学院历史研究所三所所长；翦伯赞担任北京大学历史系主任、北京大学副校长；吕振羽曾担任东北人民大学校长兼党委书记，以后因患病赴北京疗养；侯外庐先后任北京师范大学历史系主任、西北大学校长、中国科学院历史研究所二所所长。行政和科研难以兼顾；特别是大规模的政治运动对学术的影响更大。五六十年代，政治运动一个接着一个，他们不得不分出相当时间去参加，有的政治运动还使他们精神恐慌。郭沫若在给亲友的信中曾说过政务缠身，不能专心学问的情形："应酬事太多，《大系》被拖延，补录尚未着手。回想当年，一人单干，效率甚速，有不胜今昔之感。"①"特别在解放以后，觉得空虚得很。政治上不能有所建树，著述研究也完全抛荒了，对着突飞猛进的时代，不免瞠然自失"。② 他甚至有意辞去中国科学院院长职务。③ 而范文澜的一封信，也反映了与郭沫若类似的心境。1953 年，范文澜给在东北人民大学任校长的吕振羽写了一封信，希望调到吕振羽那里，当一个普通教授。他的要求很低，就是能让他有比较充分的时间从事研究和著述。信中写道："我是墓木已拱，右眼失明，夜间不能工作，属于半残废一类的人。领导上如果估计到我这些特点，让我能再有些时间，我就感谢不尽了。我实在没有时间资本，像青壮年一样能支付出足够的时间，但是这几年来我是不得不支付的。特别是最近一年多，没有正式做过工作，我心里急躁得很，长此下去，我将不能完成党交给我的任务。如果这样，我将死不瞑目。""明年不知如何？能给工作时间，自然是很好的。如果还不能，我决心离开科学院。您那里是不是可以给我下列条件。"范文澜提的条件是："(一)除了参加党的会议及学习会有关学术的座谈会，其余的事，一概免于参加。(二)上面号召的大运动，给我尽先自我检讨的机会，我检讨完了并保证决心改正以后，即许我回去工作。(三)不担任任何学校职务，给一教员名目，使我能工作。(四)给我两三位助手，帮助我工作。我如能从北京带去几位，当然更好，不必再抽调您校

① 郭沫若：《致陈梦家》，见《郭沫若书信集》下，210 页，北京，中国社会科学出版社，1992。

② 同上书，314 页。

③ 为此，他曾致书中国科学院党委，提出辞职。见《郭沫若书信集》下，402 页。

的干部了。(五)必要的参考书，希望领导上批准购买。(六)给我夫妇二人生活费，最高不超过一个教授的工资。(七)不到校外去讲演，校内讲演最好也没有。允许我有推辞之权。上面所说的条件，希望您考虑，给我一个满意的答复。我有了这个出路，看明年情况，在适当时机可以向上级提出请求来。”[①]范文澜所提的条件，对于今天那些有官瘾又贪图名利的学者来说，简直不可思议。从郭、范等人的书信中可以体察到，五大家本质上是学者，他们把学术视作生命价值之根本，在行政和学术之间，他们把学术事业看得更重。但在当时的政治环境下，这样的愿望显然是难以实现的。

第三，新中国成立后以至“文化大革命”，“左”的指导思想以及历史研究中的教条主义倾向始终萦绕着历史学界[②]，五大家也不能不受影响。他们针对自己在新中国成立前史学研究的一些弱点，强调了历史主义原则，但当政治运动到来时，他们又写文章作些响应，如在厚今薄古、阶级斗争理论在唯物史观中的地位等问题上，都显示了理论上的矛盾性。然而，当“左”的东西对历史研究造成明显的不良影响时，他们又起来予以纠正。如1957年后，伴随着经济大跃进，陈伯达等提出了在学术上也要大跃进，一时间，“史学革命”，“打破封建王朝体系”，“要站在劳动人民的立场上研究历史，见封建就反，见地主就骂”等口号和做法，充斥历史研究和历史教学。郭沫若针对这种情况，在接受《新建设》记者的采访中，比较全面地说明了在历史研究中运用历史主义的重要性。说：“打破王朝体系，并不是要求把中国历史上的朝代抹掉。事实上既存在过朝代，如何能抹得掉呢？我们要打破的是旧的历史观点、封建正统观点、专为帝王将相作家谱的办法，而不是简单地把王朝抹掉。”[③]20世纪60年代，翦伯赞对清算教条主义思潮做的工作较多，发表了一系列的文章，尤其是《目前史学研究中存在的几个问题》《对处理若干历史问题的初步意见》两文，全面而系统地批评了史学界的教条主义思潮，并提出了马克思主义史学研究要遵循的

① 《范文澜致吕振羽的信》，载《史学集刊》，1990(3)。此项材料为朱政惠教授指示，特此致谢。

② 周文玖：《关于建国后十七年史学思潮的认识》，载《淮北煤炭师范学院学报》，2003(1)。

③ 郭沫若：《关于目前历史研究的几个问题——答〈新建设〉编辑部问》，载《新建设》，1959(4)。

基本原则。范文澜也发表文章，指出运用马克思主义要神似，不能貌似。[①]他们的这些观点，对抑制史学界偏离马克思主义史学原则的错误做法，起了很大的作用。

从这一时期他们发表的文章看，五大家在理论上还有在民主革命时代强调阶级斗争理论的思维惯性。在“左”倾思想严重侵袭史学园地时，他们做得更多的是救火灭灾，批评错误的东西，而对马克思主义史学理论的继续发展，所做的创造性工作不太突出。之所以如此，一是批评和清除错误的东西需要花费精力；二是在五六十年代，学术批判往往与政治相互联系，对理论进行创新或提出与主流观点不同意见是冒风险的；三是五大家都牢固树立了马克思主义政治信仰，战争年代的洗礼以及与各种反马克思主义的论战，使这种信仰更加坚定，将政治信仰与科学理论等而划一，无形中也束缚对其他理论的吸收和马克思主义史学理论的推进。在史学转型时期，史学理论和方法没有明显的创新，历史研究就会缺少生机和活力。

接着而来的“文化大革命”，给五大家带来了不幸的命运。马克思主义史学惨遭摧残，经受了严峻的考验。吕振羽最早遭到厄运，1963年1月他就被秘密关押，1967年被正式宣布逮捕，投进秦城监狱，直到1975年2月，才获释出狱。翦伯赞1965年12月被戚本禹在《为革命而研究历史》一文中不点名地批评，不到一年，他就成了专政对象，戚本禹等人在《红旗》发表《反共知识分子翦伯赞的真面目》，政治上置翦伯赞于死地，随之进行残酷的人身迫害和精神折磨。翦伯赞终于不堪其辱，与妻子一起饮药自尽。侯外庐关于中国古代土地制度的观点在1957年就被康生、陈伯达指责，他们硬把一个严肃的学术问题与解放初期的“土改”相联系；“文化大革命”中侯外庐受到批判，并因此致病瘫痪。郭沫若由于毛泽东、周恩来的特殊保护，未被揪斗[②]，但他的两个儿子郭世英、郭民英没能幸免，成为“文化大革命”的牺牲品。范文澜虽未遭迫害，在中共九大上还当选为中央委员，但他对“文化大革命”不理解，对政治更是失去兴趣，郁郁寡欢，于1969年病死。

---

① 《范文澜历史论文选集》，208页，北京，中国社会科学出版社，1979。

② 从郭沫若与他人的一些通信中可以看出，他的内心有时是很寂寞的。在政治上，他表面上很率真，实则处处谨小慎微。参见桑逢康著《郭沫若人格》，184～206页，郑州，河南人民出版社，2005。

吕振羽、翦伯赞在受到残酷迫害的情况下，表现出坚持真理、“威武不能屈”的气概。翦伯赞说：“在真理问题上不能让步。”当刘少奇专案组对他进行威逼利诱，要求他揭发刘少奇的“罪行”，他严词拒绝，说“我不知道的事，不能随便乱写，我要实事求是。坐监牢狱，我不怕。……我死都不怕，还怕坐监狱吗！”①他用生命捍卫了一个正直史学家的尊严和操守。吕振羽身陷囹圄，被审问800多次，要求承认1936年参加的“南京谈判，是刘少奇勾结蒋介石消灭红军、取消红色政权的投敌叛卖阴谋”，他嗤之以鼻，义正词严地说：“我要坚持自己的历史真实，也要坚持他人的历史真实。伪造历史是没有好下场的”。② 他经常振臂高呼“打倒法西斯！”“打倒伪造历史的恶魔！”他用实际行动践行了一个马克思主义史学家的优良史德。郭沫若身居高位，在“文化大革命”期间做过一些错误的表态，某些学术著作也带有明显的时代烙印。③ 但要看到，当他洞悉“四人帮”搞“批林批孔”，矛头指向周恩来，怀有不可告人的政治目的时，他以沉默表示对抗。他们亲自动员郭沫若写文章，郭沫若不为所动，以致江青气急败坏，多次对他进行威胁和羞辱，但郭沫若最终也没有屈服。在大是大非面前，郭沫若顶住了压力，坚持了原则。

要之，“文化大革命”中，五大家程度不同地受到迫害和精神折磨，但他们经受住了考验，大节不亏，保持了一代良史的职业操守，展示了马克思主义史学道德的高洁和坚贞。刘知幾云：“盖烈士殉名，壮夫重气，宁为兰摧玉折，不作瓦砾长存。”④衡之五大家，亦诚哉斯言！

四、学术个性与中国马克思主义史学对学术真理的执著追求

五人虽同是马克思主义史学家，但他们之间的学术争论却是很多的。

① 张传玺：《翦伯赞传》，503页，北京，北京大学出版社，1998。

② 朱政惠：《吕振羽学术思想评传》，297页，北京，北京图书馆出版社，2000。

③ 关于这方面的研究，可参见刘茂林，叶桂生：《着笔于往古，立足于当今》一文，见《郭沫若史学研究》，成都，成都出版社，1990。

④ 刘知幾：《史通·直书》，浦起龙《史通通释》本，上海，上海古籍出版社，1978。

在中国古史分期问题上，他们就有分歧。郭沫若关于奴隶社会和封建社会的分界有过几次变化，最后定在春秋战国之际。范文澜、翦伯赞、吕振羽均主张西周封建说。侯外庐认为，中国封建社会的形成有一个过程，从秦孝公时代，经过秦的统一，到汉武帝的"法度"，法典化的封建制度才真正确立。郭沫若始终主张西周是奴隶社会，这与范、翦、吕等人形成了直接对立，他在《青铜时代》和《十批判书》的后记中，对自己的观点受到同道冷落表示不满："主张周代是封建制度的朋友，依然照旧主张，而对于我的见解采取着一种类似抹杀的态度。这使我有些不平。尤其是当我的《墨子的思想》一文发表了之后，差不多普遍地受着非难，颇类于我是犯了众怒。这些立刻刺激了我。因为假如是不同道的人，要受他们的攻击，那是很平常的事；在同道的人中得不到谅解，甚至遭受敌视，那却是很令我不安。因此，我感觉着须得有一番总清算、总答复的必要。就这样彻底整理古代社会及其意识形态的心向便更受了鼓舞"。[①] 他认为自己能够写出这两部著作，部分的原因是受到马克思主义史学阵营内同道的刺激："我的近两三年来的关于周、秦诸子的研究，假使没有这样的刺激或鼓励，恐怕也是写不出来的"。[②] 西周封建论者并没有因为郭沫若的新作而改变自己的主张，吕振羽1946年在对自己《殷周时代的中国社会》修订版序言中写道："我把郭先生这部大著细读了三遍，细心考虑了郭先生的高见后，便更决心要把自己过去的全部见解，深入的去检讨一遍"。"不过我又应声明，在我还没有得出自我检讨的结论以前，对自己原来的见解，没有在文字上提出过改正的见解，现在还是坚持的"。[③] 新中国成立后，范文澜、翦伯赞不但没有放弃自己的观点，而且作了进一步的完善。

新中国成立前，侯外庐在古史分期问题上与翦伯赞也闹过一点"小风波"，侯外庐晚年回忆说："我和伯赞在中国古代史分期、古代生产方式、封建社会土地制度等一系列问题上分歧很大。""1942年，我在与郭沫若辩论屈原思想时，无意间说过一句冒失话，表示要奉陪西周封建论者辩论到

① 郭沫若：《后记——我怎样写〈青铜时代〉和〈十批判书〉》，见《中国古代社会史研究》(外二种)，1051页。

② 同上书，1043页。

③ 吕振羽：《殷周时代的中国社会·1946年修订版序》，北京，生活·读书·新知三联书店，1983。

底。”“这一句话，把所有的西周封建论者都得罪了。伯赞是十分坦白的人，他气得简直要跳起来，一度不断地挖苦我。”“他和我很快就冷静下来了，并且彼此谅解了。此后，伯赞和我三十年相交，面对面可以无所不谈，但却再没有提过半句古代社会分期的话题。我们彼此都珍惜友情，彼此都深察对方的见解基础坚实”。①

侯外庐在评价孔子和屈原问题上与郭沫若均有分歧，特别是在屈原问题上，两人还打起了笔墨官司。郭沫若发表《屈原的艺术与思想》，侯外庐发表《屈原思想底秘密》与之商榷，郭沫若又写了《屈原思想》申论自己的观点，侯外庐则写了《屈原思想渊源底先决条件》回应。以后，侯外庐又写了《申论屈原思想——衡量屈原的尺度》。侯外庐回忆这场争论说：“那时，郭沫若研究屈原，已经有二十年的历史了。我完全懂得诗人郭沫若之一向爱诗人屈原的道理，但是，我不同意史学家和思想家郭沫若对屈原的评价。”“在一些存在分歧的问题上，郭沫若和我都各执己见，互不相让。辩论屈原思想时，可能因为时机不妥当，郭老曾经发过火。但是，他火他的，我坚持我的。过了几十年，火气早已烟消云散，而彼此的观点，都不曾退让分毫”。② 但争论并没有影响二人的学术交谊，侯外庐对郭沫若的学术胸襟非常佩服，说“郭老深知我对殷、周史料的认识和他完全一致，视甲骨文、金文为第一手史料。我去向他求援的时候，他毫不犹豫地把他有关著作中，我最用得着的两部——《卜辞通纂》和《两周金文辞大系图录考释》借给了我。……他明知我会用了他提供的材料来佐证我自己的观点，对他提出异议，他却还是把他亲手搜集的丰富材料全盘端给了我。这件事是郭老精神品格、襟怀器度不同凡响的突出表现”。③

就学术气质而言，五大家各不相同。郭沫若是一个具有浪漫特点的开拓型史学家。他的成就是多方面的，在历史学、考古学、古文字学、文学上都做出了杰出贡献。他说：“我自己的兴趣是在追求，只想把没有知道的东西弄得使自己知道。知道了，一旦写出过，我便不想再写了。这是我的一个毛病，也许就是浪漫的性格。像编教科书那样的古典风味，我自己

① 侯外庐：《韧的追求》，139 页。
② 同上书，132～133 页，135～136 页。
③ 侯外庐：《韧的追求》，129 页。

很缺乏。”[①]对于错误，郭沫若从不避讳，他敢于解剖自己，否定自己，颇似梁任公的个性，说：“错误是人所难免的，要紧的是不要掩饰错误，并勇敢地改正错误。把自己的错误袒露出来，对于读者可能也有一些好处”。“二十多年来我自己的看法已经改变了好几次，差不多常常是今日之我在和昨日之我作斗争”。[②] 范文澜是一个学者气质十足的历史学家，北京大学国学门的训练，使他一生治史都与经学结下不解之缘。赵俪生先生在华北大学期间与范文澜接触较多，他对范文澜的刻画可谓入木三分：“多年来，他是北平女子文理学院教史学、文学、训诂学的挺古板的教授”，“秉性偏激”，对《文心雕龙》用功很深，桌上总是放着“他平生喜爱的《文心雕龙》校注稿，上面朱墨斑驳，批着若干增注，这稿子是他睡觉也不离开的”。[③] 范文澜的著作，富有文采，文字优美、洗练、生动，曾做对联：“板凳甘坐十年冷，文章不写一字空。”翦伯赞性情率真，在民主革命时代，他“既是严谨的学者，也是出色的鼓动家；既是勇敢的革命斗士，也热爱生活，天真有如赤子”。他对自己的著作要求很严，“他有一个原则，凡写的东西，一定要让尽可能多的读者读懂并接受，所以，他不仅注重理论原则，而且特别肯在文字上下工夫。他的作品能做到寓科学性、党性于优美而流畅的诗一般的文字语言中。”[④]翦伯赞口才、文才俱佳，“一件事经过他的口和笔，总能变得趣味横生”。[⑤] 吕振羽是学工程技术出身的，思维方法很讲求科学和严谨，对理论问题有坚实的研究功底，这是他与一般史学家明显不同之处。侯外庐评价吕振羽说：“振羽身上有一种特别的气质超乎学界朋友之上。那是一种英雄气概”。“振羽的作风特别求实而不尚空谈”。[⑥] 侯外庐从翻译《资本论》入手，走上历史研究之路，在研究方面，特别注意概念的严密，何兆武说：“侯先生在他的研究过程中，习惯于深入钻研每一个重要概念的确切含义；每每遇到一个重要概念时，不弄清楚，不肯罢休。

---

① 郭沫若：《中国古代社会研究·1947年后记》，《中国古代社会研究》(外二种)，298页。

② 同上书，4页。

③ 赵俪生：《篱槿堂自叙》，133页，上海，上海古籍出版社，1999。

④ 侯外庐：《韧的追求》，138页。

⑤ 侯外庐：《韧的追求》，137页。

⑥ 同上书，111页。

作为他的助手，我曾多次协助他翻阅马克思、恩格斯的原文，反复推敲，以求明确各词的原文原义之所在”。① 他思想深邃，翦伯赞曾当面称赞他：“你不仅是历史学家，而且是哲学家。”②当然，他的文风也受到西方语言的影响，文句较长。他在晚年曾对此进行自我批评。

由上可知，五大家都是颇有学术个性的史学家，即使在民主革命时代，他们的学术观点也不尽一致，甚至有激烈的学术争论。但是学术争论并没有妨碍他们之间的友谊，这是因为：一是他们都是为学术真理而争，不是个人私见或个人意气之争。二是他们都有宽阔的胸襟，并不以权威自居，而是以平等的心态看待他人的意见，“从没有无原则地把政治搅和到学术争论中去，更没有想到过有将政治权威与学术权威划一的必要”。③ 三是他们相互尊重，争论归争论，对彼此的成就则真心诚意地赞赏，实事求是地认可和评论。④ 四是他们在争论中，善于发现对方的优点，并作为自己继续探索的动力。这些，都是老一代马克思主义史学家留给后人的宝贵财富，新时期的学术批评应从中获得教益。

五大家是中国马克思主义史学的杰出代表，他们的学术业绩早已载入史册，他们的某些学术成果固然具有时代的局限性，新中国成立后，范文澜、翦伯赞等人进行自我批评，表明他们已不满足自己的成绩，决心向更高的学术高峰攀登。但政治形势的干扰，使他们并没有完全实现自己的愿望。通过五大家探讨中国马克思主义史学的学术品格，目的就是总结马克思主义史学的经验教训，继承和发扬马克思主义史学的优良传统，有力推进新世纪中国史学事业的健康发展。

从前辈学者学术止步的地方，继续前行，重振中国马克思主义史学之雄风，应是21世纪历史学界的光荣使命。

① 何兆武：《释“国民”和“国民阶级”——兼忆侯外庐先生》，见《书前与书后》，142页，武汉，湖北人民出版社，2007。

② 侯外庐：《韧的追求》，140页。

③ 同上书，139页。

④ 如侯外庐、吕振羽等人与郭沫若有很多学术论争，但郭沫若1942年在苏联介绍抗战时期中国的学术文化时，对他们的成就均给予了很高的评价，这令他们十分感动。

白寿彝先生的治学与他的中国通史编纂

1999年，白寿彝先生总主编的多卷本《中国通史》全部出齐。这部著作12卷，22册，1400万字，是到目前为止部头最大的一部中国通史。这年，恰是白寿彝先生九十华诞。

多卷本《中国通史》在白寿彝先生的学术生涯中具有很重要的地位。白先生为它花费了整整20个春秋。在20世纪末，这样一部详尽的中国通史的出版，的确是中国史学界的大喜事。研究这部通史的编纂及其史学思想，对深刻领会白寿彝先生的学术思想，认识他的学术贡献，都是非常必要的。

一、大通史——一生治学的最高追求

在长期的学术生涯中，白寿彝先生辛勤耕耘，勇于开拓，在许多学科都取得了令人瞩目的学术成就，这些学科有中国伊斯兰教史、回族史、中国民族关系史、中国交通史、中西交通史、中国史学史、中国通史以及中国历史文献学、中国民俗学和史学理论等。晚年，主要集中在中国通史、回族史、中国史学史三个方面。白先生1987年曾对自己的学术工作总结道："现在我的学术工作，主要有三个方面，一个是主编多卷本中国通史，一个是主编回族人物志……还有另一方面的工作，就是关于中国史学史的研究工作。"并说"像这样的情况，都是当初所想不到的"。[①] 实际上，这种治学局面的出现，是他一生治学发展的必然趋势。这三个方面是相互联系、相互促进的，其中，中国通史在里面占据核心的地位。

白寿彝先生的中国通史研究与他的回族史研究，可以说是并驾齐驱、相互促进的。从时间上看，白先生的回族史研究，起步更早一些。由民族史而中国通史，使得他对中国通史的研究视野更加开阔。

白先生研治中国通史，可以追溯到1936年《中国交通史》的撰写。《中

---

① 白寿彝：《重印〈中国交通史〉题记》，载《史学史研究》，1987(3)。

国交通史》是商务印书馆出版的《中国文化史丛书》中的一种，是近世以来第一部交通史专著，出版以后，得到较高的评价。顾颉刚在《当代中国史学》中曾说到它，认为它是王云五、傅纬平主编的《中国文化史丛书》中的“精善的”一种。这本书虽然不是中国通史类的著作，但对白先生治通史却有相当大的影响。几十年后，作者这样回忆道：“从我个人治学的进程上看，本书的写作，有它积极的意义。我对于通史的兴趣，对于划分历史时期的兴趣，对于寻找时代特点的兴趣，都是从写这本书开始的”。[①]《中国交通史》是一部交通通史，作者首先遇到的是断限问题，其次是分期问题。在断限方面，作者从夏朝写到最近(1936年)，内分五期即先秦、秦汉、隋唐宋、元明清、通商以后，并分别指出各期的特点，目的是把“这样长的历史写出个头绪来”。通过这本书的撰写，作者既获得了治史的趣味，又在治史方法上进行了探讨和实践。紧接着作者1938年开始进入教育界，先后在桂林成达师范学校、云南大学文史系、中央大学史学系任教。新中国成立后，调入北京师范大学。在五十多年的讲台生涯中，中国历史始终是他担任的重要课程之一。如1940年在云南大学，他讲授中国上古史；1942年，在重庆中央大学开设春秋战国史；1948年，在南京中央大学讲授中国通史，始用缪凤林的《中国史略》为教材，后改用自己编写的讲稿。在北京师范大学，从1950年到1966年间，他几乎讲遍中国各个时期的断代史。20世纪50年代，他带领历史系中国史教研室，努力改进历史教学，为外系开设中国通史。在这个领域的长期耕耘，使得白先生在中国通史方面有着深厚的积累。20世纪80年代以来，他把大量精力用在中国通史撰述上，绝不是偶然的，是由几十年的教学和研究作基础的。

白先生研究中国史学史始于20世纪40年代。40年代初，他在云南大学讲学，在文史系主任楚图南的建议下，开设中国史学史课程。早在1928年，他发表的第一篇论文就是《整理国故介绍欧化的必要和应取的方向》，呼吁整理国故的学者们从事系统的工作，组成各种专史，以创造新文化，并主张中西并用，取其所长。也就是说，这时他已有了创造新文化，必须善于总结传统文化，正确对待文化遗产的思想。现在看来，这篇文章对他一生的治学特别是以后走上研究史学史的道路，都有不可忽视的影响。40

① 白寿彝：《重印〈中国交通史〉题记》，载《史学史研究》，1987(3)。

年代初，他之所以鼓起勇气，敢于承担这门新课，从这里可以得到一些解释。中国史学史学科，是梁启超在1926年至1927年的《中国历史研究法补编》中提出的。30年代，只有很少数人在大学里开设这门课程，没有专书，更没有教学大纲，学者只能根据自己的理解进行讲授，彼此之间的交流很少。对史学史的讲授，大都是一部史书一部史书的介绍，史部目录解题式的气味甚浓，"史"的特点不突出。白先生在讲这门课的时候，也没有摆脱这个局限。他一边学一边讲，第一次讲到唐，第二次延长到宋元明，第三次续到清末①，对一些重要的史书，重点研读，详细讲述。他对这种史部目录学式的讲法并不满意，认为就像许多珍珠，缺少将它们贯穿起来的线，但讲授该课毕竟促使他将中国史籍系统地摸索了一下，并下工夫读了一些名著，为此后的史学史研究打下了坚实基础。1943年，他读到朱谦之在1934年发表的《中国史学之阶段性的发展》，很感兴趣。朱氏将中国史学的发展分成三个大的时期，即故事式的历史时期、教训式的历史时期、发展式的历史时期。每个时期又分为几个阶段。白先生在讲授中，吸收了其中的观点，试图找到贯彻中国史学发展的线，但依然没有成功。白先生40年代的讲义已无从看到，今天我们看到的只是1946年5月在昆明五华书院发表的学术演讲——《中国历史体裁的演变》。白先生将中国史书体裁的演变分为四个时期。第一个时期是从哀公十四年孔子作《春秋》到汉建安五年《汉纪》成书时止，相当于公元前481年至公元200年，约680年。此期史书体裁的主潮是编年、纪传二体之确切的建立。第二时期是从曹魏建安五年《汉纪》成书到唐贞元十九年《通典》奏上，约相当于公元200年至803年，约603年。此期的特点是断代史的著述普遍地发达。第三时期从杜佑奏进《通典》起，到明末止，约相当于公元803年至1644年，共840年。这是通史时期。第四时期从明末到近世，约300年，是专史时期。这样的分期，是从史书体裁本身在演变过程中所表现出的特点来划分的，突破了简单以朝代作划分标志的格局，是作者试图系统地揭示中国史学发展脉络和规律的反映。20世纪40年代，有关中国史学史的专书已出版了几部，如魏应麒的《中国史学史》、王玉璋的《中国史学史概论》、金毓黻的《中国史学史》。特别是金著《中国史学史》，以"叙事详尽"、功力扎实而著称。白先

① 白寿彝：《中国史学史》第一册，186页，上海，上海人民出版社，1986。

生在称赞金氏的博闻强识和驾驭材料能力强的同时，对金氏重在解题，把精力过多地用在书目考据上也提出尖锐的批评，表明白先生对史学史的做法，有着更高的追求。新中国成立后，白先生矻矻以求，向新的高度进发。而唯物史观则成为他攀登史学史研究新高峰的重要阶梯。

由上述白先生的治学经历可知，白先生在回族史、中国通史、中国史学史方面具有长期的学术积累。他晚年把精力用在这三个方面，实在是他的学术发展所使然。

白寿彝先生晚年不止一次地说，他是到了70岁时才坐下来真正做学问。事实上，在70岁以前，他早已在多方面卓然成家了。但他这样说并不仅仅是谦虚，而是对自己的学术工作提出了更高的要求。这一方面反映了他的学问欲极强，壮心不已；另一方面也反映了他的学术工作又进入一个新的境地。

透过白寿彝先生的学术历程，不难看出，他70岁以后的著述表现出总结性、成熟性和继续创新性三个特点。这些特征是相对其此前的学术而言的。所谓总结性，就是说这时期的著述，与此前的研究有紧密的联系，是在前期工作的基础上进行的。前期的研究因为工作的关系不免分散，面铺得太宽，还不成系统，而此时则逐步集中，走向系统化。作者主编的《中国通史纲要》《中国通史·导论卷》《史学概论》以及所著《中国史学史》第一册，应该说是作者在通史、史学理论、史学史等方面带有理论总结性的成果。所谓成熟性，就是过去对这些问题的认识，由于时代的局限或认识方面的原因，存在一些不全面、不完善的地方，此时通过继续学习马克思主义理论，在自由安宁的学术环境下，对问题的认识趋于全面、深刻了，观点基本稳定，并得到史学界大多数人的赞同。所谓继续创新性，是说这时期的学术成果在原有的基础上，有了许多新的拓展，并在更高的层次上又开辟了新的领域。如在回族史方面，提出撰写多卷本回族通史，并部分地付诸实施；在史学史方面提出史学史的分支学科建设问题、加强少数民族史学史的研究等。

白先生在学术上进入新境界的更为突出的表现是他所从事的三个主要领域的高度统一和融合。回族史、中国通史、中国史学史三者相互联系，共建规模。白先生早年在回族史、民族史方面造诣突出，由治民族史到研究中国通史，使他的视野既开阔又细致。他较早地觉察出我国通史教学中存在着无意的大汉族主义观点，1950年，他在《对于大学历史课程和历史教学的一些实感》中写道："我们的中国通史，一直在内容上只是汉族史；以前是这样，现在也还是这样，我们的同道朋友，尽管在平素反对大民族主义，但一等到讲五胡十六国，讲宋辽金间的关系，讲元明和明清间的关系，你只要留心，你就会发笑，这个两千多年的老宝贝(大民族主义)便偷偷地爬到他的嘴巴上了"。[①] 他提出："在历史系课程里，必须重视国内少数民族史的研究，必须提倡国内少数民族史的讲授。少数民族史的研究和讲授，逐渐地进步了，中国通史的内容也就可以逐渐地充实了。"[②]在《中国通史纲要》和多卷本《中国通史》中，白先生都明确地提出，中国通史研究和论述的是中华人民共和国境内的各民族的历史。在多卷本《中国通史》导论卷中，他亲自撰写了其中的核心章节——统一的多民族的历史。认为"汉族是主体民族"，在中华民族的长期历史中，汉族发挥着主导作用，但各少数民族在历史上也都有他们特殊的贡献。"从历史发展的全貌来看，全国性的多民族的统一才是主流"。白寿彝先生主编的通史著作，无论是小通史，还是大通史，在解决历史的主体和历史主体活动的舞台等方面，都显示出恢宏的气势。他对于民族矛盾、民族融合的论述，对于中国民族关系发展总趋势的认识以及民族融合的发展与中国历史发展进程的关系的观点，都反映了他实事求是的学术态度和高屋建瓴的学术器识。所有这些，与他重视少数民族史研究都是分不开的。白先生在研究中国史学史方面的成就及对该学科的贡献，使他成为"史学史研究战线上的一面旗帜"。[③]中国史学史是一门不断建设的学科，自然有它固有的研究对象。但白先生研究史学史，并不仅仅局限于学术专史之内，他是要通过史学史的研究，发掘我国史学中优秀的东西，承继在历史观点、史料学思想、历史编纂思想、历史文学思想等方面的优良传统，为建设新史学服务。多卷本《中国通史》的体裁，是白先生充分继承优秀史学遗产的基础上，在新时期的大胆创造。没有对史学史的研究，没有对中国史学的充分把握，一是不可能

---

① 《白寿彝史学论集》上，155～156页，北京，北京师范大学出版社，1994。

② 同上书，156页。

③ 安作璋、耿天勤：《白寿彝先生对中国史学史研究的杰出贡献》，见《历史科学与历史前途》，郑州，河南人民出版社，1994。

做出这种创造，二是即使有这种想法，也没有足够的底蕴进行实践。史学史研究是白先生学术中的一大宗，但在白先生的学术体系中，与中国通史相比，它居于从属地位。它是白先生的治史之“器”的重要来源。

长期在中国通史领域的耕耘，使白先生较早地把编纂中国通史作为一项重要的学术工作。1962 年白先生访问巴基斯坦时，巴基斯坦的同行曾对他说：“过去我们搞历史，是以欧美为中心，现在我们是以东方为中心。我们要大讲中国的历史，可是我们没书，不好办。”这对白先生是一个很大的激励。1974 年再次访问巴基斯坦时又遇到史学界的朋友，他们打听中国史的新著。白先生说：“这距离上次的史学家会议整整十二年了，我们还没有拿出成果，心里很难过。”①多少年来，撰写通史，一直是萦绕白先生心头的一件大事。粉碎“四人帮”以后，史学界和其他学科一样，迎来了科学的春天，撰写大规模的中国通史，无论是社会条件还是史家群体组织条件均日益成熟。于是这一大型科研项目正式启动了。

白寿彝先生晚年把大部分时间用在了中国通史的编纂上。他设想的多卷本《中国史学史》，在出版了第一册以后，因为大通史的编纂，而未能进行以后几册的写作。大通史，凝聚着他的整个学术生命，是他一生治学的最高追求。

二、名副其实的总主编

白寿彝先生之成为这部大通史的总主编，是由他的学识、经历、威望决定的。

白寿彝先生是一位教授出身的史学家，他宽广的治学领域，大都是因教学的需要而开辟出来的。在北京师范大学历史系，除开设中国通史及各断代史外，他还开设过中国社会发展史、中国史学史、中国史学名著选读、历史教学法、史学概论、历史唯物主义等。往往是同时开设两三门课程。“教学相长”，通过教书，白先生打通了许多学科的壁垒，具备了驾驭中国通史的高超能力。他研究历史的开阔视野，对重大历史问题的深刻认识和卓越见解，得益于他渊博的历史知识和深厚的理论修养。教授出身还

① 《白寿彝史学论集》上，579 页。

使他培养了一大批史学研究人才，他们分布在民族史、中国通史、中国史学史等各个专业，其中许多人已是各个学科的中坚力量。这批人才是他的学术得以继续发展的后备军。集史学家、教育家于一身，使他有威望聚贤才，从事大型的科研项目，有威望将他的自得之学和群体研究结合起来，创造出新的学术成果。《中国通史》的各卷主编，均是国内在该领域的著名学者，如考古学家苏秉琦、甲骨文专家胡厚宣、科技史专家王振铎、语言学家及史学家季羡林，历史学家周一良、邓广铭、何兹全、韩儒林、史念海、王毓铨、陈旭麓、韩国磐、陈光崇等，都是国内一时之选。在长达20年的编纂过程中，有几卷书稿是经过了两代人才完成的，如科技史的编写原来由王振铎负责，王振铎去世后，何绍庚接替；元史卷原来由韩儒林任主编，韩儒林去世后，由弟子陈得芝接替；明史卷由王毓铨任主编，后因身体健康原因，由弟子商传完成了大部分工作。将这样高水平的主编和一流的作者队伍团结在一起，保证了这部书的高质量。

白先生除做教授外，办杂志、搞出版则是他从事的另一项职业。1928年，他才20岁就在开封创办《晨星》半月刊；1935年创办《伊斯兰》半月刊、《大河杂志》和《新儿童》半月刊；1938年，在桂林主编《月华》；1939年在云南大学主持《云南清真铎报》和《益世报》的《边疆》半月刊；40年代主编《文讯》，协助顾颉刚搞出版；50年代，在《光明日报》创办了《历史教学》半月刊，参加过《人民日报》史学版的编辑工作；60年代，创办《史学史研究资料》。《史学史研究资料》在“文化大革命”中停刊，1979年恢复，1981年改为《史学史研究》，公开出版发行，成为在国内乃至国际上唯一的史学史专业刊物。长期的办刊经历，使他积累了丰富的编纂经验，在组稿、改稿方面养成有条不紊、认真仔细的工作作风。这些都为他从事大型的学术组织工作打下了基础。他主编的多卷本《中国通史》，参加撰写的有几百人，总字数达1400万，这么多人参加的如此庞大的通史撰述，在中国史学史上是不多见的。它既是盛大的学术事业，又是一件复杂的学术组织工作。总主编没有很强的协调组织能力，完成这项工作是难以想象的。一位在白先生领导下的青年人说：“编写卷帙如此浩繁的通史著作，可以说它既是一件学术工作，也可说是一件社会工作。这除了要协调全体核心编写人员的编写意见外，还要取得各级领导和各方面的专家的支持，要通过宣传赢得国内外舆论的支持，更要处理包括财务问题在内的各种琐碎的事务性工作。而在这诸多方面，先生都表现出卓越的组织才能，其考虑问题的全面、缜密，常常令我们这些年轻人吃惊。”①白先生还常以自己既当过编辑，又当过教师为例告诉青年人，仅仅埋头于学术中是不够的，其他学术工作也应干一些，要学会在各种工作中学习，这对于社会对于个人都是有益的。白先生在学术组织方面的卓越能力和在编纂方面的丰富经验，也是他从事大通史的重要条件。

白寿彝先生从来不做挂名主编。编纂这部中国通史，更是如此。他对《中国通史》，总是事必躬亲，从通史的组织工作一直到撰写每一卷的题记，对该书的审稿、改稿、通稿、定稿以及选图、编目等工作，他都亲自去做。特别是在他目力不济、不能亲自握笔的情况下，他让助手一字一句地读给他听，然后提出修改意见，反复琢磨和润色。可以说，这个大部头通史的每一段文字，都留下了白先生的思考。何兹全先生称赞说：“白先生工作认真负责，当《中国通史》的总主编是真正的，不是挂名的，每个字都要看，就像司马光主编《资治通鉴》。”②他惊人的记忆力和清晰、敏捷的思路，令每一位见过他的人钦佩不已。

我们说他是名副其实的总主编，还不仅于此，更重要的是他为编纂这部通史作了充分的准备，解决了有关通史编纂的基本理论问题，真正起到了中国通史编纂的主导作用。

第一，主持完成了大通史编纂的先期工作。

现在看来，白先生在80年代初所完成的几项工作，与大通史的编纂都是有密切联系的，是为大通史而做的准备。一是《中国通史纲要》。该书1977年10月开始草拟大纲，经过近三年的时间完成，于1980年11月由上海人民出版社出版，30万字，文字简明通俗，论述精练。白寿彝先生关于中国通史的基本观点，都在这部小通史中表达出来。在该书《题记》中，白先生说：“我们在努力学习运用马克思主义基本理论的基础上，探索中国历史发展的进程及特点。”这是本书的旨趣所在，是作者撰写中国通史追求的目标。重视“通”，在“通”上下工夫，是这本书的显著特点。政治、经济、文化的相互关系，一个社会的内部结构及相互关系，前后历史时期的

① 吴怀祺：《记白寿彝先生学术思想座谈会》，载《史学史研究》，1989(1)。
② 许殿才：《七十年心血铸就的丰碑》，载《史学史研究》，. 1999(3)。

发展变化，各个历史时期在整个中国历史中的地位等，都得到清晰的说明。这部著作出版后，很受欢迎，多次重印，总印数近百万册，并翻译成英、德、法、日、西班牙等多国文字。《中国通史纲要》可以说是多卷本《中国通史》的压缩本，犹如这部大通史的提纲，是反映白寿彝先生的历史理论的一部著作。二是《史学概论》。此书 1983 年由宁夏人民出版社出版。基本章节都是根据白先生发表的论文改写而成，如历史观、历史文献、史书的编著、史书的体例、历史文学等。该书揭示了中国传统史学的不同史书体裁的相互补充；论述了内容和形式的关系，认为编著史书，不可不讲体例，又不可拘泥于体例，要根据所撰史事的实际情况和作者表达编著意图的需要，采用一定的体例而又要对体例做比较灵活的运用。这书虽是作为大学教材而编写的，但却是最能反映白寿彝先生的史学理论的一本书。三是《中国通史》导论卷。导论卷也就是《中国通史》的第一卷，即是说，它是这部多卷本《中国通史》的一个组成部分。但导论卷最先出版，并且与以后各卷的出版相隔数年之久。导论卷对各分卷的写作实际上起到了指导性的作用。导论卷是在上述二书的基础上对中国通史有关问题的集中论述。既包括历史理论，又包括史学理论，是迄今为止对中国历史进行理论探讨的最为系统的一本书。这本书出版于 1989 年，但其中的许多内容在 1981 年或者更早的时间就已经酝酿了。1981 年 6 月，《史学史研究》发表了该书的提纲，提出了中国历史的 12 个方面，346 个问题，涉及面非常广泛，包括历史年代；地理环境；社会生产方式、阶级关系；国家；城乡、市镇、会社；国家、法、军队；社会意识形态；人民群众和个人；中国和世界；史学遗产和批判继承；历史时代的划分。这些问题，都是编纂通史涉及的理论问题。导论卷是在这个基础上进一步提炼而成的。导论卷的出版，标志着白先生在通史准备方面的基本完成。

第二，创制了中国通史的新的编纂体例。

多卷本《中国通史》采用的是"新综合体"，即除导论卷和远古时代卷(第二卷)外，其余各卷均由序说、综述、典志、传记四部分组成，它借鉴了传统史书的体裁又高于过去的体裁，是吸收了传统纪传体史书和近代章节体史书之长而创制的一种新体裁，所以称它为"新综合体"。白先生研究中国史学史，把历史编纂学作为一项重要的内容。他在史学史研究上的深厚造诣，是他创制新的史书体裁的基础。早在 20 世纪 40 年代，白先生就对中国历史体裁的演变作过探讨，提出要用立体的写法来反映中国历史的设想。在总结了中国史书体裁的发展演变之后，他说："以前，人与社会的关系不很显著，所以平面的甚而至于是点线的写法已可以使人满意。现在，人与社会的关系日见复杂，非用立体的写法不能适应大家的要求"。并说"要以人民为重要的内容，并且能供给大多数人民阅读为最大的目的，以后的史书形式必须是能适合这种内容这种目的的体裁才是最好的体裁"。① 这说明，早在40年代，白先生就在考虑史书体裁的创新问题了。1961年，他发表长篇论文《谈史学遗产》，指出："历史编纂学的遗产，也是同样丰富的。单就历史书的体裁来说，就很多。""我们研究史书体裁，跟著录家不同，不能专从分类上着眼，更应该看到一种体裁的发展。……研究史书体裁方面的遗产，批判地继承，对于我们写史书，在著作形式上的百花齐放，是有好处的"。② 80年代初，他再次谈史学遗产时，专门谈了史书的编纂和历史文学等问题，明确地提出要用综合性的体裁撰写大通史。说："历史现象是复杂的，单一的体裁如果用于表达复杂的历史进程，显然是不够的"。"近些年，也许可以说近几百年，我们这个传统没有得到很好的发扬，因而我们的历史著作，在很大程度上不能表达更为广泛的社会现象"。"今天我们要采用综合的体裁来写历史，不止是要吸收古代历史家的长处，还应该超过他们"。③"这种新的综合体的好处，现在可以看得出来的是便于容纳更多的历史内容，可能更进一步地反映历史发展的面貌。"④白先生创立的新综合体也是经过了不断的完善才最终确立的。如第三部分"典志"，1983年白先生谈论通史体裁时称之为"别录"，说"凡综述中不便论述的，都以专题形式写入别录。这个名称是借用刘向的旧名……先用这个名称，以后如有更合适的称法，可以再改。"⑤四部分既各有分工，又相互协调，构成相辅相成的一个整体。第一部分是序说，内容包含基本史料的阐述，论述已有研究的成果和本卷的编写大意。为读者提供从研究

① 《白寿彝史学论集》下，658页。

② 《白寿彝史学论集》上，475～477页。

③ 白寿彝：《谈史书的编撰——谈史学遗产答客问之三》，载《史学史研究》，1981(3)。

④ 白寿彝：《中国史学史》第一册，27页。

⑤ 《白寿彝史学论集》上，580页。

资料到研究状况的信息，为进一步研究提供基础。第二部分是综述，阐述这一个历史时期的总的发展形势，其中包括政治、经济、军事、民族、文化和中外关系，描绘该历史阶段的发展概况，是各卷的主干。第三部分是典志，分篇论述生产力和生产关系的状况以及政治制度、军事制度、法律、风俗等。是深入社会内部，对社会结构进行动态的剖析。第四部分是传记，包括个人传记，学派传记，艺术家、宗教家传记等。专门反映人的活动，揭示历史的丰富性和生动性。这样的体例，大体上采取了纪传体的办法，而性质上有很大区别。综述作为全卷的纲领，是取法旧史之本纪的，它要求能综揽历史发展的总过程及其规律，这跟旧史的本纪显然有本质上的区别。典志是取法于旧史之书志的。综述与典志的关系，是要求前者能阐述历史发展之阶段性的全貌，而后者则是对这一历史发展过程中若干侧面的剖视。传记部分，篇幅特多，这也是旧史的传统。上述通史中的三个部分，在形式上汲取固有体例而加以改造，在内容上则与旧史大异。[①]至于序说部分，这是借鉴于《吕氏春秋·序意》《淮南子·序略》、司马迁和班固的自叙传、陆德明的《经典释文·序录》和宋元人经解的序说、明清人撰述的凡例以及西方人近代论著中之成规，加以发展而成。这一部分的用处，在于为读者提供方便，使其对于本卷的了解和作进一步的研究，都能有些帮助。

白先生创制的新综合体裁，吸收总结了传统史书体裁的有益因素，又高于传统史书体裁，既重视论述历史的全貌和历史发展的规律性，又重视描绘历史人物的活动，多层次、立体地展示历史的运动过程，在揭示历史的规律性和历史内容的丰富性方面达到了高度的统一。新综合体是这部中国通史的重要成就之一。

第三，解决了有关中国通史的基本问题。

一是疆域问题。疆域就是历史活动的舞台。那么这个舞台是怎样的呢？这是通史编纂必须解决的问题。实际上这并不是一个简单的问题。史学界对之有不同的观点。白先生在几篇文章中论述了这一问题。早在1951年，白先生就发表论文《论历史上祖国国土问题的处理》，指出对于疆域的处理，有两个办法。一个是以历代皇朝的疆域为历代国土的范围，因皇权

① 白寿彝：《中国史学史》第一册，26～27页。

统治范围的不同而历代国土有所变更或伸缩；又一个是以今天的中华人民共和国的国土为范围，由此上溯，研求自有历史以来，在这土地上先民的活动。他认为第一个办法受传统的历史观点的支配，并容易引导历史工作陷入大汉族主义的偏向。认为第二种办法即用中华人民共和国的国土范围来处理历史上的国土问题，才是正确的办法。[①]《关于中国封建社会的几个问题》对这个问题的探讨更加周全了，说这个问题不仅是一个科学的问题，还是一个政治上的问题，应该包含四个方面的内容：第一，在中国历史发展的过程中，中国的疆域是怎么发展下来的；第二，随着历史的发展，过去历史上出现的现象会取得新的、不完全局限于当时情况的意义，还要看后来的发展；第三，在谈这个问题的时候，要理解兄弟民族的思想感情；第四，要注意到对外活动的必要性。以这四个方面来考虑，他仍然认为，讲中国历史，要以中华人民共和国的疆域为基础。[②] 在《中国通史》导论卷中，对这一问题又作了进一步的论断。

二是时间断限和历史分期问题。白先生曾著文《中国历史的年代：一百七十万年和三千六百年》，一百七十万年，是指在中国所发现的最早的远谋猿人距离今天的年代。三千六百年，是现在所知有文献记载的历史逐步展开的年代。这两个年代在中国历史上具有特别的意义。商朝是第一个可考的朝代。在这篇文章及此前发表的《关于中国封建社会的几个问题》中，白先生对中国封建社会的分期进行了说明。他把中国封建社会分为四个阶段，并对每一阶段的特点作了论述。第一阶段是战国、秦汉时期，是中国由奴隶制向封建制过渡、封建制最终在全国取得支配地位的时期；第二阶段是三国两晋南北朝隋唐时期，是中国封建社会的发展时期；第三阶段是五代辽宋西夏金元时期，是中国封建社会的进一步发展时期；第四阶段是明清时期，是中国封建社会的衰老时期。白先生对历史阶段的划分，不是根据单一的标准，而是考虑到综合的因素，如统治集团的阶级结构，农民对地主阶级的依附程度，土地制度和赋税制度的变化，阶级斗争的口号和形式，少数民族封建化程度，中外关系等。因此，避免了社会历史分期的片面性，提出以后得到史学界大多数人的赞同。

---

① 白寿彝：《民族宗教论集》，26～27页，石家庄，河北教育出版社，2001。

② 《白寿彝史学论集》上，3～6页。

三是民族问题。历史是由人创造的。中国是一个多民族的国家，中国历史是由生活在中国境内的各个民族共同创造的。所以，民族问题实际上是一个历史主体的问题。白先生主张把中国历史写成多民族的历史。他对民族问题素有研究，发表了许多有创见的观点，对通史的撰述起到了指导的作用。他认为，在多民族的历史进程中，汉族是主体民族。多民族国家的形成经过了一个漫长的过程。我们的祖国，曾经出现过各种形式的多民族的统一，也曾经有过多次的分裂。我们经历过的统一，有单一民族内部的统一、多民族内部的统一和多民族的统一。后者包含区域性的多民族的统一和社会主义的全国性的多民族的统一。对历史上的民族斗争的认识，他的观点全面辩证，富有说服力，解决了长期以来在此问题上的聚讼纷纭。他说，历史上的民族友好和斗争都不是绝对的。有的时候，斗争是手段，友好是目的。有的时候，友好是手段，斗争是目的。有时，在个别事件、个别地区有争吵，但不一定就破坏民族间的友好。在中国历史的长河中，民族关系是曲折的。但总的说来，友好关系越来越发展。白先生关于民族问题的观点，对于把中国通史真正写成多民族的通史具有决定性的意义。

此外，关于中外关系的论述，关于中国历史多种生产关系并存的特点，地理环境与历史发展的关系，生产关系和阶级关系，国家和法，社会意识形态等，他的认识都很深刻，对各分卷的撰写具有纲领性的指导意义。

皇皇多卷本《中国通史》，虽是集体智慧的结晶，却凝聚了白先生20年的心血，更是他一生史学研究成果的体现。晚年他把宝贵的精力主要用在了这部《中国通史》上。他是这部著作名副其实的总主编。

三、20世纪中国历史学的压轴之作

中国历史学会前会长戴逸先生称赞这部著作是“一部空前的巨著，是20世纪中国史学界的压轴之作”。[①] 我们认为这并非过誉之词。从20世纪中国史学的发展史来看，确是如此。

① 许殿才：《七十年心血铸就的丰碑》，载《史学史研究》，1999(3)。

第一，它是20世纪所编写的所有中国通史中最全面、最详尽、最系统的一部。20世纪关于中国通史的著作，包括大学教材有上百部。无论从广度、深度、时间跨度，此前的著作都无法与这部通史相比。在20世纪初至辛亥革命的新史学时期，也出版了几部历史教材，是用进化论观点作指导撰写的，要么不完整，要么根据日本人的著作改写而成，进化论的运用尚不成熟，不足为论。自此以后到1949年中华人民共和国成立，所出版的中国通史著作，大都属于教材纲要之类。著名的有吕思勉的《白话中国史》《(吕著)中国通史》，陈恭禄的《中国史》，缪凤林的《中国通史纲要》，张荫麟的《中国史纲》，钱穆的《国史大纲》，邓之诚的《中华二千年史》等。以马克思主义作指导的通史著作有范文澜的《中国通史简编》，翦伯赞的《中国史纲》等。这些著作各有成就和特点。但也存在这样那样的问题，如有的只是中国通史的一部分，有的在观点运用上不够正确；由于篇幅的限制和个人研究领域的局限，在详尽方面总有这样那样的不足。1949年以后，通史著作以教材居多，其中以翦伯赞主编的《中国史纲要》影响最大。范文澜的《中国通史简编》又出版了前几卷的修订本。郭沫若主编了《中国史稿》。它们都是章节体。以唯物史观为指导，对社会中的政治、经济、文化等社会要素进行论述，力求揭示和阐述历史发展的规律性，是这几部书的优点；但历史人物的活动没有得到应有的重视，没有展示出历史的丰富性，则是它们的不足。多卷本《中国通史》以马克思主义历史理论为指导，总结了史书编纂的经验教训，克服了这些不足，在揭示规律和展示历史的丰富性方面做到了良好的结合。毫无疑问，它是20世纪的中国通史著作中最为详尽的一部。

第二，该著具有总结性、汇集学术精华之特点。本书以一卷九章近30万字的篇幅作为导论，这在通史编纂中是没有先例的。它是全书的理论。关于导论卷的理论成就，已有许多文章进行了专门的论述，此不赘论。除了《远古时代》卷，以后每一卷中又有序说。导论、序说，是对过去特别是一个世纪以来中国历史学成果的概括和总结，使新的研究成果建立在已有成果的基础之上，反映出20世纪末中国历史研究的新水平。导论和序说的对应，使全书的体例愈加严整。

第三，该著的完成和出版实现了一个世纪以来中国史学家的愿望。以新综合体编纂大型的中国通史是一个世纪中国史学家的心愿。20世纪初，梁启超曾对中国传统史学进行了猛烈的批判，说中国传统史学有四弊、二病，把纪传体二十四史说成是二十四姓之家谱，是“空前绝后之一大相斫书”。① 但至20年代，他对传统史学的态度有所改变，他也主张借鉴中国纪传体史书包容量大的特点来编写中国通史。他说“纪传体的体裁，合各部在一起，记载平均，包罗万象，表以收复杂事项，志以述制度风俗，本纪以记大事，列传以传人事，伸缩自如，实在可供我们的研究。我们不能因近人不看表志，也骂纪传体专替古人做墓志铭，专替古人做家谱。”②实际上，编纂大型的新的中国通史一直是梁启超的治史追求，从1901年发表《中国史叙论》、1902年发表《新史学》到1926年讲《中国历史研究法补编》，梁氏论述的核心问题都是中国通史的编纂问题。他拟有《中国通史目录》，著有《太古及三代载记》《纪夏殷王业》《春秋载记》《战国载记》等，表明梁氏自觉地将自己的计划付诸实施。章太炎也有运用综合性体裁编纂通史的设想，1900年，他著《訄书》，其中第五十九《哀清史》附有《中国通史略例》，提出要编修一部不同于旧史的新型中国通史。梁启超和章太炎还就中国通史的编纂往返通信多次，进行讨论。他们倾向运用综合性的体裁来撰著新通史。由于各方面的限制，他们的设想最终没有实现。20世纪三十年代，何炳松亦计划编一部大型中国通史，预定请国内若干历史学者通力合作。全书分作二百多章，每章自成一书，可惜只出版了三四十本即遇到“一·二八”事变，商务印书馆遭轰炸，计划中止。白先生设计的新综合体，是对前人工作的继承和发展，实现了一个世纪学人编纂大型中国通史的愿望。

第四，对唯物史观的运用更加成熟。唯物史观是科学的历史观。在马克思主义的指导下，研究中国历史的特点，揭示和阐述中国历史的发展规律，是这部中国通史的目标。在运用唯物史观的问题上，中国马克思主义史学曾经走过许多弯路，出现过教条主义的失误。但失误也带来了有益的经验和教训，极大地促进了马克思主义理论水平的提高。白寿彝先生非常重视理论，重视唯物史观的学习和运用，理论修养很高。他早年从黄子通先生学习中国哲学。新中国成立后，与侯外庐一起共事，彼此学术交往密

① 梁启超：《饮冰室合集》文集之九，3页。

② 梁启超：《饮冰室合集》专集之九十九，157页，北京，中华书局，1989。

切，在学术观点、学术器识及治学旨趣等方面有许多相同或相近之处。白先生在这部中国通史中，创造性地运用唯物史观，对重大历史问题的分析和探讨都贯穿着辩证法的思想，在理论的指导和运用上，已经成熟。可以说，多卷本《中国通史》是中国史学界运用唯物史观探讨和编纂中国通史所达到的新水平的一个标志。

第五，该著是总主编的独断之学和众家修史完美结合的结晶。撰修大型的中国通史，靠一人之力是难以完成的，需要众人合作方能致力。梁启超晚年对这一点深有感触。他说："今日所需之史，当分为专门史与普遍史之两途"。① 并论述了专门史和普遍史的关系："专门史多数成立，则普遍史较易致力。"②"作通史本不是一件容易的事情。专史没有做好，通史更做不好；若是各人各做专史的一部分，大家合起来，便成一部顶好的通史了。"③梁氏这里所说的普遍史与通史是一回事。也就是说，通史需要专史做基础，编通史必须有专门史家的通力合作。他号召清华国学研究院的学生分头研治专史，以将来集体编著中国通史。另一方面，他又指出编著通史需要"通识"："作普遍史者须别具一种通识，超出各专门事项之外而贯穴乎其间"。④ 梁氏所论，实是对通史编撰经验和教训的深刻总结。梁氏当年由于不具备这些条件，加之去世过早，所以他的通史没有完成。白先生总主编的这套中国通史之所以能够完成，是因为通史编纂所需的这两个要件都已具备，那就是白先生的"通识"和全国众多的专门史家。从这个意义上讲，这部中国通史，既是白先生个人学术上最高追求的实现，也是20世纪末中国的中国历史研究之整体水平的大检阅。

自然，这部通史在个别具体问题的论述或表述上，也有不足甚至错误之处，这是难以避免的。但就它的整体成就而言，说它是20世纪中国史学的压轴之作，则是当之无愧的。

白寿彝先生竭一生之智慧，网罗众家，终于圆满地完成了世纪巨著——《中国通史》，使他的学术事业达至其辉煌的顶点。

---

① 梁启超：《饮冰室合集》专集之七十三，35页。

② 同上书，35页。

③ 梁启超：《饮冰室合集》专集之九十九，1页。

④ 梁启超：《饮冰室合集》专集之七十三，35页。

此后，白先生将精力转移到《中国史学史教本》和多卷本《中国史学史》上。在医院里，他又完成了《中国史学史教本》的定稿工作，该教本由北京师范大学出版社 2000 年出版，成为他生前编著的最后一本书。他是一位不知疲倦、不知“老之将至”的老人，直到生命的最后时刻，他还不忘学术工作。他不仅留下了大量精湛的学术成果，还留下了生命不息、奋斗不止的治史精神。

附录1：朱希祖与金毓黻[①]

朱希祖(1879—1944)，字逖先，浙江海盐人；金毓黻(1887—1962)，字静庵，辽宁辽阳人。他们都是20世纪前半期中国史学界的重要史学家，治学领域宽广，成就卓著，特别是对中国史学史学科的奠基和发展，均做出了突出的贡献。二人既有师生之谊，又是多年同事。他们的学术交往和个人情谊，一定意义上折射出20世纪前期的学术史内容。

一、从北大师生到中央大学同事

朱希祖是章太炎的弟子，1905年夏至日本早稻田大学留学，1909年卒业回国。在这期间，他与钱玄同、钱家治、周树人、周作人、许寿裳等人共同受业于在日本办《民报》的章太炎，从其学习《说文》、音韵及史学等。1913年，朱希祖到北京大学任职，被聘为文科教授。史学系成立后，他继康宝忠，于1919年12月担任了北京大学史学系第二任系主任。除1927年8月至1929年2月，因不满奉系军阀改组北京大学而改就清华大学等校教授外，他在这个职位上一直干到1931年初。他与陈独秀同庚，都属兔，比胡适、刘半农、刘文典大一轮，当时他们一起被戏称为北大的"五只兔子"。他连续多年被选为北京大学评议员，在北京大学可谓是有名望的教授。

金毓黻1913年考入北京大学中国文学门(简称国学门)，比范文澜早一届。在北大期间，朱希祖给他上过"中国文学史"两年。在他的《静晤室日记》中，他多次提到朱希祖的中国文学史讲义。如1924年3月12日的日记中写道："《小说月报》十五卷一号载有中国文学重要书目一篇，谓文学史之作以朱希祖辑本为最简括，曾毅辑者亦佳。朱书为余在北京大学肄业课本，叙述简括有法矣，惟仅成总论及各期分论，至各代文人列传尚未成

① 本文引用的朱希祖日记和书信，均未出版或发表，系朱希祖之孙朱元曙先生和朱元春教授提供，特此致谢。

书，读者仍以未窥全貌为憾。”[①]1944 年 7 月 5 日朱希祖在重庆逝世，金毓黻从报上得到消息，在日记中记下自己在北大从朱希祖受业的情况，说“民国三年，章先生被袁项城囚于北京，门弟子在侧者仅有吴承仕检斋先生，亦尝侍侧问业。当是时，先生(指朱希祖)膺北京大学聘授中国文学史，撰《总论》二十首，每一首成，必以呈章先生，盖不经章先生点定，则不即付油印。犹记先生授文学史二年，而讲义不及百翻，盖以送章先生鉴定，往返迟滞之故。然此《总论》二十首，实多精言名论，后来诸家所不及也。余于是时肄业北大，从先生受文学史二年，业成别去”。[②] 后又专程向朱氏子女发了唁函，表达哀思之情。

金毓黻从北京大学毕业后，踏入仕途，先后任职奉天省议会秘书、黑龙江教育厅科长、吉林省财政厅总务科长、东北政务委员会机要处主任秘书、辽宁省政府委员兼教育厅厅长。“九一八”事变后，他被逮捕，拘押三个多月，后经人斡旋得以释放，被迫出任伪省图书馆副馆长，直到 1936 年，他以考察文物为名到了日本，从日本才获得逃脱的机会，回到上海。在从政期间，金毓黻没有忘情学术，他收集东北文献，研究辽、金、元史和东北地方史，成为该领域的专家，在学术界有了一定的名气。朱希祖 1931 年初离开北京大学，1932 年秋南下广州，任中山大学史学系教授兼文史学研究所主任。1934 年春又至南京受聘为中央大学史学系主任。从日本归来的金毓黻辗转到了南京，拜访师友故旧，希望找到一份工作，最后在朱希祖任主任的中央大学史学系获得教职，先为讲师，开“东北史”，后为教授，开设中国史学史等。这样，他们又成了同事。

在中央大学史学系，朱希祖最倚重的是金毓黻。金毓黻在北京大学读书时与黄侃过从亦密，曾作诗：“廿八逢大师，蕲春来黄叔；授我治学法，苍籀许郑优。”黄侃也是章太炎的弟子。1936 年，金氏被苏州章氏国学讲习会聘请作讲师，与朱希祖一道去苏州讲学。这跟他与章门弟子的师承关系是分不开的。1936 年 11 月 29 日，他们在章宅一起吃饭时还倡议成立同门会，一致推章太炎夫人汤国梨为召集人[③]。可见，朱希祖把金毓黻引作章门之人。

中央大学名师云集，学人、政派纠葛也颇复杂。一个学者要在中央大

---

① 《静晤室日记》第 2 册，1061 页，沈阳，辽沈书社，1993。

② 《静晤室日记》第 7 册，5599 页，沈阳，辽沈书社，1993。

③ 朱希祖 1936 年 11 月 29 日日记。

学保住自己的职位，除了学问，人际关系也是很重要的。那时中央大学校长是罗家伦。罗家伦出身北大，属于朱希祖的学生辈。1929年1月，朱氏在清华大学史学系任教授时，罗家伦作为清华大学的校长，与朱希祖等人组织北平六校师生成立中国史学会，朱希祖被推为主席主持了这次成立会，后又当选为中国史学会主席及征审部主任。① 1934年朱希祖从中山大学到中央大学任职，也是时为中央大学校长的罗家伦邀请来的。② 应该说，这时朱希祖与罗家伦的个人关系还是不错的。但事情往往是此一时，彼一时。朱氏女婿罗香林是清华大学史学系的高才生，在学生时代，就负责《清华周刊》的编辑工作，出版《粤东之风》，在客家研究、隋唐史研究方面已崭露头角。但到中央大学任教的愿望却不能实现，主要是因为与罗家伦的关系不甚融洽，朱希祖在1937年1月7日给女儿朱倓的信中提到这一点："因罗志希对香林感情不甚好，不肯扶掖，去年香林未走时，彼请姚薇元担任补习班历史，而不肯以此项教课加于香林，留住不必赴广东。"抗战兴起，中央大学迁到重庆，朱希祖与罗家伦的关系似乎有些疏离。朱希祖1939年8月5日在致罗香林的信中写道："中央大学方面现在仍未摆脱当局者，好植党而排异己，多疑忌而鲜诚意，权则集中于己，责则全归于人，故主任一职不但有名无实，而且有过无功，然彼所以仍聘余为主任者，以系中虽有金、郭(彼私人)、张、姚、周(清华系)为之羽翼，然资望学皆未深。而沈、缪二君实为异己，沈则不管闲事，彼尚可容；缪则外有军人势力为之后盾，彼亦不敢排斥。余与彼虽略有关系，然郭、张、周颇多谗言取媚，故深有疑忌之心。今年姚公书要求改讲师加薪水而不得，怒而他就，有人谗为余排斥姚，而欲进君；周之来也，亦深疑余排斥彼而欲进君，此等事当局者颇深信之，而对余竟于语之间显露谴责之意，然所以不解除余职者，以系内尚无适当之人继任主任而可以压服沈、缪者，故此次聘书虽仍聘余为主任及教授，然心中实刺谬不然。"信中的"当局者"或"彼"，指罗家伦；"金"，指金毓黻；"郭"，指郭量宇；"张"，指张贵永；"姚"，指姚薇元；"周"，指周培智；"沈"指沈刚伯；"缪"，指缪凤林。朱希祖此时的心情是复杂的。他既对过去的门生现为校长的罗家伦对自己的

① 《朱希祖日记》1929年1月13日及1月20日日记，国家图书馆藏。

② 朱偰：《先君逖先先生年谱》，见《文史大家朱希祖》，170页，上海，学林出版社，2002。

疑忌不满，但又不能得罪他；他对系主任一职有些厌倦了，信中提到“不愿再作冯妇”，“今枉道事人，到处仰人鼻息，不如暂仍旧贯，徐图退出，为独立自营之生活以乐余年，决不再俯仰随人矣”。他想慢慢退出中央大学的是非旋涡，为此，他向学校推荐了金毓黻，建议让金毓黻暂行代理系主任，自己请假一年专任教授，得到学校的同意。朱希祖的这个决定是经过深思熟虑的，他之所以推荐金毓黻暂行自己的职务，一是金氏曾当过安徽省政府秘书长，中央大学一向重视有官僚资历的人，罗家伦与金氏关系也不错；二是朱希祖对金毓黻比较信任，他在这个信中提到“金为余北大旧学生，其人尚可亲，为学亦颇忠实”。从朱希祖的日记、书信（均未刊）和金毓黻《静晤室日记》中看出，他们在这一时期交往颇频繁，常在一起吃饭，讨论学术，相互赠阅资料和文章。

中央大学在重庆时，教师住得都很分散，有的离校区还很远。金毓黻在校区有宿舍，朱希祖在其重庆日记中，经常提到他在金的宿舍借宿。1940年金毓黻在重庆石门村的寓所被炸，财产损失惨重，金氏第三子金长明就到朱希祖在考选委员会的宿舍借住。这些虽都是生活细事，却能反映两人关系的密切。1940年，朱希祖被刚成立的国史馆筹备委员会聘为秘书长，后改成总干事，实际负责国史馆筹建工作。于是他完全辞去中央大学的工作，将主任一职正式交于金毓黻。在国史馆筹备过程中，朱希祖聘金毓黻做国史馆的顾问，共同商讨国史馆的机制和运作方式，直至1943年秋，金毓黻到三台的东北大学任教，他们的交往才有所减少。

二、中国史学史学科的两位开拓者

从事中国史学史学科的人都知道，金毓黻1944年出版的《中国史学史》是新中国成立前最有影响的史学史之作，曾被国民政府的教材委员会定为大学教材。它是中国史学史学科初步建立的重要标志，金毓黻在中国史学史学科中的地位由此奠定。① 其实最早在高校开设中国史学史课程的是朱希祖。1919年至1920年，朱希祖开始在北京大学史学系为学生讲授“中国

① 周文玫：《中国史学史学科初步形成的重要标志——重读金毓黻先生〈中国史学史〉》，载《烟台师院学报》，2003(3)。

史学概论”，并编印了讲义。该讲义由三部分组成：一是“中国史学之起源”，二是“中国史学之派别”，三是“历史哲学”。以后在其他大学讲授时，就删去了第三部分。从这个讲义的内容看，它具有史学史的性质。但遗憾的是朱希祖当时没有明确提出“中国史学史”的课程名称。据考察，最早明确从学科的意义上提出“中国史学史”的是梁启超。1926年至1927年，梁启超在清华研究院讲授“中国历史研究法(补编)”，里面有一目“史学史的做法”，指出撰写中国史学史的必要性以及撰写的基本框架，从而奠定了这个学科的理论基础。所以一般认为梁启超是中国史学史学科的奠基人。这个论断大致说来是不错的，但是除了梁启超，朱希祖的奠基之功也是不可忽视的，理由有三：一是朱希祖的《中国史学概论》讲义，是最早的中国史学史讲义，虽然没有标明“中国史学史”；二是他担任北京大学史学系主任时，明确把史学史及史学原理规定为史学系六类课程中的一类①；三是他1928至1929年度的第一个学期在清华大学史学系给学生讲的课程名称是“中国史学史”。朱希祖1929年1月29日的日记中有：“下午至清华大学，考试‘中国史学史’，五时下堂休息”。② 这一点是我们过去考察中国史学史的学科史时没有注意到的。

金毓黻在写作其《中国史学史》时，参考了梁启超的意见，如他在《导言》中所说：“本编内容略如梁氏所示四目”。白寿彝先生后来评论该书，说：“金毓黻的书，是在梁启超设计的蓝图上写出来的。”③其实，金毓黻走上研究中国史学史之路，与朱希祖有很大关系。金毓黻在东北从政时期曾认真研读过朱希祖的《中国史学概论》讲义。《静晤室日记》1923年12月25日云：“阅朱逖先《史学概论》，其史书分类法录之如左：……上表所列每类皆有综合、单一两目，分析至为精密，执此以绳史籍，罔有或外者矣。”④除了赞扬，日记中还有对该讲义的批评，如在第二天金氏又写道：“细言朱氏之作，颇多武断之处，亦多抵牾之处。”⑤金毓黻讲授中国史学史，是在中央大学史学系，“中国史学史”课的设置，与朱希祖有关，因为

① 傅振伦：《蒲梢沧桑——九十忆往》，53页。

② 该日记现藏国家图书馆善本部。

③ 白寿彝：《评金毓黻著〈中国史学史〉》，载《文讯月刊》，第7卷第1期，1947。

④ 《静晤室日记》第2册，998页。

⑤ 同上书，1000页。

朱氏是系主任。而金氏的这部著作正是发源于此："本书创稿于 1938 年，系大学授课讲义"。[1] 金氏在写作该书时，对朱氏的《中国史学概论》也多有参考，数次引用朱氏观点，特别是《结论》部分，将史学分为两大派：记述派和推理派，与朱氏在其《中国史学概论》论述的"中国史学之派别"如出一辙。金毓黻在写作《中国史学史》时，曾致书朱氏："近见吾师所著濮族考，可谓名世之文，前人未经道过。尝谓吾师之史学，可在国内自树一帜，发前人所未发者甚多，而世人多不之省何也？近撰史学史，引用师说甚多，即缘此故"。[2] 金著《中国史学史》内有史官制度的内容，在朱希祖的 1938 年 6 月 3 日的日记中有"午后，与金静庵谈我国古代史官源流"。可见，金氏在撰写期间，曾就有关问题与朱希祖进行过探讨。

金氏的《中国史学史》以其内容丰富、文献功力扎实得到史学界的好评，多年以来，一直是大学历史学系的学生学习中国史学史的基本参考书。如果说朱希祖的《中国史学概论》[3]是最早的中国史学史讲义的话，金毓黻的《中国史学史》则可称为 20 世纪前半期中国史学史的集大成之作。二书都对中国史学史学科的产生和发展作出了贡献。

三、文献搜求与师生情谊

朱希祖和金毓黻都喜欢藏书，对于珍贵文献的搜集都有极大的兴趣。他们关注的范围，不仅包含历代史部书籍，而且大量的是子部书和集部书。两人渊博的学识与他们的这一共同爱好是很有关系的。

朱希祖完全算得上是一个藏书家，台湾人苏精著有《近代藏书三十家》，就专门写了朱希祖，说他是"一个读书的藏书家，与其他欣赏的、校雠的藏书家不同"。他精于版本目录之学，对有价值的善本、稿本、抄本书，从不吝金购买。朱氏在北京时曾留有长须，友人及藏书界的人称他"朱胡子"。也是著名藏书家的伦明（字哲如）在《辛亥以来藏书纪事诗》中

① 金毓黻：《中国史学史·重版说明》，北京，商务印书馆，1957。

② 《静晤室日记》第 6 册，4445 页，沈阳，辽沈书社，1993。

③ 该讲义 1943 年在重庆由独立出版社出版，改名《中国史学通论》。此前有辅仁大学铅印本，现藏于国家图书馆，笔者编校《朱希祖文存》（上海古籍出版社 2006 年版）时曾参阅过。

云："书坊谁不颂朱胡，佚简孤编出毁余。勿吝千金名马至，从知求士例求书。"并作一说明："海盐朱逖先希祖，购书力最豪……君所得以乙部居多，尤详于南明，兼及万历以后诸家奏议文集，遇古本及名人稿本，亦未尝不收也"。[1] 他的藏书最盛时，达25万册，百余万卷。其中像《山书》、《鸭江行部志》、宋版《周礼》、明抄宋本《水经注》等，都是海内孤本。[2] 金毓黻对涉及东北地区的文献之掌握和搜集在国内首屈一指，编有《辽东文献征略》《辽海书征》《东北文献丛书》等。他曾向朱希祖借抄过一些有关东北史的珍本书和抄本书。

1937年八九月份，朱希祖转运藏书时，金毓黻帮了大忙，这令朱希祖非常感念。1937年九月以后，日本侵略者频繁轰炸南京。之前，朱希祖为了藏书的安全，决定把书籍运到安徽休宁，当时兵荒马乱，缺少交通工具，所遇困难，非今日可想见。时为安徽省政府秘书长的金毓黻，积极协调，解了朱氏的燃眉之急。朱希祖在致女儿的信中详细地说到转运的经过，提到金毓黻的作用，充满感激。他说："惟宣城至徽州火车未通，全赖载重汽车俗名卡军运输，此项卡车全归军用，一辆也雇不到，今以安徽省政府之力，代托京赣铁路工程局工程车每日带运六箱至徽州，然工程车无篷，天若阴雨皆不敢运，恐漏湿书籍，故一月以来，仅运去七次四十四箱。"[3]"幸由京赣路局材料车每日代带四五六箱不等，天雨之时必须停顿，故四十余天然后运完。然犹赖安徽省政府秘书长金毓黻之力，始得办到。"[4]安排好藏书，朱希祖入蜀，金毓黻也于这年的十二月辞去安徽省政府秘书长职务，回到中央大学任教授，二人经常见面，善本书、稀世文献是他们经常谈论的内容，从他们的日记看，他们在一起时常常讨论某书藏于某家者之类的话题。白寿彝先生评论金氏《中国史学史》说："作者的博闻强记，在那样书籍贫乏的后方能写出这样材料丰富的东西来，也是值得佩服的。"[5]其实，朱希祖的《中国史学概论》，涉及的书目也极为繁富。知道了朱希祖与金毓黻的交往以及他们共同的藏书爱好，他们著作中涉及文献丰富之特点也就不难理解了。

---

① 载《正风半月刊》第22期，1935年11月。

② 朱元曙：《郦亭藏书的艰辛与悲凉》，载《鲁迅研究月刊》，2005(9)。

③ 1937年9月22日朱希祖致朱倓。

④ 1937年10月5日朱希祖致朱倓。

⑤ 白寿彝：《评金毓黻著〈中国史学史〉》，载《文讯月刊》，第7卷第1期，1947。

附录2：侯外庐与白寿彝的学术交谊及治学特色之比较

侯外庐，山西平遥人，1903年出生，1987年逝世；白寿彝，河南开封人，回族，1909年出生，2000年逝世。他们著述丰富，都是重要的马克思主义史学家，在20世纪后半期的中国史学史上具有崇高地位。二人友谊笃深，在学术上相互影响，治学特色鲜明，甚有研究和比较之价值。

一、二人的学术交谊

侯外庐和白寿彝都出生在比较殷实的家庭中，从小受到良好的私塾教育和新式教育。私塾教育为他们打下了深厚的古典文献基础，他们经书念得很熟，有些经书能够熟练背诵。之后他们又受到新式的中学教育、高等教育。侯外庐1923年投考北京法政大学和北京师范大学，均被录取。于是，他在这两所学校同时就读，在法政大学读法律，在师范大学读历史。大学期间侯外庐受到李大钊的教诲和影响，创办进步刊物《下层》。1926年，他为逃避北洋军阀的逮捕，被迫到法国勤工俭学3年，这也掀开了他人生的新的一页。他立志翻译马克思的《资本论》，并为此付出了十年心血。白寿彝先后在河南中州大学、上海文治大学就读，1929年考取燕京大学国学研究所，师从黄子通读研究生，研究方向为中国哲学史。侯外庐从法国回国后，一面继续翻译《资本论》，一面开始尝试运用唯物史观研究历史，成为中国马克思主义史学的重要开拓者之一。白寿彝从燕京大学毕业后，先是自由职业者，以写作为生；后来进入教育界，先后在云南大学、东吴大学、中央大学任教授，此时他还没有接触马克思主义。1949年以前，他们二人没有见过面，治学道路也不相同。

白寿彝与侯外庐相识是在1949年，但他们“神交已久”。侯外庐在《韧的追求》中写道：“至今在我的记忆中……一九四七年杜老向我介绍当时未曾谋面的白寿彝(时为东吴大学教授)的史学史研究成就的情景，都还历历在目，杜老引来的朋友，都成为与我相知相交，终生不渝的挚友。”[①]白寿彝也说：“在解放前，我读过他的《古代学说思想史》，很感兴趣。”解放初期，侯外庐在北京师范大学历史系任系主任，在楚图南的介绍下，调白寿彝到北京师大历史系任教授，“几乎每日必见”。1950 年，侯外庐调往西安，任西北大学校长。北师大历史系主任一职，几年以后由白寿彝担任。1954 年，侯外庐调回北京，筹建中国科学院历史研究所二所，任副所长（所长由郭沫若兼），白寿彝被聘为二所兼职研究员。白寿彝回忆说：这期间，“差不多每周总有一个上午，外庐同我们几个年纪大一点的人纵谈古今。贺昌群同志、向达同志，都是当时经常在一起漫谈的伙伴。……漫谈大有好处，经常谈出一些有关历史问题的看法来。对于外庐在治学上的器识，同志们都是佩服的。我在五十年代写的关于司马迁、刘知幾、马端临的几篇文章，关于明代官手工业和批评胡适的文章，差不多都是在外庐催促下写出来的”。[②] 从此以后，二人的学术交往更加密切。

侯外庐与白寿彝的友谊既体现在学术上，也表现在生活中。在“左”的学术思潮下，侯外庐 1957 年后就受到冲击，他的封建土地国有制观点遭到批判，康生、陈伯达等定调子，说他的封建土地国有制观点，旨在反对建国初期的土地改革，代表了地主阶级的利益，反映了地主阶级“反攻倒算”的阶级意志。对这个调子，侯外庐极其愤懑，百思不得其解，觉得这纯属捏造，认为这样做离开了学术探讨的轨道，很难说清楚，于是他选择了沉默。就在侯外庐烦闷迫切需要精神支持的时候，白寿彝匆匆赶到侯外庐家，告诉他，史学界的朋友们都认为封建土地国有制观点是学术问题，目的是探讨中国封建土地所有制的秘密，对于个别人的政治帽子可以不必理睬。对于白寿彝的宽慰和支持，侯外庐是心存感念的，他在晚年屡屡向自己的学生提及此事。[③] 侯外庐在“文化大革命”被扣上“三反”分子的大帽子，精神苦闷而致病。白寿彝不怕受到政治牵连，经常探望病中的侯外庐。而每次探望，侯外庐都关切地询问白寿彝的眼疾。[④] 白寿彝向侯外庐谈那个

① 侯外庐：《韧的追求》，189 页，北京，生活·读书·新知三联书店，1985。

② 白寿彝：《中国史学史》第一册，191 页。

③ 张岂之：《白寿彝先生和侯外老的学术友谊》，见《史学史研究》，1989(1)。

④ 白寿彝：《悼念侯外庐同志》，见《白寿彝史学论集》上，413 页，北京，北京师范大学出版社，1994。

是非颠倒年代的见闻，并就一些学术问题坦率地谈论自己的看法。特别是在批儒评法问题上，二人意见完全一致，认为在战国时期儒家学派和法家学派之间有争论，因为那是一个百家争鸣和百家并存的时代，可是到了汉代，儒法融合，你中有我，我中有你。封建统治者一般都是儒法两手并用，已经没有什么儒法之争了。当时报刊上连篇累牍地宣传，说儒法斗争史是中国历史的主线。白寿彝被要求讲儒法斗争史，他没有按照报刊上的口径随风倒，而是一上讲台就声明，儒法之争，从战国时期讲起，只能讲到秦始皇，“关于此后的儒法斗争，我没有研究过，讲不下去”。白寿彝这样做，首先需要勇气，因为这样说，无异于与当政者唱反调。而他说自己没有研究，讲不下去，又体现了他的智慧与斗争艺术。当时也有人威胁，甚至扣帽子，但白寿彝认为，这是严肃的科学问题。在科学真理面前，不是干涉，也不是威胁，更不是恐吓所能解决问题的。因此，当有人干涉时，他就说：“秦汉以后的我讲不出来，如果一定要讲，那就另请高明吧!”以后，侯外庐读到了白寿彝的记录讲稿，大为赞叹，说：“孟子说过，大丈夫应当有浩然之气，富贵不能淫，贫贱不能移，威武不能屈。白先生就是这样的大丈夫。在讲儒法问题时，他那大丈夫的气概表现得多么充分呵!”①对于“文化大革命”中考教授，白寿彝交白卷的壮举，侯外庐也是发出由衷的赞叹。“考教授”主要是想羞辱教师，打击知识分子的“傲气”。多年没有看过数学的文科教授，专门考他数学，这不是恶意出他的丑吗？当年很多教授就这样被逼着进入考场。白寿彝拿到卷子，在上面写上自己的名字后，便昂然离开考场。很多被考教授为白寿彝捏了一把汗。白寿彝的这一行动，是对羞辱教师的大胆抗议，也是对学术尊严的维护及对摧残教育事业蛀虫们的蔑视。对此，侯外庐几次在自己的学生面前引用孟子的话，称赞白寿彝是大丈夫。②

白寿彝在自己的《中国史学史》第一册中，谈到“师友之益”，重点介绍了侯外庐对他的学术影响，对侯外庐的知遇之恩，充满感激。侯外庐去世后，白寿彝不顾眼疾手术后需要恢复，撰写了《悼念侯外庐同志》，对侯外

① 张岂之：《寿彝先生二三事》，载《历史科学与历史前途》，196～197页，郑州，河南人民出版社，1994。

② 同上书，197页。

庐的学术作了非常中肯的评价："如果说，马克思主义在中国史学领域的传播和发展中，李大钊的《史学要论》是二十年代的阶段性的标志，郭老的《中国古代社会研究》是三十年代的标志，那么，在四十年代，外庐同志的著作在同时期的马克思主义史学著作中应有他独特的地位。"①次年，又发表《外庐同志的学术成就》，更加明确地论述了侯外庐在马克思主义史学史上的地位，指出："外庐同志的书，在四十年代的马克思主义史学地位中应有它的特殊地位。四十年代，马克思主义史学著作出版了很多，史学界的几大家都已出来，并有不同的著作、不同的贡献。但有一点，外老是突出的，这就是，他研究中国历史是想把马克思主义史学理论中国化，也可以说把马克思主义史学理论民族化。……把中国历史特点抓出来，这在外庐同志是最突出的。在这一点上，外庐同志比其他几位同志贡献更大。它反映了我们中国马克思主义史学发展到新的阶段，外庐同志的著作是这个阶段的标志。"②这个评价是很高的，肯定侯外庐的治学旨趣代表了中国马克思主义史学发展的正确方向。

20 世纪五十年代，侯外庐主编《中国思想通史》第四卷，邀请白寿彝撰写了刘知幾、马端临两章，侯外庐认为这两章使该卷得以增色；另一方面，白寿彝从撰写中找到了研究中国史学史的新途径。新中国成立前中国史学史研究都是史部目录解题的研究模式，白寿彝对这种模式不赞同，但长期以来又没有找到新的办法。通过学习唯物史观，他分析了刘知幾、马端临的史学思想，考察了他们史学思想产生的历史条件、学术条件，充分肯定了他们史学思想的价值，这种写法可谓是史学史研究的新突破。白寿彝此后在中国史学史领域取得的成就，与参加《中国思想通史》的撰著是分不开的，诚如他说的："侯外庐同志主编的《中国思想通史》，有大量关于史学思想的论述。史学思想史是史学史中的重要部分。这书中有些论述很精辟。我们研究史学史，应以这书为基础，继续前进"。③"他（指侯外庐）在《中国思想通史》中所提出的一些问题和论点，一直到现在，对于我正在

① 《白寿彝史学论集》上，412 页。

② 同上书，415 页。

③ 《座谈中国史学史之史》，《史学史研究》，1985(1)。

进行的史学史工作，还有重要的影响”。[1]

他们还相互修改文章，在个人作品上相互提出建议。白寿彝说：“他对我的文章毫不客气，要增删的就增删，要改的就改。我对他的文章也是如此。”[2]侯外庐的《中国古代社会史论》，1941年初版时题为《中国古典社会史论》，1946年再版时叫《中国古代社会史》，新中国成立后更名为《中国古代社会史论》。这最后的书名是根据白寿彝的建议改的，深得侯外庐的赞许，侯外庐说“这个书名才是比较恰当的”。[3] 为配合《中国思想通史》的编撰，侯外庐新中国成立后撰写了有关中国封建社会史的论文多篇，都是很有学术创见的作品，白寿彝积极建议侯外庐将这些论文汇集成册，以《中国封建社会史论》为题于1979年出版，成为《中国古代社会史论》的姊妹篇。[4] 20世纪80年代以后，白寿彝把主要精力用在了编撰多卷本《中国通史》。侯外庐十分关心这一工作，他不顾执笔的困难，为这书题写了“中国通史”四个字。白寿彝动情地说：“这四个字恐怕就是他的绝笔了。”[5]两人的学术交谊，从这些生活点滴中能够充分体现出来。

由上可知，从“神交”到共事再到终生学术挚友，是侯外庐、白寿彝学术交谊的三部曲。这种学术友谊，不仅是他们个人生活中的财富，更对他们的学术事业产生重要的影响。

二、治学特色之比较

侯外庐与白寿彝，在治学特色上有很多相同之处。这与他们的学术交谊可能是互为因果的。

第一，在总的学术追求上，他们是一致的，那就是在马克思主义理论指导下，具体研究中国历史的特点和发展规律。早在撰写《中国古典社会史论》时，侯外庐就确定了研究中国古代社会的基本原则，其中之一是：“力求把马克思主义同中国古代史料结合起来，作统一的研究。一方面是

① 白寿彝：《中国史学史》第一册，192页。

② 同上。

③ 侯外庐：《韧的追求》，116页。

④ 同上书，250页。

⑤ 《白寿彝史学论集》上，413页。

为了使历史科学中关于古代社会规律的理论中国化；另一方面，也是为了使经典作家关于财产、国家等问题的研究成果，在中国得到引申和发展”。[①] 晚年，在编辑自己的论文选集时，侯外庐又更加具体地说明自己从事历史研究遵循的原则，说：“总的说来，依据马克思主义的理论和方法，特别是它的政治经济学理论和方法，说明历史上不同社会经济形态发生、发展和衰落的过程；物质生活的生产方式制约着整个社会生活、政治生活和精神生活的过程；以及经济基础与上层建筑、意识形态之间的辩证关系，是我五十年来研究中国社会史、思想史的基本原则和基本方法。”[②]白寿彝在20世纪80年代开始编纂《中国通史》，他在《中国通史纲要·题记》中说：“我们在努力学习运用马克思主义基本理论的基础上，探索中国历史发展的进程及其特点。我们究竟能在多大程度上作到这一点，这有待于读者的论定”。[③] 编纂《中国通史纲要》，白寿彝把侯外庐的《中国古代社会史论》和《中国封建社会史论》作为重要的参考书，并请侯外庐作为该书的顾问。

第二，重视理论，特别是重视对马克思主义经典著作的学习和研究。侯外庐在研读马克思、恩格斯的原著方面下了很大工夫。为翻译《资本论》，他花费了十年的时间。当然，翻译《资本论》的出发点是为了给国人学习马克思主义提供准确的版本。谈及翻译《资本论》对他学术工作的影响，他说：“为译读《资本论》下十年苦功夫，由此而奠定的对马克思主义的信仰，是一种对科学的信仰；由此所把握的方法论，则是科学的方法论。它无论是对我的政治观点和学术观点，都产生了深刻的影响，使我得益匪浅”。“当发现《资本论》使我如有利刃在手，自信敢于决疑，我曾是何等的喜悦”。[④]“我常自庆幸，十年译读《资本论》，对于我的思维能力、思维方式和研究方式的宝贵训练，这方面的收获，决难以任何代价换取”。[⑤]何兆武曾做过侯外庐的助手，他对侯外庐对待经典著作的态度印象很深，他回忆说：“侯先生在他的研究过程中，习惯于深入钻研每一个重要概念

① 侯外庐：《韧的追求》，117页。

② 《侯外庐史学论文选集》上，8～9页，北京，人民出版社，1987。

③ 白寿彝主编：《中国通史纲要·题记》，上海，上海人民出版社，1980。

④ 侯外庐：《韧的追求》，91～92页。

⑤ 同上书，98页。

的确切含义；每每遇到一个重要概念时，不弄清楚，不肯罢休。作为他的助手，我曾多次协助他翻阅马克思、恩格斯的原文，反复推敲，以求明确各词的原文原意之所在”。① 白寿彝早年学习哲学，理论思维是他的优势。但在新中国成立前他并没有接触唯物史观。新中国成立后，他刻苦学习马克思主义，“学习运用马克思主义解释历史问题，不断有些收获”。② 他也非常自觉地强调理论，特别是强调唯物史观理论对历史研究的重要性。1989 年，在一次座谈会上，他说：“我们现在最要注意的，一个就是还要重新学习马克思主义。新中国成立四十年来，我们都在学。现在看起来，还是比较肤浅，不那么深入。从过去接触到的情况看，对马克思主义采取实用主义的态度，还是相当严重的。这个毛病很大”。“现在我们要开创史学工作的新局面，应该从头学起。经过四十年间的这几个段落，理解马克思主义的水平要比过去高了，学习的成果会比过去要好”。“经典作家的作品很多，看一遍很不容易。要抓住几本钻研，反复读”。③ 重视理论，自觉地运用马克思主义研究史学史，也是白寿彝长期以来一直坚持的。他主编多卷本《中国通史》，其中第一卷为导论卷，就中国通史编纂的历史理论、史学理论问题进行论述，是一部在唯物史观指导下具有创新意义的系统的史学理论著作，多年来在史学界影响很大，广受好评。

第三，重视资料的扎实和史料真伪的考辨。在历史资料方面，侯外庐谨守考证辨伪的治学方法。他说：“考据学是一门专门的学问，我从来反对虚无主义地对待考据学。在这方面，王国维先生和郭沫若同志，都是我的老师”。④ 他的著作，非常注意吸收王国维、郭沫若的考据成果。侯外庐说，当时在重庆，“能找到的只有王国维的著作，王国维的著作中固然有我所需的资料，但是，进入四十年代，运用甲骨文、金文资料而不读郭沫若的著作，简直是不能想象的事情”。郭沫若在甲骨文、金文资料方面，给侯外庐以极大的支持，把自己搜集的资料无保留的借给他。侯外庐主编的《中国思想通史》，也是以资料丰富、考辨细致见长。白寿彝早年从事过

① 何兆武：《释“国民”和“国民阶级”——兼忆侯外庐先生》，载《书前与书后》，142 页，武汉，湖北人民出版社，2007。

② 白寿彝：《中国史学史》第一册，174 页。

③ 白寿彝：《史学史工作四十年》，载《史学史研究》，1989(4)。

④ 侯外庐：《韧的追求》，117 页。

文献整理的训练，文献功底扎实。他研究朱熹用功很深，著有《从政及讲学中的朱熹》《朱熹对于易学的贡献》《周易本义考》《仪礼经传通解考证》《朱熹底师承》。还编有《朱子语录诸家汇辑》148卷及其《序目》《朱熹辨伪书语》。他研究回族史，注重实地调查，抄录了大量碑刻资料。研究史学史，他主张重点研读史学名著，在名著上多下工夫。所以，他们对待文献的态度是一致的。白寿彝对侯外庐重文献考辨的治学方法是赞赏的，曾说："外庐同志在这方面的工作也有值得总结的地方，尽管这在他的全部研究中不占主要地位"。①

第四，他们都认为，社会史是思想史、史学史研究的基础。侯外庐最初研究社会史，其代表作是《中国古典社会史论》，在此基础上，他又写出了《中国古代思想学说史》，从而使社会史与思想史贯通起来，建立一个古代研究的系统。他说："把社会史和思想史有机地结合成一个系统进行研究，我认为是一个合理的途径"。② 研究思想史，要"把思想家及其思想放在一定的历史范围内进行分析研究，把思想家及其思想看成生根于社会土壤之中的有血有肉的东西，人是社会的人，思想是社会的思想，而不作孤立的抽象的考察"。③ 也就是说，思想是社会存在的反映，要研究一个时代的思想，首先要认清这个时代。为了编纂《中国思想通史》，侯外庐又撰写一系列有关封建社会史的论文。而《中国思想通史》每一卷前，侯外庐都亲自撰写该卷涵盖时代的社会状况、历史特点。白寿彝研究中国史学史，也非常重视社会史。他认为中国史学史研究的范围，"包括中国史学本身的发展，中国史学在发展中跟其他学科的关系，中国史学在发展中所反映的时代特点，以及中国史学的各种成果在社会上的影响"。④ 这后两项都与社会史有密切的关系。在谈及研究方法时，他说："我试图把中国史学史划分为几个历史阶段，对每一历史阶段的史学代表人物和代表作能作出比较明确的论述，但是要把他们放在整个历史时代的洪流中去观察他们，看他们所受当时社会的影响及他们对于当时社会的影响，并且还要观察他们对

① 《白寿彝史学论集》上，411页。

② 侯外庐：《韧的追求》，118页。

③ 同上书，327页。

④ 白寿彝：《中国史学史》第一册，29页。

于前辈史学的继承关系，对后来的史学留下了什么遗产”。[①] 所以，研究史学史，必须有社会史的基础。瞿林东是白寿彝的学生，在专门研究中国史学史之前，讲授过十年的中国古代史，他记述了白寿彝对他的教导：“记得有一次向白寿彝先生请教问题时，我脱口而出，说：‘教了这么些年的中国古代史，把史学史全耽误了!’白先生和蔼而认真地对我说：‘这不算耽误，也没有吃亏，而是大有好处’。对老师的这句话，我在后来研究史学史的过程中，体会越来越深切，逐步形成了一种自觉的认识：研究中国史学史，首先要以了解和认识历史为前提，这是真正的打基础。”[②]白寿彝对中国史学史的分期，与他的社会史分期是一致的。虽然他没有特意提出分期的原则，但可以看出，他的分期标准主要考虑到时代的特点和史学的特点之相互关系。[③]

第五，他们都强调学术研究的自得或成一家之言，都具有高度的自觉自省意识。白寿彝谈及侯外庐的学风特点时说：“他的学风，可以概括地说，是学习、运用马克思主义原理，详细占有资料，通过对历史的具体分析，达到自得的科学的结论。‘自得’二字，对于理解外庐治学精神很重要。”[④]的确，侯外庐的治学，一生都在追求以马克思主义这个解剖刀，来剖析中国的社会和思想，以得出自己的“独断”认识。晚年他在总结自己的治学历程时也不断强调这一点，说：“学贵自得，亦贵自醒，二者相因，不可或缺”。[⑤] 白寿彝也是把“自得”“成一家之言”作为自己的最高学术追求。他有一篇文章《说“成一家之言”》，考察“家”的由来和司马迁对“成一家之言”的贡献，最后指出我们也要有敢于“成一家之言”的勇气。白寿彝去世后，他的学生施丁在缅怀文章中说：“我与白先生几十年的来往交谈，始终感到，他自己念念不忘成一家之言，以此自励，追求不已，勤奋著述，甚至不顾老病”。[⑥] 的确，他主编的《中国通史纲要》和多卷本的《中国通史》，是有很多创见的，从体裁到观点，均特色鲜明。他对中国史学史

① 白寿彝：《中国史学史》第一册，195 页。

② 瞿林东：《史学与史学评论》，317 页，合肥，安徽教育出版社，1989。

③ 瞿林东：《继承白寿彝先生的史学史思想遗产》，载《北京师范大学学报》，2000(3)。

④ 白寿彝：《悼念侯外庐同志》，见《白寿彝史学论集》上，409 页。

⑤ 《侯外庐史学论文选集·自序》，北京，人民出版社，1987。

⑥ 施丁：《治史学要成家——缅怀白寿彝先生》，载《史学史研究》，2000(3)。

的建设，有许多创新。他追求的“成一家之言”，总是与学术创新紧密地联系在一起。

第六，无论对社会史还是对学术思想史，他们都力求“通”，并都有自己的“通识”。侯外庐和白寿彝都兼通中国社会史和学术思想史。侯外庐的社会史著作是《中国古代社会史论》和《中国封建社会史论》，两书堪称姊妹篇，具有贯通的性质；主编的思想史著作是五卷六册的《中国思想通史》，而且其社会史著作与思想史著作是相辅相成的。白寿彝治学领域很宽，在民族史、回族史、中西交通史、中国史学史、中国通史、历史文献学、史学理论等，均很有建树。他晚年集中在回族史、中国通史、中国史学史三个领域，主编的《中国通史》《回族人物志》《中国史学史教本》以及所撰《中国史学史》第一册，都是以“通”见长。他所追求的“通识”，既表现在编纂的形式方面，又体现于历史见识上，他关于中国历史上民族关系主流的认识、关于中国封建社会发展及其分期的认识、关于中国史学遗产的认识等，都具有深厚的通识底蕴。侯外庐和白寿彝之求“通”，既重视了纵通，也注意横通。所谓“纵通”，就是弄通历史的前后联系；所谓“横通”，就是搞清社会内部各重要组成部分之间的相互关系。此外，他们还力求从世界史的眼光，来认识中国历史。侯外庐说：“作为一个历史科学的探索者，我常注意从世界史的总范围去考察以及从各个时期中外历史的比较中去探索中国社会发展的特点，自信不是削足适履”。① 白寿彝主编《史学概论》，主张讲史学理论也要谈西方史学理论，尽管因为受知识的局限，未能做到。在《中国通史》导论卷中，白寿彝安排对世界史有精深造诣的刘家和教授撰写“中国与世界”一章，也是旨在从世界史的角度来认识中国史。此外，他们从没有把历史学作为象牙塔中的学问，非常重视历史学的致用功能，时刻意识到自己作为历史学工作者的社会责任。

第七，他们都是杰出的学术组织者，形成了自己的学派。侯外庐在主编《中国思想通史》的过程中，形成了以他为核心的学术梯队，有人称之曰“侯外庐学派”。在学术研究上，侯外庐认为“众人拾柴火焰高”，所以他非常重视学术组织工作。他说：“我始终认为，学术研究应当有志同道合者去进行，这样既节省时间，又能保证质量。五十年代中期，我和赵纪彬、

① 侯外庐：《韧的追求》，263页。

杜国庠、邱汉生、白寿彝、杨荣国、杨向奎以及中国思想史研究室杨超、李学勤、张岂之、林英、何兆武诸位青年同志(即'诸青')合作，完成了《中国思想通史》第四卷的撰写工作。在此期间，我还主持修订出版了该书第一、二、三卷，并将我写的《中国近代思想学说史》上册修订成为该书的第五卷"。① 这几句话基本上说明了"侯外庐学派"的主要成员及最终形成的情况，也就是说，"侯外庐学派"是在编撰多卷本《中国思想通史》的过程中形成的。侯外庐将自己的"通识"与荟萃众家之长完美地结合起来，是科学研究分工合作的成功范例。在"侯外庐学派"中，白寿彝也是其中的重要一员。由于专业的不同，白寿彝在北京师范大学也形成了自己的学术梯队，突出地体现在中国通史的编纂以及中国史学史的研究上。他在八十年代后主持编写的《中国通史纲要》《史学概论》、多卷本《中国通史·导论卷》，都体现出明显的学派特征。他发表的学术论文在这些著作中起统领作用，撰写者按照他的思想，分工写出初稿，由他增删润色，形成风格统一又富有特色的作品。白寿彝对中国通史和中国史学史的"通识"都在这些作品里体现出来。他培养了众多的史学史研究人才，建立了专门的研究机构——北京师范大学史学研究所，成为传承其治学精神和治学特色的人才及组织保证。

第八，在治学领域及学术观点方面，既有相同之处，也有不同的地方。侯外庐在一些具体学术观点上对白寿彝产生了影响。如《中国思想通史》第二卷论述的是两汉思想，其中关于刘向、刘歆父子的折中思想的论述，对白寿彝中国史学史的研究有明显的启发。白寿彝说，刘向、刘歆父子的"历史观是倒退的历史观"，但另一方面，当他们校订皇家藏书的时候却很少运用这种神学历史观，而在很大程度上表现了人文主义的态度，所以他们是折中主义者。②《中国思想通史》中的"班固的庸俗思想及其人文思想"与白寿彝提出班固的折中主义也有相通之处。白寿彝的学生吴怀祺提出"封建史学的二重性"的理论，认为班固史学是体现"封建史学二重性"的范本，应该说是在二老的基础上发展而来的。我们可以看出这种学术传承和发展的轨迹。侯外庐与白寿彝在同中还有不同，如白寿彝对中国封建社

① 《侯外庐史学论文选集·自序》，北京，人民出版社，1987。

② 《白寿彝史学论集》下，895页。

会历史的分期，是从综合的方面考虑的，涉及的因素有社会生产力（包括科学技术）的发展、阶级关系的变化、阶级斗争的发展、边疆少数民族地区的封建化、中外关系的发展。侯外庐在研究中国封建社会时，也对这些因素中的某些内容作了专题探讨，如阶级关系的变化，侯外庐提出封建社会有皇族地主、豪族地主、庶族地主，而不是笼统地说大地主或中小地主。白寿彝既肯定这种分法，又不完全赞同，认为豪族地主是《汉书》中的一个用法，用的比较随便，于是对秦汉时期的阶级结构，他用“世家地主”取而代之。再如阶级斗争的发展，侯外庐曾发表《中国封建社会前后期的农民战争及其纲领口号的发展》，从农民起义提出的纲领口号考察农民的要求和身份性的变化。白寿彝注意借鉴侯外庐的这一成果以说明阶级斗争的情况。在奴隶社会与封建社会的分界问题上，他们的观点也不尽相同。他们虽然都认为在这两种社会形态中有一个过渡期，但侯外庐认为，这个过渡期始于战国中叶，白寿彝则认为这个过渡期始于春秋。侯外庐认为封建制的法典化是封建社会确立的根本标志，而在白寿彝的分期中则没有考虑这一点。总的来看，白寿彝对侯外庐的研究成果是相当重视的，在吸收借鉴侯外庐治学理路和重要观点的基础上，又有新的发展，形成自己关于中国历史的独到看法。他在中国通史理论上的成就和史学史学科理论方面的成就，代表了20世纪最后二十年中国史学界的最高水平。

侯外庐与白寿彝的学术交谊，使得他们在学术上能够相互学习、相互吸收。白寿彝自称“七十岁以后才开始做学问”，这当然是自谦的话，但在七十岁以后他的学术的确又达到了一个新境界，这与他深刻总结马克思主义史学的经验教训，充分继承侯外庐等马克思主义史学家的优秀治学传统是分不开的。他历经20个春秋，总主编的大型《中国通史》，被誉为“20世纪中国史学界的压轴之作”，显示了中国马克思主义史学的成熟和生机。侯外庐和白寿彝的学术成就和学术道路，有力地向我们昭示：坚持唯物史观与中国民族特色的结合，是21世纪中国史学进一步发展的康庄之路。